NCS | 직업기초능력평가

고시넷 공기업

시리즈 베스트셀러

휴스테이션 한국사회능력개발원 NCS 출제유형모의고사

동영상강의
www.gosinet.co.kr

㈜휴스테이션,
㈜한국사회능력개발원
모듈형/피듈형

공기업 출제사별
유형학습

gosinet
(주)고시넷

PREFACE

정오표 및 학습 질의 안내

정오표 확인 방법

고시넷은 오류 없는 책을 만들기 위해 최선을 다합니다. 그러나 편집 과정에서 미처 잡지 못한 실수가 뒤늦게 나오는 경우가 있습니다. 고시넷은 이런 잘못을 바로잡기 위해 정오표를 실시간으로 제공합니다. 감사하는 마음으로 끝까지 책임을 다하겠습니다.

고시넷 홈페이지 접속 > 고시넷 출판-커뮤니티 > 정오표

www.gosinet.co.kr

모바일폰에서 QR코드로 실시간 정오표를 확인할 수 있습니다.

학습 질의 안내

학습과 교재선택 관련 문의를 받습니다. 적절한 교재선택에 관한 조언이나 고시넷 교재 학습 중 의문 사항은 아래 주소로 메일을 주시면 성실히 답변드리겠습니다.

이메일주소 qna@gosinet.co.kr

contents 차례

NCS 직업기초능력평가 정복

한국사회능력개발원 + 휴스테이션 NCS 출제유형모의고사

책 속의 책 정답과 해설

EXAMINATION GUIDE

구성과 활용

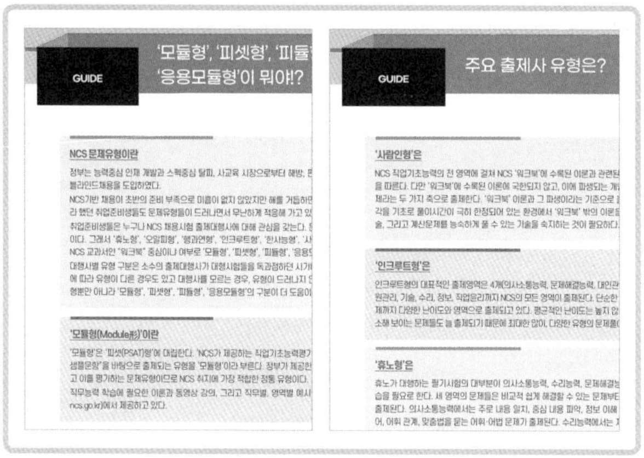

1

'모듈형', '피셋형', '피듈형', '사람인형', '휴노형', '한사능형', '휴스테이션형'이 뭐야!?

NCS 정통인 '모듈형'을 비롯한 '피셋형', '피듈형', '사람인형', '휴노형', '한사능형', '휴스테이션형' 그리고 그 외 유형의 특징을 설명하고 그에 따른 효율적인 학습방향을 제시하였습니다.

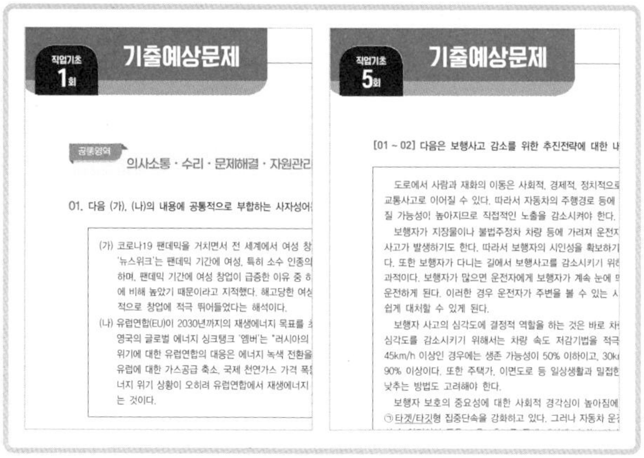

2

한사능형, 휴스테이션형 모의고사 5회분

각각 한사능형과 휴스테이션형 문제들로 구성된 모의고사 5회분으로 효율적인 대비가 가능하도록 하였습니다.

모의고사 1~5회	의사소통, 수리, 문제해결, 자원관리, 조직이해, 정보, 기술, 자기개발, 대인관계, 직업윤리 ⇨ 각 회별 40~60문항

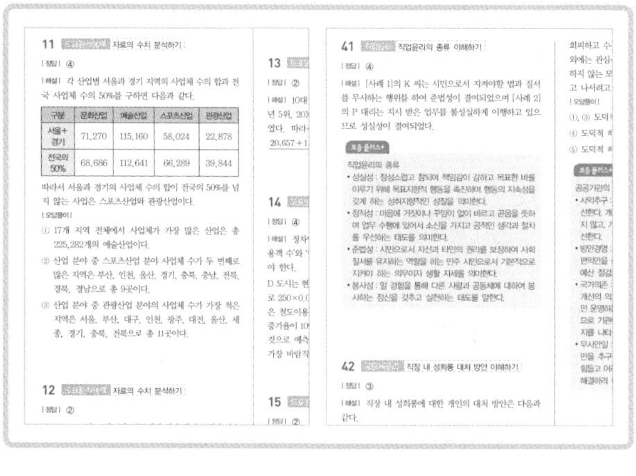

3

상세한 해설과 오답풀이가 수록된 정답과 해설

기출예상문제의 상세한 해설을 수록하였고 오답풀이 및 보충 사항을 수록하여 문제풀이 과정에서의 학습효과가 극대화될 수 있도록 구성하였습니다.

NCS '블라인드채용' 알아보기

NCS(국가직무능력표준 ; National Competency Standards)란?

국가가 체계화한 산업현장에서의 직무를 수행하기 위해 요구되는 지식·기술·태도 등 능력 있는 인재 개발로 핵심인프라를 구축하고 나아가 국가경쟁력 향상을 위해서 필요함.

직무능력(직업기초능력+직무수행능력)이란?

⊕ 직업기초능력 : 직업인으로서 기본적으로 갖추어야 할 공통 능력

⊕ 직무수행능력 : 해당 직무를 수행하는 데 필요한 역량(지식, 기술, 태도)

NCS기반 블라인드채용이란?

⊕ 의의 : 채용과정에서 차별적인 평가요소(지연, 혈연, 학연, 외모)를 제거하고, 지원자의 실력(직무능력)을 중심으로 평가하는 인재채용

⊕ 특징 : 직무능력중심 평가(차별요소 제외), 직무수행에 필요한 직무능력이 평가기준

⊕ 평가요소

- 직무에 필요한 직무능력을 토대로 차별적 요소를 제외한 평가요소 도출·정의
- NCS에 제시된 직무별 능력단위 세부내용, 능력단위 요소의 K·S·A를 기반으로 평가요소 도출
- 기업의 인재상·채용직무에 대한 내부자료(직무기술서, 직무명세서로 응시자에게 사전 안내)

NCS기반 블라인드채용 과정은?

⊕ 모집공고 : 채용직무의 직무내용 및 직무능력 구체화 후 사전 공개

⊕ 서류전형 : 편견·차별적 인적사항 요구 금지, 지원서는 직무관련 교육·훈련, 자격 경험(경력) 중심 항목 구성

⊕ 필기전형 : 직무수행에 반드시 필요한 지식·기술·능력·인성 등, 필기평가 과목 공개(공정성 확보)

⊕ 면접전형 : 면접에 지원자 인적사항 제공 금지, 체계화된 면접으로 공정하게 평가 실시

GUIDE

'모듈형', '피셋형', '피듈형', '응용모듈형'이 뭐야!?

NCS 문제유형이란

정부는 능력중심 인재 개발과 스펙중심 탈피, 사교육 시장으로부터 해방, 편견과 차별에서 벗어난 인재 채용을 목적으로 NCS 블라인드채용을 도입하였다.

NCS기반 채용이 초반의 준비 부족으로 미흡이 없지 않았지만 해를 거듭하면서 안정을 찾아가고, 필기시험을 어찌 대비할지 몰라 했던 취업준비생들도 문제유형들이 드러나면서 무난하게 적응해 가고 있다.

취업준비생들은 누구나 NCS 채용시험 출제대행사에 대해 관심을 갖는다. 문제 유형과 내용이 출제대행사에 따라 다르기 때문이다. 그래서 '휴노형', '오알피형', '행과연형', '인크루트형', '한사능형', '사람인형' 등 대행사 이름을 붙인 유형명이 등장하고 NCS 교과서인 "워크북" 중심이냐 여부로 '모듈형', '피셋형', '피듈형', '응용모듈형'이란 유형명이 나타나기도 했다.

대행사별 유형 구분은 소수의 출제대행사가 대형시험들을 독과점하던 시기에는 큰 도움이 되었으나 대행사가 같아도 채용기업에 따라 유형이 다른 경우도 있고 대행사를 모르는 경우, 유형이 드러나지 않은 대행사들도 다수 등장하게 되면서 대행사별 유형분만 아니라 '모듈형', '피셋형', '피듈형', '응용모듈형'의 구분이 더 도움이 되고 있다.

'모듈형(Module形)'이란

'모듈형'은 '피셋(PSAT)형'에 대립한다. 'NCS가 제공하는 직업기초능력평가의 학습모듈' 교과서인 "워크북"과 "NCS 필기평가 샘플문항"을 바탕으로 출제되는 유형을 '모듈형'이라 부른다. 정부가 제공한 학습자료와 샘플문항을 통해 직업기초능력을 기르고 이를 평가하는 문제유형이므로 NCS 취지에 가장 적합한 정통 유형이다.

직무능력 학습에 필요한 이론과 동영상 강의, 그리고 직무별, 영역별 예시문제들은 NCS 국가직무능력표준 홈페이지(www.ncs.go.kr)에서 제공하고 있다.

'피셋형(PSAT形)'이란

NCS '피셋형'이란 5급 공무원(행정고시, 외무고시, 민간경력자 특채)과 7급 공무원(2021년 도입) 시험과목인 'PSAT(Public Service Aptitude Test)'에서 따온 말이다. PSAT는 정부 내 관리자로서 필요한 기본적 지식, 소양, 자질 등 공직자로서의 적격성을 종합적으로 평가한다.

PSAT는 1) 언어논리, 2) 자료해석, 3) 상황판단의 3가지 평가영역으로 구성되어 있는데 NCS의 의사소통능력, 수리능력, 문제해결능력 평가의 문제유형과 일부 유사하다. 그래서 NCS 문제집이 없었던 초기에는 PSAT 문제집으로 공부하는 이들이 많았다. PSAT 출제영역·내용과 난이도 차이를 감안하여 기출문제를 다루면 도움이 되지만 NCS는 문항당 주어지는 풀이시간이 1분 내외로 짧고, 채용기관이나 직급에 따라 난이도가 상이하며, 채용기관의 사규나 보도자료, 사업을 위주로 한 문제들이 나오기 때문에 이를 무시하면 고생을 많이 하게 된다. 뒤에 실는 PSAT 안내를 참고해 주기 바란다.

'피듈형(Pdule形)', '응용모듈형'이란?

'피듈형'은 NCS의 학습모듈을 잘못 이해한 데서 나온 말이다. 일부에서 NCS '워크북'의 이론을 묻는 문제 유형만 '모듈형'이라 하고 이론문제가 아니면 '피셋형'이라고 부르는 분위기가 있다. 「이론형」과 「비(非)이론형」이 섞여 나오면 '피듈형'이라 부르고 있으니 부적절한 조어이다. 실례를 들면, '한국수자원공사'는 시험에서 기초인지능력모듈과 응용업무능력모듈을 구분하고 산인공 학습모듈 샘플문항과 동일 혹은 유사한 문제를 출제해왔고, '국민건강보험공단'은 채용공고문의 필기시험(직업기초능력평가)을 "응용모듈 출제"라고 명시하여 공고하였는데도 수험커뮤니티에 "피셋형"으로 나왔다고 하는 응시자들이 적지 않다.

GUIDE

‘모듈형’, ‘피셋형’, ‘피듈형’, ‘응용모듈형’이 뭐야!?

NCS 직업기초능력 학습모듈은 기본이론 및 제반모듈로 구성되고 이를 실제에 응용하는 응용모듈로 발전시켜 직무상황과 연계되는 학습을 요구하는 것이다. NCS 필기평가 샘플문항도 직무별, 기업별 응용업무능력을 평가하는 문제이므로 이론이 아닌 문제유형도 ‘모듈형’이라고 하는 것이 옳다.

이론문제가 아니면 모두 ‘PSAT형’이라고 한다면 어휘, 맞춤법, 한자, 어법 등의 유형, 기초연산, 수열, 거리·속도·시간, 약·배수, 함수, 방정식, 도형넓이 구하기 등 응용수리 유형, 명제, 논증, 논리오류, 참·거짓 유형, 엑셀, 컴퓨터 언어, 컴퓨터 범죄 등 PSAT 시험에는 나오지도 않는 유형이 PSAT형이 되는 것이니 혼란스럽다.

모순이 있는 유형 구분에서 탈피하고 NCS 필기유형을 정확하게 파악하는 것이 시험 준비에 있어서 절대적으로 필요하다.

어떻게 준비할 것인가!!

⇨ 행간을 채워라

위에서 말한 바처럼 ‘모듈형’과 ‘피셋형’, ‘피듈형’, ‘응용모듈형’으로 NCS 유형을 나누면 출제(학습)범위에서 놓치는 부분이 다수 나온다. ‘PSAT형’은 ‘의사소통능력, 수리능력, 문제해결능력’ 중심의 시험에서 의사소통능력은 어휘, 한자, 맞춤법 등과 NCS 이론을 제외한 독해문제가 유사하고, 수리능력의 응용수리 문제를 제외한 자료해석이 유사하고, 문제해결은 ‘PSAT’ 상황판단 영역 중 문제해결 유형이 비슷하다.

대개 의사소통능력, 수리능력, 문제해결능력이 주요영역인 시험에서는 모듈이론이 나오는 경우는 없다. 자원관리, 조직이해, 정보, 기술, 자기개발, 대인관계, 직업윤리 영역을 내는 시험에서는 모듈이론, 사례 등과 응용모듈 문제가 나올 수밖에 없다. PSAT에는 없는 유형이고 NCS에만 있는 특유한 영역이다.

‘모듈형’도 한국산업인력공단 학습모듈 워크북과 필기평가 예시유형에서만 나오지 않는다. 워크북 이론에 바탕을 두면서도 경영학, 행정학, 교육학, 심리학 등의 전공 관련 이론들이 나오고 있는 추세이다(교과서밖 출제). 또 4차 산업혁명의 이해 및 핵심기술, 컴퓨터 프로그래밍(코딩) 등도 자주 나온다. 그뿐 아니라, 어휘관계, 한글 맞춤법, 외래어 표기법, 유의어, 다의어, 동음이의어 등 어휘, 방정식, 집합, 수열, 함수, 거·속·시, 도형넓이 구하기 등 응용수리, 명제, 논증, 참·거짓, 추론, 논리오류 찾기 등은 워크북에서 다루지 않은 유형들이 나온다.

⇨ 교과서 밖에서 나오는 문제에 대비하라

최근 공기업 채용대행 용역을 가장 많이 수주하는 업체가 ‘사람인HR’과 ‘인크루트’로 나타나고 있다. 이 업체들을 비롯해서 다수 대행사들이 한국산업인력공단의 NCS모듈형 학습자료(교과서)에 없는 이론과 자료를 항상 출제하고 있다. 즉, 명실상부한 응용모듈형의 문제를 출제하고 있는 것이다.

고시넷에서 출간되는 모듈형 교재에는 NCS직업기초능력평가 시험 도입 이래 실제 시험에 출제된 교과서 밖 이론과 자료, 문제를 함께 정리하여 수록하고 있다. 단순히 한국산업인력공단의 워크북을 요약한 다른 교재들에서는 볼 수 없는 이론과 문제유형을 통해 교과서 밖 학습사항과 방향을 제시하고 있다.

⇨ NCS워크북, 지침서, 교수자용 개정 전, 후 모두 학습하라

최근 한국산업인력공단 NCS 학습자료(워크북, 지침서, 교수자용, 학습자용 등)가 개정되었다. 허나 개정 후 시행된 필기시험에는 개정 전 모듈이론과 학습자료, 예제문제가 여전히 출제되고 있다.

이에 대비하여 개정 전·후를 비교하여 정리하여야 빠뜨리지 않는 완벽한 NCS 학습이 된다.

고시넷 모듈형 통합기본서는 개정 전·후 자료를 모두 싣고 있으며 개정 전 자료는 ‘구 워크북’으로 표기를 하여 참고하면서 학습할 수 있도록 하였고, 고시넷 모듈형 통합문제집에는 ‘NCS 학습모듈’ 10개 영역 학습내용에서 출제하는 문제유형만을 연습할 수 있도록 구성하였다.

GUIDE

주요 출제사 유형은?

'사람인형'은

NCS 직업기초능력의 전 영역에 걸쳐 NCS '워크북'에 수록된 이론과 관련된 자료를 제시하고 이를 해석하는 '응용모듈'의 방식을 따른다. 다만 '워크북'에 수록된 이론에 국한되지 않고, 이에 파생되는 개념과 이론들을 적극적으로 질문하는 문제와 계산 문제라는 두 가지 축으로 출제한다. '워크북' 이론과 그 파생이라는 기준으로 출제된 다수의 문제를 풀면서 형성될 출제영역의 감각을 기초로 풀이시간이 극히 한정되어 있는 환경에서 '워크북' 밖의 이론을 제시하는 다양한 자료를 해석하는 문제풀이의 기술, 그리고 계산문제를 능숙하게 풀 수 있는 기술을 숙지하는 것이 필요하다.

'인크루트형'은

인크루트형의 대표적인 출제영역은 4개(의사소통능력, 문제해결능력, 대인관계능력, 조직이해능력)이지만 이 4개 영역 외에도 자원관리, 기술, 수리, 정보, 직업윤리까지 NCS의 모든 영역이 출제된다. 단순한 기본 개념을 묻는 문제와 더불어 개념에 대한 응용문제까지 다양한 난이도와 영역으로 출제되고 있다. 평균적인 난이도는 높지 않고 전반적인 내용 이해를 묻는 문제가 대부분이나 생소해 보이는 문제들도 늘 출제되기 때문에 최대한 많이, 다양한 유형의 문제풀이를 통해 실전감각을 평소 익혀 두는 것이 유리하다.

'휴노형'은

휴노가 대행하는 필기시험의 대부분이 의사소통능력, 수리능력, 문제해결능력 3개 영역에서 출제되고 있는 만큼 심도 있는 학습을 필요로 한다. 세 영역의 문제들은 비교적 쉽게 해결할 수 있는 문제부터 긴 자료를 읽고 해결하는 묶음 문제까지 다양하게 출제된다. 의사소통능력에서는 주로 내용 일치, 중심 내용 파악, 정보 이해 등의 독해 문제가 출제되며 이외에도 유의어, 반의어, 어휘 관계, 맞춤법을 묻는 어휘·어법 문제가 출제된다. 수리능력에서는 자료해석이 가장 높은 비중으로 출제되며 방정식, 통계(평균, 경우의 수, 확률), 거리·속력·시간 등의 기초연산 문제도 출제된다. 특히 문제해결능력은 의사소통, 수리, 자원관리, 조직이해 등과 섞인 복합 문제도 나온다. 문제 유형이 대체로 비슷하기 때문에 반복학습을 통해 시간 단축 및 고득점이 가능하다.

'한사능형', '휴스테이션형'은

한사능형과 휴스테이션형은 전체 NCS 10개 영역 중에서 경우에 따라 4~5개 영역으로 구성되기도 하고, 모든 영역이 다 출제되기도 하므로 지원하고자 하는 기업의 필기시험 출제영역을 정확히 파악해야 한다. 모듈형, 지식형, 응용수리, 어휘, 문법, 명제 등 간단한 유형부터 명확한 답을 고르기 어려운 고난도 추론, 장문의 자료나 지문 파악, 지문·표·그래프 등의 문제 상황들에 대한 적절한 대처능력을 평가하는 고난도 유형까지 골고루 출제되고 있다. 따라서 영역별 관련 이론을 학습하는 것과 더불어, 이를 문제의 요구에 따라 응용할 수 있도록 다양한 문제 풀이 연습을 하는 것이 필요하다.

'매일경제형'은

매일경제형 필기시험 출제영역은 대부분 의사소통능력, 수리능력, 문제해결능력, 자원관리능력 4개 영역에서 출제되지만 이외에도 조직이해능력이나 정보능력, 기술능력 등에서도 출제되기도 한다. 단순한 기본 개념을 묻는 문제보다는 산업현장에서 일어나는 상황을 제시하며 직무와 관련된 업무 상황에서 어떻게 해결하는지를 묻는 실무 적용능력과 업무 해결능력을 평가하는 응용 업무능력 문제가 출제되고 있다. 7개 영역에서 나오는 문제들이 난도가 높은 편이지만 여러 유형을 익혀 둔다면 보다 쉽게 필요한 득점이 가능하다.

PSAT 알아보기

PSAT를 NCS 직업기초능력평가 준비에 활용하기 위해 필요한 정확한 이해를 돕기 위한 안내입니다. PSAT의 평가영역은 언어논리, 자료해석, 상황판단의 3개 영역으로 구성되어 있습니다. NCS와 유사한 부분을 정확히 알고 공부하는 것이 효율적이겠습니다.

- 정부 발간 "공직적격성테스트(PSAT) 예제집"을 인용하여 재정리하였습니다.

PSAT(Public Service Aptitude Test)란

정부 내 관리자로서 필요한 기본적 지식, 소양, 자질 등 공직자로서의 적격성을 종합적으로 평가하는 제도이다.

[1] 언어논리영역

언어논리 영역에서는 일반적인 학습능력의 하나인 언어능력을 측정한다. 언어논리능력은 모든 직무 영역에 공통적으로 요구되는 능력으로 대인관계, 보고서 작성 등의 직무수행에 필수적인 능력이다. 언어논리 영역은 대부분의 적성검사와 학업 수행능력을 평가하는 시험에서 사용되고 있는 영역으로 의사소통능력(타 영역 사업에 대한 이해와 자기의 사업에 대한 설명력)과 자신이 알고 있는 지식을 종합·통합할 수 있는 능력을 요구한다. 특히 PSAT의 언어논리 영역에서는 어휘력이나 문법적 지식과 같은 문장 수준의 처리능력보다는 텍스트의 처리와 관련된 능력을 측정하고자 한다.

[출제 영역]

■ 인문과학 : 고전문학, 인류학, 현대문학 등
■ 사회과학 : 경제, 국제, 통일, 사회, 정치 등
■ 자연과학 : 공학, 과학, 환경 등
■ 문화 : 예술, 스포츠 등
■ 기타 : 교육, 국사, 서양사 등

[문제유형]

■ 이해 : 추론이나 요약, 또는 새로운 글의 생성 등이 요구되지 않고, 단순히 주어진 지문에 대한 이해만으로 해결할 수 있는 문제이다. 세부유형은 글의 이해, 관련 단락, 비관련 단락 등이 있다.
■ 추론 : 주어진 지문을 충분히 이해하고, 이를 바탕으로 논리적 추론을 해야만 해결할 수 있는 문제이다. 세부유형은 반론, 비판, 전제 추론, 추론되는 내용 등이 있다.
■ 주제 찾기 : 주어진 지문을 충분히 이해하고 지문이 어떤 주장이나 논지를 전하고자 하는지를 파악할 수 있어야만 해결할 수 있는 문제이다. 세부유형은 제목 찾기, 주제 찾기 등이 있다.
■ 문장 구성 : 주어진 지문에 대한 단순한 이해를 넘어서, 언어를 산출하는 능력, 즉 텍스트를 구성하는 능력을 묻는 문제이다. 세부유형은 다음 주제, 문단 구조 파악, 문단 배열, 앞 문단 누락, 중간단락 누락, 후속 등이 있다.

[2] 자료해석영역

자료해석 영역은 숫자로 된 자료를 정리할 수 있는 기초 통계 능력, 수 처리 능력, 응용 계산 능력, 수학적 추리력 등을 측정하는 영역이며 측정하는 능력들은 특히 수치 자료의 정리 및 분석 등의 업무수행에 필수적인 능력이다. 자료해석력은 논리, 수학적 능력과 관련되는 영역으로서 언어 능력과 더불어 일반적성의 주요 영역으로 대부분의 학업적성검사와 직무적성검사에 포함되고 있다. 특히 PSAT의 자료해석 영역은 통계 등 수치정보에서 추출하는 자료 및 정보분석 능력, 그리고 수많이 제시되는 자료 중 필요한 자료를 추출하는 능력 등을 측정한다.

[출제 영역]

■ 일반 행정 ■ 법률/사건 ■ 재무/경제 ■ 국제통상 ■ 정치/외교 ■ 보건/사회복지 ■ 노동/문화 ■ 기술/과학 ■ 환경/농림수산 ■ 기타

[문제유형]

■ 자료 읽기 : 계산과 추론 등이 요구되지 않은 단순한 자료 읽기 문제이다. 문제에 대한 이해를 토대로 계산이 필요 없이 자료로부터 정답을 도출한다.

■ 단순 계산 : 문제의 요구에 따라 주어진 자료를 단순한 계산을 통해 정답을 도출하는 문제이다. 문제에서 요구하는 계산을 통해 정답을 도출한다.

■ 응용 계산 : 문제의 요구에 따라 주어진 자료를 응용 계산함으로써 정답을 도출하는 문제이다. 문제에 대한 이해를 토대로 필요한 계산공식과 과정을 도출하여 정답을 계산한다.

■ 자료 이해 : 문제의 요구에 따라 주어진 자료를 단순 또는 응용계산하고, 그 결과를 해석함으로써 정답을 도출하는 문제이다. 문제에서 요구하는 계산이나 또는 필요한 계산 공식과 과정을 스스로 도출하여 계산결과를 해석해야만 정답이 도출된다.

■ 자료 추리 : 문제의 요구에 따라 주어진 자료를 단순 또는 응용계산하고, 그 결과를 토대로 새로운 사실이나 미래의 상황을 추론함으로써 정답을 도출하는 문제이다. 문제에서 요구하는 계산공식/과정을 스스로 도출하여 도출된 결과를 토대로 관련 사실이나 미래에 대한 추론을 통해 정답을 도출한다.

[3] 상황판단영역

상황판단력은 제시된 자료에서 원리를 추리하고 자료와 정보를 올바르게 확장, 해석하는 능력과 논리적 추론을 하는 능력으로 기획, 분석, 평가 등의 업무수행에 필수적인 능력이다. 이 영역은 연역추리력, 문제해결, 판단 및 의사결정 능력을 측정한다. 문제해결의 경우 먼저 가능한 모든 방안을 머리 속에서 나열하고 각각의 방안에 대하여 문제해결에 도움이 되는지를 평가하고 최종적으로 문제해결책을 찾아내는 과정으로 구성되어 있다. 연역추리력과 판단 및 의사결정 과정도 여러 단계의 인지조작을 거쳐야만 문제를 해결할 수 있다. 모든 업무가 문제해결이나 판단·의사결정 등으로 구성되어 있으므로 이는 실제 과제를 수행하는 데 기본적인 능력이 있는지를 측정하는 영역이다. 자료해석력이 주로 귀납적 추리력을 측정하는 데 반해 이 영역은 연역추리와 종합추리 능력을 측정한다.

[출제 영역]

■ 문제 출제를 위한 특정 영역이 존재하지는 않으나, 가능한 현실적인 상황을 가지고 문항을 구성한다.

[문제유형]

■ 연역추리 : 주어진 사실(전제)들에서 논리적으로 정당한 결론을 도출해 낼 수 있는 능력을 측정하는 문제이다. 세부유형으로 결론유도, 논리구조, 논리적 인과, 논리적 타당성, 논증, 해석 등이 있다.

■ 문제해결 : 문제에 대한 적절한 표상을 형성하고, 목표달성에 도달하게 하는 적절한 조작자를 찾아내는 능력을 측정하는 문제이다. 세부유형으로 기획력, 여러 가능성 중 합리적 가능성을 묻는 문제, 문제에 대한 올바른 표상을 묻는 문제, 가능한 많은 문제해결 방식의 생성을 묻는 문제 등이 있다.

■ 판단 및 의사결정 : 주어진 정보와, 이 정보에서 유도된 정보들을 정확하게 판단하고, 그 판단에 근거하여 가장 합리적인 의사결정을 하는 능력을 측정하는 문제이다. 세부유형으로 판단과정에서 논리적 구조의 이해, 게임 이론, 판단오류, 합리적 선택 과정 등이 있다.

INFORMATION

NCS 10개 영역 소개

주요 5개 영역

인지적 능력

의사소통능력	상대방과 의견을 교환할 때 의미를 정확하게 전달하는 능력
수리능력	복잡한 연산 및 도표 분석으로 정보를 이해하고 처리하는 능력
문제해결능력	논리적 · 창의적인 사고로 문제를 바르게 인식하고 해결하는 능력
자원관리능력	주어진 자원을 효율적으로 활용하고 관리하는 능력
조직이해능력	조직의 체제와 경영, 국제 감각을 이해하는 능력

주요 영역 출제 키워드

자원관리능력
자원관리의 중요성, 효과적인 자원관리 방법, 직접비와 간접비, 시간낭비의 요인, 책정비용과 개발비용의 관계, 예산 집행의 원칙, 물적자원 활용의 방해요인, 물품 보관의 원칙, 인사관리의 원칙, 인력 배치의 3가지 원칙

의사소통능력
의사소통 스타일, 한류 현상, 승용차 TV 광고, 회의방법, 토론방법, 속담, 금기어, 완곡어, 유의어, 반의어, 에너지바우처, 건강보험, '괜찮다' 의 의미, 사자성어, 보고서 작성, 미세먼지, 나눔도서관, 설의법, 영탄법, 점층법, 4차 산업혁명, 문서작성요령

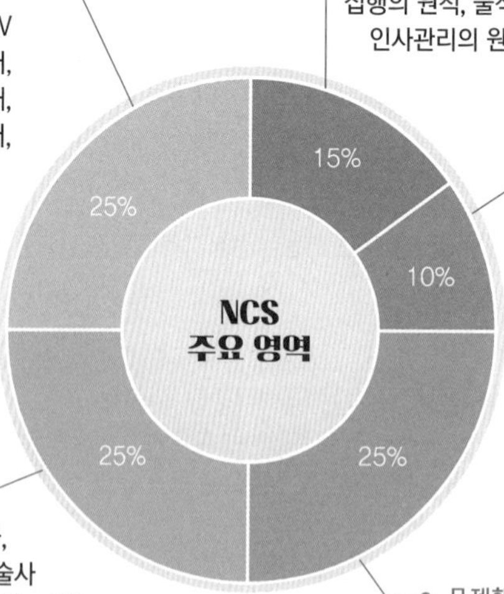

조직이해능력
조직의 유형, 조직변화의 유형, 경영의 구성요소, 경영자의 역할, 집단의사 결정의 과정, SWOT 분석, 경영참가제도의 목적과 문제점, 조직목표의 기능과 특징, 조직구조의 형태, 조직문화의 구성요소, 업무의 특성, 업무수행 시트의 파악, 업무의 방해 요인, 국제동향 파악

수리능력
연간 임대수익률, 예금 상품의 원리금, 건물의 건설 자재비용, 잔업일수, 기술사 시험의 수험현황, 국가별 선박등록 현황, 기업 매출현황표, 연도별 선박 입항 현황, PB 제품에 대한 소비자 인식 평가

문제해결능력
창의적 · 논리적 · 비판적 사고 개발, 브레인스토밍, 체크리스트, SCAMPER, 사고방식의 기능, MECE, 문제해결절차, 3C 분석, SWOT 분석, 가중치를 반영한 만족도 조사, 보고서 추가 항목, 규칙에 따른 결과 추론, Framework, 과제 선정, 실행 및 평가 이해

하위 5개 영역

인지적 능력

정보능력	컴퓨터를 활용하여 필요한 정보를 수집 · 분석 · 활용하는 능력
기술능력	직장 생활에 필요한 기술을 이해하고 선택하며 적용하는 능력

인성적 능력

대인관계능력	좋은 인간관계를 유지하고 갈등을 원만하게 해결하는 능력
자기개발능력	자신의 능력과 적성을 이해하여 목표를 수립하고 관리를 통해 성취해 나가는 능력
직업윤리	직업을 가진 사람이라면 반드시 지켜야 할 윤리 규범

하위 영역 출제 키워드

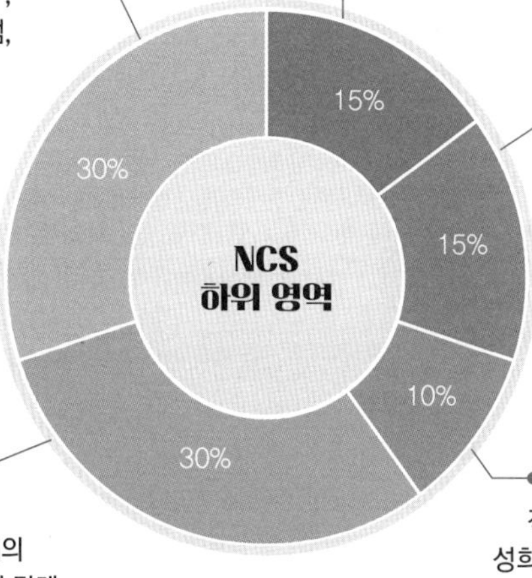

자기개발능력
매슬로우 욕구계층이론, 자기 브랜드 유형, 성인학습자 샐러던트, 자기개발 방해요인, 장단기 목표 수립, 조해리의 창, 성찰, 홀랜드 직업선호도 검사, 중장년 직업역량검사, 경력개발 방법, 일의 우선순위 결정

정보능력
네티켓, 개인정보, 정보화 사회, 소상공인 정보 수집 사이트, 상환금 계산 함수, Windows 10 계산기, 유틸리티 프로그램, 매크로 기능, 기본 프린터, 정보 검색 시 유의사항, 정보통신망, 인텔리전스, 클라우드 컴퓨팅

대인관계능력
팀워크 발전방법, 리더십의 유형, 사례에 필요한 리더의 행동, 멘토링, 갈등의 진행과정, 갈등 상황에 따른 갈등해결 방법, 협상전략 적용, 고객설문조사 방법

기술능력
기술능력이 뛰어난 사람의 특징, 기술능력 향상방법, 지속가능한 기술, 산업재해의 원인파악, 사물인터넷, 기술시스템 발전 단계, 기술혁신의 특성, 산업재산권 분류

직업윤리
직장 괴롭힘, 갑질 근절 가이드라인, 직장 성희롱 관련 규정, 윤리적 의사결정의 원칙, 채용비리 근절, 기업윤리 실천, 근면의 요소, 정직의 예, 윤리경영과 관련된 사내 교육 자료, 공동체 윤리, 직업윤리의 중요성

대행사 수주현황

출제대행사별 수주 채용기업

출제대행사		채용기업
(주)사람인	2024년	한국가스공사, 한국가스기술공사, 한국남동발전, 한국중부발전('22~'24), 한국동서발전('23~'25), 한국남부발전, 국민연금공단, 한국자산관리공사, 신용보증기금, 도로교통공단, 경기도 공공기관 통합채용, 광주광역시도시공사, 전라남도 공공기관 통합채용(출제), 대한무역투자진흥공사, 예금보험공사, 한국예탁결제원, 화성시문화재단, 부천시 협력기관 통합채용, 대구공공시설관리공단, 서울주택도시공사, 안산시 공공기관 통합채용, 광주광역시 공공기관 통합채용, 국립부산과학관, 경상북도 공공기관 통합채용, 울산문화관광재단, 한국광해광업공단, 경기환경에너지진흥원
	2023년	국민연금공단, 한국가스공사, 한국전력거래소, 한국중부발전('22~'24), 한국동서발전('23~'25), 한국환경공단, 서울주택도시공사, 주택도시보증공사, 한국주택금융공사, 한국예탁결제원, 한전원자력연료, 한국가스기술공사, 한전KPS, 도로교통공단, 코스콤, 한국방송광고진흥공사, 한국산업단지공단, 경기도 공공기관 통합채용, 부산광역시 공공기관 통합채용, 대전광역시 공공기관 통합채용, 전라남도 공공기관 통합채용, 광주광역시 공공기관 통합채용, 경상북도 공공기관 통합채용, 평택도시공사, 인천신용보증재단, 전라북도콘텐츠융합진흥원, 평창군시설관리공단, 대구공공시설관리공단, 과천도시공사, 서울시 종로구시설관리공단, 인천시설공단
인크루트(주)	2024년	국민건강보험공단, 한국산업은행, 항만공사(인천 · 부산 · 울산 · 여수광양 / '23~'25), 파주도시관광공사, 시흥도시공사, 대한적십자사, 한국부동산원, 한국무역보험공사, 경기도사회서비스원, 용인시산업진흥원, 인천중구문화재단, 용인도시공사, 독립기념관, 유네스코아태무형유산센터, 인천문화재단, 우체국금융개발원, 경남테크노파크, 서울시자원봉사센터, 서울시 강서구시설관리공단, 금융감독원, 기술보증기금, 대전도시공사, 항공안전기술원, 축산환경관리원
	2023년	한국철도공사, 국민건강보험공단, 근로복지공단, 한국관광공사, 기술보증기금, 한국수출입은행, 항만공사(인천 · 부산 · 울산 · 여수광양 / '23~'25), 한국과학기술기획평가원, 대한적십자사, 한국국학진흥원, 한국보훈복지의료공단보훈교육연구원, 과천도시공사, 용인도시공사, 세종특별자치시시설관리공단, 대전광역시사회서비스원, 서울시 금천구시설관리공단, 서울시 강서구시설관리공단, 포천도시공사, 남양주도시공사, 안산도시공사, 광주광역시 도시공사, 전주시시설관리공단, 한국항공우주연구원, 화성시여성가족청소년재단, 정선아리랑문화재단, 충남문화관광재단, 대한건설기계안전관리원, 부천시 협력기관 통합채용, 한국도로공사서비스(주)
(주)트리피	2024년	한국가스안전공사, 한국환경공단, 한국수출입은행, 중소벤처기업진흥공단, 한국디자인진흥원, 국방과학연구소, 한국재정정보원, 서울문화재단, 한국해양진흥공사, 한국해양과학기술원, 한국전기안전공사, 한국산업안전보건공단, 코레일테크, 인천관광공사, 제주국제자유도시개발센터, 한국지방재정공제회
	2023년	한전KDN, 한국가스안전공사, 한국전기안전공사, 한국승강기안전공단, 한국해양과학기술원, 한국산업안전보건공단, 한국해양교통안전공단, 한국디자인진흥원, 한국데이터산업진흥원, 새만금개발공사, 한국보건의료인국가시험원, 한국기상산업기술원, 국립해양박물관, 인천관광공사, 한국인터넷진흥원, 학교법인한국폴리텍, 한국예술인복지재단, 한국과학기술원, 한국고용정보원
(주)엑스퍼트컨설팅	2024년	코레일로지스, 수원시 공공기관 통합채용, 한국승강기안전공단, 한국환경산업기술원
	2023년	한국농어촌공사, 금융감독원, 한국공항공사, 대한적십자사 혈액관리본부, 한국재정정보원, 한국환경산업기술원, 용인시 공공기관 통합채용, 서울교통공사 9호선운영부문(2차), 한국원자력환경공단, 용인도시공사, 서울문화재단
(주)매일경제신문사	2024년	한국토지주택공사, 한국수력원자력, 한국서부발전('22~'24)
	2023년	한국토지주택공사, 한국도로공사, 한국남동발전, 한국서부발전('22~'24)
(주)휴스테이션	2024년	서울교통공사, 건강보험심사평가원, 서울교통공사 9호선운영부문, 서울시설공단, 한국주택금융공사, 한국교통안전공단, 한국에너지공단, 코레일유통, 한국과학기술기획평가원, 농업정책보험금융원, 한국석유공사, 국방신속획득기술연구원, 서울신용보증재단, 한국생산기술연구원, 한국체육산업개발
	2023년	서울교통공사, 건강보험심사평가원, 서울시설공단, 서울신용보증재단, 한국교통안전공단, 한국석유공사, 한국항공우주연구원, 한국장애인개발원, 중소기업유통센터, 북한이탈주민지원재단, 대한무역투자진흥공사, 한국에너지공단

출제대행사별 수주 채용기업

출제대행사	채용기업	
(주)한국사회능력 개발원	2024년	한국철도공사, 에스알(SR), 국가철도공단, 한전KDN, 대구도시개발공사, 화성산업진흥원, 공무원연금공단, 국립공원공단, 부산광역시 공무직
	2023년	국가철도공단, 공무원연금공단, 한국국토정보공사, 대구교통공사, 국립공원공단, 국민체육진흥공단, 경기도 의정부시시설관리공단, 대구도시개발공사, 북한이탈주민지원재단
인트로맨(주)	2024년	한국수자원조사기술원, 한국교육학술정보원, 대한적십자사(필기전형), 한국문화재재단, 중소기업유통센터, 대전시사회서비스원, 코레일네트웍스, 인천도시공사, 경기문화재단, 농림수산식품교육문화정보원, 대한장애인체육회, 남양주도시공사
	2023년	서울교통공사 9호선운영부문, 한국문화재재단, 대한적십자사, 서울특별시 여성가족재단, 한국수자원조사기술원, 한국식품산업클러스터진흥원, 대전광역시사회서비스원, 농림수산식품교육문화정보원, 세종특별자치시사회서비스원, 국립농업박물관, 인천도시공사, 국가평생교육진흥원
(주)스카우트	2024년	한국전력기술('24~'25), 시흥도시공사, 서민금융진흥원, 한국산림복지진흥원, 국립인천해양박물관, 대구농수산물유통관리공사, 한국원자력환경공단, 우체국시설관리단, 한국장학재단, 가덕도신공항건설공단, 인천교통공사
	2023년	인천국제공항공사, 인천교통공사, 중소벤처기업진흥공단, 한국과학기술원, 한국장학재단, 인천공항시설관리, 한국수산자원공단, 한국부동산원, 한국보훈복지의료공단, 한국원자력안전기술원
(주)휴노	2024년	한국전력공사, 한국지역난방공사, 한국농어촌공사, 한국공항공사('24~'25), 한국조폐공사, 한전KPS, 한국수자원공사('24~'25)
	2023년	한국지역난방공사, 한국수자원공사, 한국수력원자력, 한국조폐공사, 코레일테크
(사)한국행동과학 연구소	2024년	인천국제공항공사
	2023년	농협중앙회, 농협은행
(주)ORP연구소	2022년	한국승강기안전공단, 한국고용정보원, 항공안전기술원, 코레일유통, 국방기술품질원, 국방기술진흥연구소
	2021년	한국남동발전, 한국수목원관리원, 한국원자력환경공단, 금융감독원, 강원대학교병원, 국방기술품질원, 안양도시공사, 아동권리보장원, 한국국방연구원, 한국잡월드
(주)태드솔루션(TAD Solutions Co., Ltd.)	2024년	한전엠씨에스주식회사, 한국산업기술기획평가원, 서울시50플러스재단, (재)한국보건의료정보원, 한국사회보장정보원, 한국인터넷진흥원, 서울경제진흥원, 성남시청소년재단, 용인시 공공기관 통합채용, 화성시 공공기관 통합채용, 성남시 공공기관 통합채용, 한국발명진흥회
	2023년	한전엠씨에스주식회사, 충남테크노파크, 국립낙동강생물자원관, 한국보건산업진흥원, 성남시 공공기관 통합채용, 화성시 공공기관 통합채용, 방송통신심의위원회, 한국교육시설안전원, 한국지방재정공제회, 국립호남권생물자원관, 정보통신산업진흥원, 한국물기술인증원, 서울물재생시설공단
(주)나인스텝컨설팅	2024년	한국해양조사협회, 한국에너지기술평가원, 광주도시관리공사
	2023년	인천교통공사(업무직), 한국해양조사협회, 한국임업진흥원
(주)비에스씨	2024년	인천서구복지재단
	2023년	의왕도시공사
(유)잡코리아	2024년	국립대구과학관, 인천신용보증재단, 가축위생방역지원본부
	2023년	인천신용보증재단, 킨텍스, 경상남도 관광재단, (재)춘천시주민자치지원센터
(주)잡플러스	2024년	제주특별자치도 공공기관 통합채용, 남부공항서비스, 서울의료원
	2023년	축산물품질평가원, 한국연구재단
(주)커리어넷	2024년	대구교통공사, 서울특별시농수산식품공사('23~'24), 한국건강가정진흥원, 신용회복위원회, 우체국물류지원단, 한국보훈복지의료공단 중앙보훈병원, 하남도시공사, 한국교육시설안전원, 소상공인시장진흥공단, 한국수산자원공단, 한국산업기술시험원
	2023년	서울특별시농수산식품공사('23~'24), 주택도시보증공사, 국립부산과학관, (재)한국보건의료정보원

출제대행사별 수주 채용기업

출제대행사		채용기업
(주)한국취업역량센터	2024년	원주시시설관리공단, 함안지방공사
	2023년	아산시시설관리공단, 사천시시설관리공단, (재)전라북도 사회서비스원, 함안지방공사
(사)한국능률협회	2024년	보령시시설관리공단, 한국수목원정원관리원
	2023년	한국소비자원, 한국법무보호복지공단, 한국산림복지진흥원, 지방공기업평가원, 국립항공박물관
(주)한국인재개발진흥원	2024년	경상북도 공공기관 통합채용, 세종도시교통공사, 경남개발공사, 울산시설공단, 화성시복지재단, 오산시시설관리공단, 여수시도시관리공단, 인천광역시연수구시설안전관리공단
	2023년	세종시문화재단, 오산시시설관리공단, 한국국제보건의료재단, 평창유산재단, 화성시사회복지재단, 김포도시관리공사, 국가과학기술연구회, 인천광역시 연수구시설안전관리공단
(주)엔잡얼라이언스	2024년	화성시인재육성재단
	2022년	국립해양박물관
(주)한경디스코	2022년	(재)우체국시설관리단, 화성산업진흥원, 서울특별시미디어재단티비에스
	2021년	한국산업은행, 충주시시설관리공단
(주)굿파트너스코리아	2024년	한국물기술인증원
	2023년	한국항만연수원 부산연수원, (재)평창유산재단
(주)더좋은생각	2024년	전북특별자치도 공공기관 통합채용, 광주광역시북구시설관리공단, 정보통신기획평가원, 완주군시설관리공단
	2023년	코레일네트웍스, 광주도시관리공사, 광주과학기술원, 우체국물류지원단, 연구개발특구진흥재단, 인천환경공단
(주)스카우트에이치알	2022년	한국장애인고용공단(필기전형), 국립항공박물관
	2021년	농림식품기술기획평가원
(주)시너지인사이트	2022년	구미시설공단
	2021년	한국소비자원, 창원시설공단, 한국산림복지진흥원
(주)엔에이치알커뮤니케이션즈	2023년	제주특별자치도 공공기관 통합채용, 서울물재생시설공단, 서울시복지재단
	2022년	제주특별자치도 공공기관 통합채용, (재)서울시복지재단, 국가과학기술연구회, 창원레포츠파크, 정보통신산업진흥원, 한국소방산업기술원
(주)인사바른	2024년	한국농수산식품유통공사, 국립해양박물관, 세종학당재단, 국방기술품질원, 건설근로자공제회, 한국데이터산업진흥원, 한국마사회, 경상북도 공공기관 통합채용, 예술의전당, 국립인천해양박물관('24 하반기)
	2023년	한국마사회, 한국농수산식품유통공사, 한국어촌어항공단, 한국해양수산연수원, 건설근로자공제회, 예술의전당, 국방기술진흥연구소, 한국산업기술시험원, 충북개발공사, 한국건강증진개발원
(주)잡앤피플연구소	2024년	인천광역시 미추홀구시설관리공단, 한국보육진흥원, 기장군도시관리공단, (재)한국특허기술진흥원, 서대문구도시관리공단, 국토안전관리원, 창원복지재단, 강원도사회서비스원, 세종시시설관리공단, 한국석유관리원, 원주미래산업진흥원, 서울시강동구도시관리공단, 천안도시공사, 인천시 부평구 시설관리공단, 방송통신심의위원회, 전주시시설관리공단, 광명도시공사
	2023년	한국에너지공과대학교, 한국석유관리원, 천안시시설관리공단, 부여군시설관리공단, 춘천문화재단, 충주시시설관리공단, 인천시 부평구 시설관리공단, 여수시도시관리공단, 한국보육진흥원, 대구문화예술진흥원, 김천시시설관리공단, 세종시시설관리공단, (재)원주문화재단, 안양도시공사, 국토안전관리원, 한국수목원정원관리원, (재)대전문화재단, 천안도시공사

출제대행사별 수주 채용기업

출제대행사	채용기업	
(주)잡에이전트	2024년	강릉과학산업진흥원
	2023년	(재)강릉과학산업진흥원
(주)휴먼메트릭스	2024년	한국고용정보원, 서울시여성가족재단
	2022년	중소기업은행, 한국장애인고용공단(필기전형)
(주)한국고용연구원	2023년	한국해양수산연구원
	2022년	우체국물류지원단
갓피플(주)	2024년	해양환경공단
	2023년	전라북도 공공기관 통합채용, 경상남도 김해시 공공기관 통합채용
(주)미래융합연구원	2022년	(재)서울문화재단
	2021년	한국승강기안전공단, 서울에너지공사
(주)시너지컨설팅	2023년	한국생산기술연구원
	2022년	코레일테크, 방송통신심의위원회, 국방과학연구소, 평창군시설관리공단
(주)커리어케어	2021년	국가철도공단, 에스알(SR), 코레일유통, 한전KDN, 한국지역난방공사, 한국환경공단, 국립공원공단, 한국수산자원공단, 한전원자력연료, 한국에너지공단, 한국양성평등교육진흥원 등
	2020년	국립공원공단, 서울시설공단, 인천관광공사, 인천시설공단, 한국철도시설공단, 한전KPS, 한전원자력연료, 한전KDN, 한국보건산업진흥원, 중소기업기술정보진흥원, 주택도시보증공사, 한국에너지공단, 방송통신심의위원회 등
(주)한국직무능력평가연구소	2024년	국립광주과학관, 여주세종문화관광재단, 천안시청소년재단, 안양도시공사
	2023년	(재)장애인기업종합지원센터
(주)에이치알제이솔루션	2023년	(재)대구문화예술진흥원
(주)제이비에이	2023년	한국잡월드
(주)비엠더코리아인	2024년	구미도시공사
	2023년	국립해양과학관
(주)에이치알딥마인드	2024년	한국원자력안전재단, 한국장애인개발원, 인천환경공단, 진주시 시설관리공단, 한국기상산업기술원, 이천시시설관리공단, 대구경북첨단의료산업진흥재단, 화성산업진흥원, 군포도시공사, 국립항공박물관
	2023년	국립중앙의료원, 군포도시공사, 한국항로표지기술원
(주)엔에이치알	2024년	학교법인한국폴리텍, 대한무역투자진흥공사
	2023년	(재)대전광역시사회서비스원
(주)디자인오아시스	2023년	구미문화재단
피앤제이에이치알(주)	2024년	김해시 공공기관 통합채용, 부산시설공단, 사천시 공공기관 통합채용, 한국해양수산연구원
	2023년	부산시설공단, 함안지방공사

취업준비생의 관심이 높은 채용기업을 중심으로 나라장터와 시험 후기를 취합하여 정리한 자료입니다. 개찰 결과가 공개되지 않는 경우 등 정보의 접근과 검증의 한계로 일부 부정확한 내용이 있을 수 있습니다. 이외의 출제대행사가 많다는 점도 참고하시기 바랍니다.

고시넷 한국사회능력개발원 + 휴스테이션 NCS

영역별 출제비중

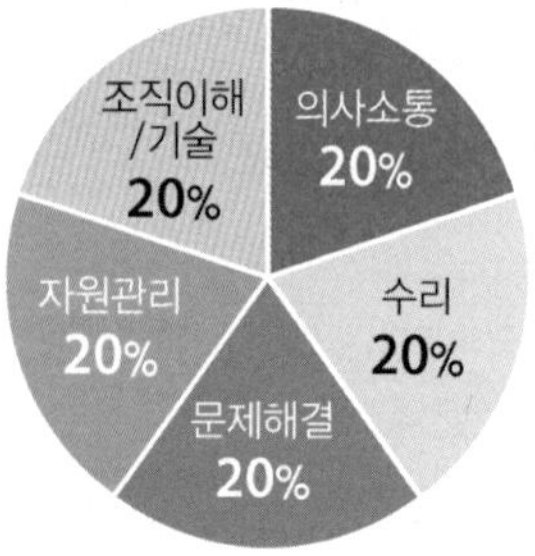

- ▶ 글을 바탕으로 어휘와 세부 내용을 파악하는 문제
- ▶ 수치를 분석하고 도표 자료를 작성하는 문제
- ▶ 자료를 분석하여 문제를 해결하는 문제
- ▶ 자원관리 방법을 이해하고 적용하는 문제
- ▶ 조직 업무와 경영 전략을 이해하는 문제
- ▶ 기술을 이해하고 적용하는 문제

한사능형 공통영역 중 의사소통능력에서는 글의 세부 내용을 이해하고 어휘의 의미를 파악하는 문제가 출제되었다. 수리능력에서는 수식을 활용하여 계산하는 문제와 도표 자료를 분석하거나 작성하는 문제가 출제되었다. 문제해결능력에서는 문제해결의 기법을 이해하거나 자료를 바탕으로 추론하는 문제가 출제되었다. 자원관리능력에서는 물적, 시간, 인적 등의 자원을 관리하는 방법을 이해하고 적절한 관리 결과를 도출하는 문제가 출제되었다. 사무직의 조직이해능력에서는 조직과 직무의 특성을 이해하는 문제가 출제되었다. 기술직의 기술능력에서는 여러 기술의 정의와 산업재해, 산업재산권과 같은 기술 활용을 이해하는 문제가 출제되었다.

한사능 + 휴스테이션

1회 출제유형모의고사

영역		총 문항 수	
공통영역	의사소통능력	1 ~ 40 [40문항]	50문항
	수리능력		
	문제해결능력		
	자원관리능력		
사무직	조직이해능력	41 ~ 50 [10문항]	* 직무분야별 문제풀이 권장
기술직	기술능력	41 ~ 50 [10문항]	

NCS란? 산업 현장에서 직무를 수행하기 위해 요구되는 각종 지식, 기술, 태도 등의 내용을 국가가 체계화한 것을 의미한다.

직업기초 1회

기출예상문제

문항수 | 50문항
시험시간 | 50분

▸ 정답과 해설 2쪽

공통영역 40문항

의사소통 · 수리 · 문제해결 · 자원관리 [1 ~ 40]

01. 다음 (가), (나)의 내용에 공통적으로 부합하는 사자성어는 어느 것인가?

(가) 코로나19 팬데믹을 거치면서 전 세계에서 여성 창업이 급증하고 있다. 미국 시사잡지 '뉴스위크'는 팬데믹 기간에 여성, 특히 소수 인종의 여성 창업이 크게 증가했다고 보도하며, 팬데믹 기간에 여성 창업이 급증한 이유 중 하나로 당시 여성의 해고 비율이 남성에 비해 높았기 때문이라고 지적했다. 해고당한 여성들이 경력 관리와 수입원 확보를 목적으로 창업에 적극 뛰어들었다는 해석이다.

(나) 유럽연합(EU)이 2030년까지의 재생에너지 목표를 초과 달성할 것이라는 전망이 나왔다. 영국의 글로벌 에너지 싱크탱크 '엠버'는 "러시아의 우크라이나 침공으로 촉발된 에너지 위기에 대한 유럽연합의 대응은 에너지 녹색 전환을 가속화했다."라고 밝혔다. 러시아의 유럽에 대한 가스공급 축소, 국제 천연가스 가격 폭등 등 러시아－우크라이나 전쟁발 에너지 위기 상황이 오히려 유럽연합에서 재생에너지 확대를 가속화하는 계기로 작용했다는 것이다.

① 과유불급(過猶不及)
② 건곤일척(乾坤一擲)
③ 전화위복(轉禍爲福)
④ 절치부심(切齒腐心)

02. 다음 글에서 설명하고 있는 고유어에 해당하지 않는 것은?

고유어는 우리 생활 속에서 알게 모르게 사용되고 있는 아주 예쁘고 정감 있는 순수 우리말을 의미한다. 우리는 수천 년 전부터 한자 영향권에서 살아왔기 때문에, 한글을 사용하는 지금도 사용하는 단어로 순우리말보다 한자어가 더 많다.

매년 10월 9일은 한글날이다. 외국어와 한자어, 어원이 불분명한 신조어 등이 무분별하게 사용되는 요즘, 한글날을 맞이하여 아름다운 순우리말인 고유어에 관심을 가지고 생활 속 언어표현으로 적극 사용해 볼 것을 권장한다.

① 한울
② 인간
③ 기장
④ 시나브로

03. 다음 중 상황에 따른 효과적인 의사표현의 예시로 적절한 것을 모두 고르면?

ㄱ. 상대의 잘못을 지적할 때 : 계약서에 최종 서명을 누락하여 회사에 손해가 발생하였는데, 본인은 그 책임을 어떻게 질 겁니까?
ㄴ. 상대의 요구를 거절해야 할 때 : 안타깝지만, 이번 계약은 예산의 범위를 초과해서 진행할 수 없습니다.
ㄷ. 상대에게 부탁할 때 : 괜찮으시다면, 7월 25일까지 계약서를 제출해 주시겠어요?
ㄹ. 상대를 설득해야 할 때 : 부대비용은 우리 쪽에서 부담하겠으니, 이번 계약을 진행하면 좋겠습니다.
ㅁ. 상대에게 요구해야 할 때 : 계약서 원본은 우리기관 ○○부서 사무실에 직접 방문하여 제출해 주시는 것이 어떻겠습니까?

① ㄱ, ㄷ, ㅁ
② ㄴ, ㄷ, ㄹ
③ ㄱ, ㄴ, ㄹ, ㅁ
④ ㄴ, ㄷ, ㄹ, ㅁ

04. 다음은 연단공포증에 대한 설명이다. 이를 극복하기 위한 방법으로 적절하지 않은 것은?

우리가 연단에 섰을 때, 사람마다 정도의 차이는 있지만 누구나 가슴이 두근거리고 입술이 타고 식은땀이 나고 얼굴이 달아오르는 생리적인 현상을 느끼게 된다. 독일의 유명한 가수 슈반 하에크는 "공연에서 노래를 부를 때 심리적 긴장감을 느끼지 않느냐?"라는 한 기자의 질문에 대해 "만약 내가 노래하기 전에 긴장감을 느끼지 않는다면, 그때가 바로 내가 은퇴할 때다."라고 연단공포증에 대해 솔직하게 고백한 바 있다. 또한, 영국의 유명한 작가 버나드 쇼도 젊은 시절 매우 내성적인 청년이었으나, 자신의 내성적인 성격을 극복하기 위하여 런던에서 공개되는 모든 토론에 자발적으로 참가한 결과, 장년에 이르러서야 20세기에 가장 재치와 자신감이 넘치는 웅변가가 될 수 있었다고 그의 자서전에서 밝힌 바 있다. 이처럼 연단공포증은 소수인의 심리상태가 아니라 90% 이상의 사람들이 호소하는 보편적인 불안이다.

① 청중 앞에서 말할 기회를 자주 가진다.
② 청중의 눈을 봐야 하는 상황이 어렵다면, 눈을 쳐다보지 말고 청중의 코를 본다.
③ 몸과 어깨 근육에 긴장을 넣고 배에 힘을 푼다.
④ 나만이 느끼는 두려움이 아니라 인간이라면 모두 느끼는 감정이라고 생각한다.

[05 ~ 06] 다음은 A 사원의 발표문이다. 이어지는 질문에 답하시오.

급속한 기술발전과 세계화를 통한 교역의 확대로 우리나라는 과거 어느 시기보다도 물질적으로 풍요한 시대에 살고 있다. 하지만 여전히 세계의 약 10억 이상의 사람들은 물, 의료시설, 생산적인 삶의 영위 등을 위해 필요한 최소한의 물품과 교육기회도 얻지 못한 채 빈곤국가에서 고통스러운 삶을 살고 있다. 물론, 이들이 가난에서 벗어나고 인간다운 삶을 사는 데 가장 필요한 것은 그들 스스로의 노력과 기술 발전을 통한 경제발전이라고 할 수 있을 것이다. 그러나 고질적인 환경문제와 사회 · 경제적 문제로 인하여 제3세계의 국가들은 빈곤의 악순환에서 벗어나지 못하고 있다.

세계 각국이 상호 협력을 통해 함께 성장하고 발전하는 것이 인류의 평화와 공영을 위한 첫걸음이라 할 수 있다. 특히 세계경제의 급속한 통합으로 지구 반대편의 문제가 더 이상 먼 곳의 문제가 아닌 지금, 선진국과 개발도상국의 협력은 세계 빈곤퇴치의 필수조건이다. 우리나라는 한국전쟁 이후 아시아의 최빈국 중 하나였으나, 지금은 세계 11위의 경제규모를 가진 국가, 유일하게 원조수원국에서 공여국으로 전환한 OECD의 멤버이다. 그리고 IMF에 따르면, 2030년까지 한국은 중국, 미국, 인도, 일본, 독일, 영국에 이은 세계 7위 규모의 국가로 성장할 것이라고 한다.

이러한 점에서 한국의 국제원조는 유럽이나 북미의 국가들과는 중요한 차별적 의미를 갖는다. 한국의 독특한 경제 개발 경험이 바람직한 국제개발 협력, 공적개발원조의 관점, 바람직한 개발모델의 정립에 있어서 큰 기여를 할 수 있기 때문이다.

○○공사도 오랜 기술력을 바탕으로 우리나라의 토지소유권 확립과 토지개발, 나아가 경제성장에 기여해 왔으며, 국제개발 협력 사업에 중요한 역할을 해 오고 있다. 특히 최근에는 공간정보기술을 바탕으로 측량사업에서 공간정보사업과 사이버국토 구축사업에 이르기까지 각종 개발협력사업을 확장해 나가고 있다.

05. 발표문에 나타난 A 사원의 발표 전략으로 가장 적절한 것은?

① 딱딱한 주제인 만큼 청중들과의 문답을 통해서 관심을 높여야겠어.
② PPT를 활용한 시각적 자료들을 준비해야겠어.
③ 수치를 제시해서 구체성을 높여야겠어.
④ 전문가의 말을 인용하여 내용의 신뢰도를 높여야겠어.

06. 위의 발표를 들은 청중의 반응으로 가장 적절하지 않은 것은?

① 한국의 경제력이 커진 만큼 이제 국제개발 협력에 더욱 적극적으로 나서야겠어.
② 국제개발 협력은 국가 간의 협력으로, 기업보다는 정부가 주도하는 것이 낫겠어.
③ ○○공사의 개발협력 사업은 한국의 독특한 국제원조 모델을 제공할 수 있겠어.
④ ○○공사 외에 다른 공기업 역시 이런 국제원조에 참여할 수 있지 않을까?

[07 ~ 08] 다음은 보도자료의 일부이다. 이어지는 질문에 답하시오.

보 도 자 료			
배포일시		20X1. 7. 29. 총 2매(본문 2)	
담당 부서	고객지원담당관	담당자	과장 김○○, 사무관 최△△ ☎ (044)444-1100, 1102
보도일시		20X1년 7월 29일 석간부터 보도하여 주시기 바랍니다. ※ 통신, 방송, 인터넷은 7.29. 14 : 00 이후 보도 가능	

새만금개발청과 ☆☆공사는 7월 28일 새만금에서 현장간담회를 개최하여 "새만금지의 지적 및 공간정보 구축을 위한 업무협약" 후속 조치 이행을 논의했다.

○ 현장간담회에서 양 기관은 새만금 홍보관과 노출부지 등을 둘러보면서 관련업무 수행을 위한 실무협의회에서 세부적인 업무추진 방향을 설정하기로 하였다.

○ 특히 이번 간담회에서는 무인항공기를 활용한 새만금산업단지나 노출부지 등의 주기적 항공영상 촬영과 측량성과관리시스템을 업무에 활용하는 방안 등에 대하여 논의하였으며,

○ 향후 ☆☆공사에서 측량 및 공간정보시스템 관련 전문가를 새만금개발청에 파견하는 등 현장위주의 실질적인 협약사항이 이행되도록 두 기관이 적극 협력하기로 하였다.

○ 이번 현장간담회는 기관 간 소통 및 협업을 추구하는 정부 3.0 기조에 따라 마련되었으며, 새만금개발청과 ☆☆공사는 협업사업의 선도적인 사례가 될 수 있도록 업무협약사항을 성실히 이행함으로써 새만금사업의 성공적 추진을 위해 노력해 나갈 계획이라고 밝혔다.

07. 윗글의 제목으로 가장 적절한 것은?

① ☆☆공사의 정부 3.0 기조 실현
② ☆☆공사 새만금 현장간담회 개최
③ ☆☆공사의 측량관리시스템 활용 사례
④ ☆☆공사와 새만금개발청 업무협약 체결

08. 윗글을 통해 적절하게 추론한 것은?

① 새만금사업과 관련된 업무협약은 두 번째이군.
② ☆☆공사에 측량 전문가가 부족한가보군.
③ 정부 정책 기조가 이번 간담회 성사에 역할을 했겠군.
④ 새만금개발청에서 ☆☆공사에 파견할 사원을 선발하겠군.

[09 ~ 10] 다음 [지문 A]는 '항공 산업부문 혁신성장'에 대한 연구보고서의 목차이다. 이어지는 질문에 답하시오.

[지문 A]

09. 다음 [지문 B]의 내용은 [지문 A]의 목차 중 어느 항목에 해당하는가?

> [지문 B]
> 항공 산업의 혁신성장목표는 항공 산업의 경쟁력 강화이다. 이는 급격한 외부 환경 변화에 대응할 수 있는 역량을 갖춘 상태를 포함한다. 혁신성장의 방향은 산업부문에서는 혁신가능 환경을 조성하고, 정책은 산업의 혁신을 준비하는 것이다. 소비자 행태나 기술이 급격하게 변하고 있기 때문에, 정부가 혁신을 주도하여 성장하는 데는 한계가 있다. 따라서 항공 산업에 큰 영향을 미치는 혁신은 산업 내에서 이루어져야 하며, 정부는 이를 보조하는 역할을 해야 한다. 이러한 혁신성장 방향하에 산업부문의 혁신전략 4개와 정책부문의 혁신전략 4개를 제시하였다. 산업부문 혁신전략은 1) 다양한 사업모델 및 전략 수립, 2) 저소음 · 고효율 항공기 도입을 통한 신남방 · 신북방 노선확대, 3) 신개념 항공기 기술 개발, 4) UAV 활용 신규 서비스 발굴이다. 정책부문의 혁신전략은 1) 사업자 간 공정한 경쟁 환경 마련, 2) 항공 산업 인프라 개선, 3) 항공 관련 분야 인력 양성, 4) 항공기 활용 신규 서비스를 위한 운수사업 관련 법제도 검토이다.

① 제3장 제1절　　② 제4장 제1절

③ 제4장 제3절　　④ 제5장 제2절

10. 다음 [지문 C]는 [지문 A]의 '제1장 서론'에 수록된 내용이다. 목차의 순서에 따라 (가) ~ (라)를 바르게 나열한 것은?

> [지문 C]
> (가) 본 연구에서는 정부의 혁신성장 개념과 정책 방향을 살펴보고, 항공 산업 부문의 혁신 및 성장 사례를 검토하였으며, 이를 토대로 항공 산업의 혁신성장에 대해 정의하고 관련 정책 방향을 수립하고자 하였다. 항공 산업 생태계 구조 분석을 통해 항공 산업을 구성하는 각 산업 부문 현황 및 전망을 살펴보고 혁신 가능한 분야를 도출하였으며, 이를 기반으로 산업분야를 구분하여 항공 산업 전문가/종사자 대상 설문조사 및 수용성 조사를 수행하였다. 이후 항공운송산업과 항공기 제조업/사용사업으로 산업 분야를 구분하여 추진전략을 도출하였으며, 이를 산업 및 정책 혁신성장 전략으로 구분하여 제시하였다.

(나) 본 연구에서는 최근 우리나라에서 경제성장의 화두로 제시되고 있는 혁신성장이라는 용어를 기반으로 혁신과 성장이 항공 산업에서 어떤 의미를 가지는지, 향후 항공 산업의 혁신성장을 위해서는 어떠한 노력을 기울여야 하는지 고찰하였다. 항공 산업의 기반을 이루고 있는 항공운송산업 및 항공기 제조업, 사용사업을 중심으로 항공 산업의 생태계 분석을 수행하고 육상, 해운 등 타 교통수단을 기반으로 하는 산업과의 연계관계 및 차이점을 분석하여 항공 산업의 향후 발전방향을 제시하고자 한다.

(다) 본 연구는 현재 가장 최신 시점의 자료를 참고하고자 하였으며, 공간적 범위는 우리나라 및 항공 산업이 영위되고 있는 모든 지역 또는 나라를 포괄하고자 하였다. 항공 산업의 혁신성장 방안을 제시하기 위하여 혁신과 성장에 대한 정의, 적용 사례에 대한 전반적인 검토와 함께 육상, 해운 등 교통 관련 타 산업의 사례 분석 및 비교를 수행하였으며, 전문가 및 일반 국민들의 항공 산업의 혁신성장에 대한 설문조사를 통해 향후 정책 실현 방안을 제시하는 것이 본 연구의 내용적 범위이다.

(라) 항공기 제조업에서는 최근 초음속여객기, 에어택시 서비스를 위한 수직이착륙전기항공기(eVTOL) 개발이 가장 큰 이슈로 떠오르고 있다. 이에 있어서 보잉, 에어버스와 같은 기존 항공사 및 우버와 같은 서비스사업자가 기술을 보유한 신생 스타트업을 지속적으로 인수하면서 장래 기술 및 서비스 선점을 노리고 있는 상황이다. 이러한 기술 발전과 함께 항공운송산업이 도심 진입을 도모하고 있으며, 플랫폼사업자를 중심으로 한 비즈니스 모델이 출현하고 있다. 항공 산업에서 발생하고 있는 이러한 변화들이 산업 및 경제 성장으로 이루어질 수 있도록 대응방안 마련이 필요하다고 할 수 있다. 특히 항공 산업이 국제성을 띠고 있는 만큼, 국내 · 외 선진사례 및 기술개발 동향을 참고하여 우리나라 특성에 적합한 정책 추진 방향을 제시해야 할 필요가 있다. 최근 들어 업계에서는 정부의 규제로 산업 활동이 어렵다고 호소하고 있다. 기존 정책들이 산업 활동에 어떠한 영향을 미치는지 살펴보고, 경제 및 산업 활성화를 강구할 수 있는 방안을 마련하는 것이 시급하다.

① (나)－(다)－(가)－(라)
② (다)－(가)－(라)－(나)
③ (라)－(나)－(가)－(다)
④ (라)－(나)－(다)－(가)

11. 양돈업을 하는 농부가 열병 방제를 위해 전문업체에 방역을 맡기려고 하는데 방역 여부에 따라 다음과 같은 이익이 예상된다. 방역비가 500원일 경우 농부는 열병이 유행할 확률이 최소 몇 % 이상일 때 방역을 맡기게 되는가? (단, 이익 예상액에 방역비는 포함되어 있지 않다)

구분	이익 예상액(원)	
	열병이 유행할 경우	열병이 없는 경우
방역관리를 하는 경우	4,500	3,000
방역관리를 하지 않는 경우	2,000	3,000

① 16%　　② 20%
③ 33%　　④ 44%

12. A 전공 졸업생들의 전공 평균 성적은 87점, 표준편차는 10점이고, 토익 점수 평균은 700점, 표준편차는 20점이라고 한다. A 전공 졸업생인 재현의 전공 평균 성적과 토익 점수가 각각 90점, 800점이라고 할 때, 다음 중 옳지 않은 것은?

① Z-값은 표본평균에서 재현의 점수를 차감하고 표본표준편차로 나누어 계산한다.
② 재현의 전공 점수의 Z-값은 0.3이다.
③ 재현의 토익 점수의 Z-값은 5이다.
④ 재현의 토익 성적이 전공 성적보다 상대적으로 우수하다고 할 수 있다.

13. 다음 조건을 참고할 때, $4a+b$의 결과로 불가능한 것은?

- P와 Q는 계산의 결과를 항상 소수점 아래 첫째 자리에서 반올림하여 정수로 나타내는 계산기를 가지고 있다.
- P가 b를 소수점 아래 첫째 자리에서 반올림한 값에서 a를 소수점 아래 첫째 자리에서 반올림한 값을 뺐더니 3이 나왔다.
- Q가 계산기에 $a+3$을 입력하였더니 5, $5-b$를 입력하였더니 1이 나왔다.

① 10　　② 11
③ 13　　④ 14

14. 꽃집을 운영하는 동윤이는 장미, 국화, 튤립 세 종류의 꽃으로 꽃다발을 만들었다. 〈조건〉을 참고할 때, 다음 중 옳지 않은 것은?

조건

- 국화만으로 만든 꽃다발의 수는 튤립만으로 만든 꽃다발 수의 두 배이다.
- 장미만으로 만든 꽃다발의 수는 국화만으로 만든 꽃다발 수보다 한 개 더 많다.
- 장미만으로 만든 꽃다발의 수와 국화와 튤립만을 섞어서 만든 꽃다발의 수는 같다.
- 튤립만으로 만든 꽃다발의 수는 장미와 튤립만을 섞어서 만든 꽃다발의 수보다 한 개 더 적다.
- 장미, 국화, 튤립을 모두 섞어서 만든 꽃다발의 수는 장미와 국화만을 섞어서 만든 꽃다발의 수보다 한 개 더 많다.
- 튤립만으로 만든 꽃다발은 2개이고, 튤립이 하나도 없는 꽃다발은 18개이다.

① 장미만으로 만든 꽃다발은 5개이다.
② 국화만으로 만든 꽃다발은 4개이다.
③ 두 종류의 꽃으로만 만들어진 꽃다발은 총 17개이다.
④ 장미, 국화, 튤립을 모두 섞어서 만든 꽃다발은 8개이다.

15. 다음은 차량 A와 차량 B의 주행 및 주유 기록이다. 이에 대한 설명으로 옳은 것을 〈보기〉에서 모두 고르면? (단, 제시된 조건 이외의 모든 조건은 동일하다고 가정한다)

- 차량 A
  서울에서 광주까지 300km의 거리를 왕복하려고 한다. 서울에서 출발할 때, 기름탱크가 절반만 찬 상황에서 기름을 가득 주유하고 4만 원을 지불했다. 350km를 달린 지점에서 기름탱크에 40%의 기름이 남아서 다시 가득 주유하고 서울로 돌아와서 다시 가득 주유했다.
- 차량 B
  기름탱크가 가득 찬 상황에서 서울에서 부산까지 400km의 거리를 왕복하려고 한다. 부산에서 서울로 돌아오던 길에 기름이 부족(10% 이하)하여 가득 주유하고, 250km를 더 달려서 서울에 도착한 후 가득 주유하고 3만 원을 지불했다.

보기

㉠ 차량 B가 차량 A보다 적은 주유비를 지불했다.
㉡ 기름탱크의 용량은 차량 A보다 차량 B가 더 크다.
㉢ 차량 A는 기름을 가득 주유한 후에 추가 주유 없이 서울에서 광주까지 왕복이 가능하다.
㉣ 예상 가능한 범위 내에서 추가 주유 없이 차량 B로 주행할 수 있는 최대 거리는 610km 이상이다.

① ㉠, ㉡
② ㉠, ㉣
③ ㉡, ㉢
④ ㉡, ㉢, ㉣

16. 다음 자료의 조사대상자 수는 매년 10대와 20대가 같고, 30대와 40대 이상이 같다. 조사대상자 수가 40대 이상이 20대의 1.5배일 때, 자료를 이해한 내용으로 적절하지 않은 것은?

〈온 · 오프라인 강의 수강률〉

(단위 : %)

구분	온라인 강의 수강률					오프라인 강의 수강률				
	20X1년	20X2년	20X3년	20X4년	20X5년	20X1년	20X2년	20X3년	20X4년	20X5년
전체	70.9	71.8	72.6	75.7	75.9	47.2	47.0	47.9	49.0	48.4
10대	80.8	81.7	83.5	83.5	83.7	60.3	62.4	63.5	63.1	63.9
20대	66.2	66.3	67.0	77.1	77.2	48.1	46.6	47.1	47.9	48.0
30대	58.8	58.9	59.3	59.5	59.6	31.5	30.3	30.8	31.1	31.6
40대 이상	32.3	33.9	33.9	35.2	35.5	22.2	22.4	23.2	23.7	22.9

① 20X5년 온라인 강의와 오프라인 강의를 수강하는 20대 조사대상자 수의 합은 온라인 강의와 오프라인 강의를 수강하는 30대 조사대상자 수의 합보다 많다.
② 20X1년 온라인 강의를 수강하는 10대와 20대 조사대상자 수의 합은 온라인 강의를 수강하는 30대와 40대 이상 조사대상자 수의 합보다 많다.
③ 조사 기간 동안 온라인 강의를 수강하는 조사대상자 수는 매년 모든 연령대 중에 40대 이상이 가장 적다.
④ 조사 기간 동안 오프라인 강의를 수강하는 20대 조사대상자 수는 오프라인 강의를 수강하는 30대 조사대상자 수보다 항상 많다.

[17 ~ 18] 다음은 전국 통신판매업체 신고현황을 정리한 자료이다. 이어지는 질문에 답하시오.

〈지역별 전국 통신판매업체 신고현황〉

(단위 : 개)

구분		영업 중	휴업 중	폐업	직권말소*	계
시지역	서울	142,981	725	84,733	7,300	235,739
	부산	16,105	69	7,946	1,079	25,199
	대구	16,203	34	6,548	636	23,421
	인천	18,451	61	6,084	786	25,382
	광주	7,575	28	2,633	446	10,682
	대전	8,996	21	3,976	519	13,512
	울산	2,513	8	1,191	210	3,922
도지역	경기	77,934	414	33,478	3,553	115,379
	강원	7,026	18	1,845	689	9,578
	충북	5,975	46	2,472	577	9,070
	충남	8,033	29	2,503	377	10,942
	전북	4,491	23	1,294	197	6,005
	전남	6,763	29	1,436	381	8,609
	경북	11,285	28	2,893	605	14,811
	경남	8,825	39	3,792	388	13,044
	제주	3,426	26	988	125	4,565
합계		346,582	1,598	163,812	17,868	-

* 직권말소 : 폐업신고를 하지 않은 채 영업을 하지 않는 업체에 대해 자격이나 권한을 아주 없앰.

17. 다음 중 위 자료를 이해한 내용으로 옳은 것은?

① 서울과 강원의 직권말소된 통신판매업체 수의 합은 8,000개가 넘는다.
② 서울과 경기의 휴업 중인 통신판매업체 수의 합은 전체 휴업 중인 업체의 50% 이상이다.
③ 직권말소된 통신판매업체 중 부산에 있는 업체 수는 전체 직권말소된 업체의 10% 가량이다.
④ 영업 중인 통신판매업체 수 대비 폐업한 통신판매업체 수가 가장 많은 지역은 서울이고, 가장 적은 지역은 강원이다.

18. 위 자료로 그래프를 작성하여 보고서에 첨부하려고 한다. 다음 중 작성한 그래프로 옳지 않은 것은? (단, 소수점 아래 둘째 자리에서 반올림한다)

① 〈영업 중인 통신판매업체의 비중〉

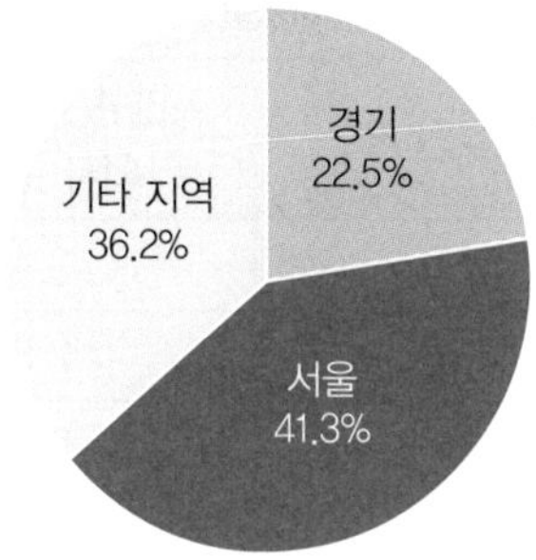

② 〈서울 · 경기의 통신판매업체 신고 비중〉

③ 〈광역시의 영업 중인 통신판매업체 신고현황〉

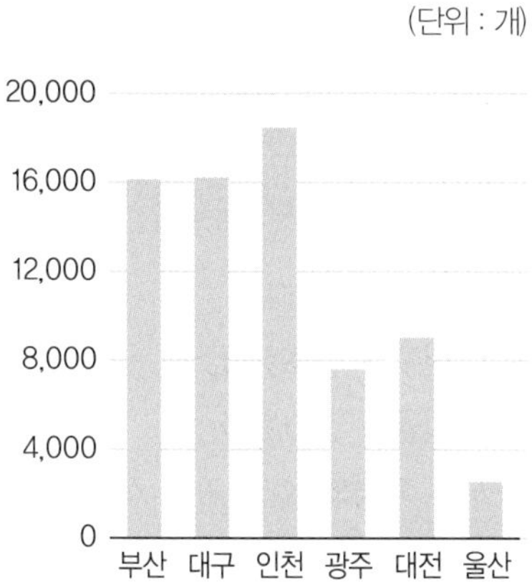

④ 〈비수도권 도지역의 폐업 · 직권말소 통신판매업체 수〉

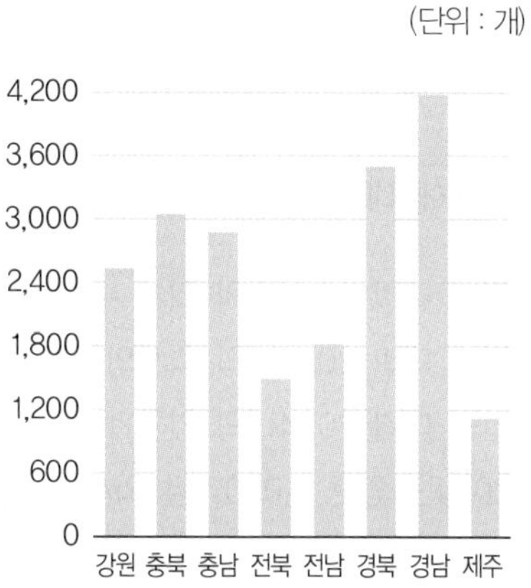

[19 ~ 20] 다음은 20X3 ~ 20X4년 대도시의 인구와 1,000명당 의사 수에 관한 자료이다. 이어지는 질문에 답하시오.

〈대도시 인구 수 및 인구 1,000명당 의사 수〉

구분	20X3년		20X4년	
	인구 수(만 명)	인구 1,000명당 의사 수(명)	인구 수(만 명)	인구 1,000명당 의사 수(명)
서울	1,002	3.3	1,000	3.4
부산	353	2.5	352	2.6
대구	250	2.7	250	2.7
인천	284	1.8	288	1.7
광주	147	2.8	147	2.8
대전	152	2.8	150	2.8
울산	114	1.9	110	1.8

※ 인구 1,000명당 의사 수(명) = $\frac{\text{의사 수}}{\text{총인구}} \times 1,000$

19. 위 자료에 대한 설명으로 옳은 것은?

① 전년 대비 20X4년의 의사 수 증가율이 가장 큰 도시는 부산이다.
② 전년 대비 20X4년의 의사의 비율이 감소한 도시는 인구도 감소했다.
③ 전년 대비 20X4년의 인구가 증가한 도시는 의사의 비율도 증가했다.
④ 20X4년 인구 1,000명당 의사 수가 가장 적은 도시는 의사의 수가 가장 적다.

20. 20X3년부터 1년간 증가한 서울의 의사 수는 몇 명인가?

① 580명
② 934명
③ 1,000명
④ 1,530명

[21 ~ 22] 다음은 △△기관의 연수 자료이다. 이어지는 질문에 답하시오.

> 문제해결이란 목표와 현상을 분석하고 분석 결과를 토대로 주요과제를 도출한 뒤 바람직한 상태나 기대되는 결과가 나타나도록 최적의 해결안을 찾아 실행, 평가해 가는 활동을 의미한다. 문제해결은 조직, 고객, 자기 자신의 세 가지 측면에서 도움을 줄 수 있다. '조직측면'에서는 자신이 속한 조직의 관련분야에서 세계 일류수준을 지향하며, 경쟁사와 대비하여 탁월하게 우위를 확보하기 위해서 끊임없는 문제해결이 요구된다. '고객측면'에서는 고객이 불편하게 느끼는 부분을 찾아 개선하고 고객감동을 통한 고객만족을 높이는 측면에서 문제해결이 요구된다. '자기 자신 측면'에서는 불필요한 업무를 제거하거나 단순화하여 업무를 효율적으로 처리함으로써 자신을 경쟁력 있는 사람으로 만들어 나가는데 문제해결이 요구된다.

21. 위의 자료를 업무에 적용한다고 할 때, 그 내용이 적절하지 않은 것은?

① 문제해결을 위해서 최적의 해결안을 찾아 실행 및 평가하는 활동을 한다.
② 고객만족을 높이기 위해 문제현상을 분석하고 과제를 도출하여 해결한다.
③ 문제해결을 위해서 해결방안을 찾기 전에 주요 과제를 도출하는 과정을 먼저 거친다.
④ 문제해결과정에서 자신의 목표보다 조직의 목표를 우선시한다.

22. 다음 문제상황을 해결하기 위한 △△기관 직원의 발언으로 가장 적절한 것은?

> △△기관의 직원 휴게실의 벽지에 곰팡이가 피어 있는 등 환경이 열악하여 직원들이 화장실과 계단에서 휴식한다는 뉴스가 보도되었다. 그러나 사실상 보도된 휴게실은 누수 발생으로 보수공사 중이어서 사용하지 않는 곳이며, △△기관에는 직원들이 휴식하기 충분한 쾌적한 환경의 휴게실이 여러 개 있는 상황이다.

① 경쟁사와 비교하였을 때 우리 기관이 우위에 있다는 것을 알리기 위해 경쟁사를 비판하는 내용을 보도해야 합니다.
② 보도된 상황에 대한 설명 자료를 작성하여 즉시 배포하도록 해야 합니다.
③ 기관의 이미지 실추를 막기 위해 우리 기관이 작년 겨울에 진행한 사회 공헌 활동을 홍보해야 합니다.
④ 우리 기관의 경쟁력을 높이기 위해 홍보자료를 작성하여 보도하여야 합니다.

23. 콘퍼런스 준비 업무와 관련해 홍 팀장이 정 대리에게 다음과 같이 이야기했다고 할 때, 정 대리가 취해야 하는 행동으로 옳지 않은 것은?

> 정 대리님, 다음 주 콘퍼런스에 김 박사님이 부득이하게 현장에 참석을 못 하셔서 해당 시간에 화상회의 프로그램을 이용해 온라인으로 발제하시기로 했어요. 이와 관련된 준비를 사전에 해 주시고, 참석자들에게도 혼선이 없도록 안내해 주세요. 그리고 당일 저녁 식사 자리에 전무님이 참석하시겠다고 하니 독립 공간에서 식사할 수 있도록 방으로 된 식당을 예약하는 게 좋겠어요. 아, 그리고 콘퍼런스는 메타버스(metaverse)에서도 동시 진행할 예정이니 적절한 플랫폼을 선정해서 운영 계획안을 작성해 보세요. 바쁘겠지만 잘 부탁해요.

① 전무님께 예약된 식당을 사전에 안내해 드린다.
② 패널이 온라인으로 발제할 수 있도록 관련 장비를 준비한다.
③ 콘퍼런스 행사 성격에 맞는 메타버스를 선정하여 운영 견적을 산출한다.
④ 콘퍼런스 장소 인근에 운영진끼리 식사할 수 있는 독립된 공간의 식당을 예약한다.

24. 브레인 라이팅(Brain Writing)은 많은 구성원들로 이루어진 조직에서 활용되는 아이디어 창출 기법으로 진행 방법은 다음과 같다. 이를 참고할 때, 브레인 라이팅에 대한 설명으로 옳지 않은 것은?

〈브레인 라이팅 진행 방법〉

01	참가자는 책상에 둘러앉고, 사회자가 주제에 대해 설명한다.
02	참가자들에게 6 ~ 8개의 의견을 쓸 수 있는 한 장의 시트를 제공한다.
03	참가자는 3 ~ 5분 동안 주제에 대한 자신의 아이디어를 각 구분란에 적는다.
04	3 ~ 5분이 지나면 자신의 시트를 오른쪽 사람에게 전달한다.
05	각 참가자는 받은 시트의 아이디어에 대해 보다 발전시킨 아이디어를 추가로 적는다.
06	모든 구분란이 채워질 때까지 작업을 반복한다.
07	모든 구분란이 채워지면 각자의 시트 내용을 평가하고 좋은 아이디어를 함께 평가한다.

① 브레인 스토밍(Brain Storming)과 유사한 점이 있다.
② 발언에 소극적인 사람의 참여를 유도하기 어렵다.
③ 지배적으로 이루어지는 개인의 영향력을 줄일 수 있다.
④ 대화가 아닌 글로 이루어지는 방법으로 참가자 간의 자극이 이루어지기 어렵다.

25. 다음은 ○○기업 사원들을 대상으로 실시한 스트레스 취약성 테스트이다. 이를 참고할 때, 스트레스 취약성 테스트 결과에 대한 설명으로 적절하지 않은 것은?

〈스트레스 취약성 테스트〉

연번	내용	점수
1	일이 풀리지 않으면 자책부터 한다.	1
2	중요한 문제를 의논할 친구가 없다.	1
3	본인이 원하는 것을 명확하게 표현하지 못한다.	1
4	일을 해냈을 때 성취감보다는 안도감이 든다.	2
5	취미 생활이 일로 느껴져 포기한다.	2
6	이루고자 하는 목표가 높다는 말을 자주 듣는다.	3
7	칭찬을 듣고 의심해 본 적이 많다.	3
8	감정의 기복이 심한 편이다.	3
9	쉽게 불안해진다.	4
10	생각이 너무 많다는 말을 많이 듣는다.	4
11	잠자리에 들면 오늘 있었던 힘든 일들이 떠오르며 쉽게 잠들지 못한다.	5
12	소리 자극에 민감한 편이다.	5

〈점수별 진단 결과〉

점수 구간	상태
1 ~ 5점	스트레스 약간 수준
6 ~ 10점	스트레스 다소 수준
11 ~ 15점	스트레스 많음 수준
16 ~ 20점	스트레스 상당히 많음 수준
21점 이상	스트레스 극심함 수준

① 3, 5, 12번에 해당하는 A 사원은 스트레스 다소 수준이다.
② 1, 4, 6, 8번에 해당하는 B 사원은 스트레스 다소 수준이다.
③ 2, 7, 9, 11번에 해당하는 C 사원은 스트레스 많음 수준이다.
④ 1, 2, 5, 6, 9, 10, 12번에 해당하는 D 사원은 스트레스 극심함 수준이다.

[26 ~ 27] 다음 글을 읽고 이어지는 질문에 답하시오.

대부분의 사람들은 자연 현상이나 사회 현상에 인과 관계가 존재한다고 생각한다. 인과적 사고는 이와 같이 어떤 일이 발생하면 거기에는 원인이 있을 것이라는 생각에서 비롯되었다. 이러한 맥락에서 원인을 찾아내는 방법을 밝혀내고자 한 사람으로 19세기 중엽 영국의 철학자 존 스튜어트 밀이 있다. 그는 원인을 찾아내는 몇 가지 방법을 제안하였는데, 그 가운데 대표적인 것이 일치법, 차이법, 일치차이범용법이다.

㉠ 일치법은 어떤 결과가 발생한 여러 경우들에 공통적으로 선행하는 요소를 찾아 그것을 원인으로 간주하는 방법이다. 가령 출장을 갔던 A사의 사원 5명이 장염을 호소하였다고 하자. 관할 보건소에서 이 사원들을 불러서 먹은 음식이 무엇인지 조사해 보았다. 5명의 사원들이 제출한 자료를 본 조사관은 사원들이 공통적으로 먹은 유일한 음식이 돼지고기라는 사실을 알게 되었다. 이 때 조사관이 돼지고기가 장염의 원인이라고 결론을 내리는 것이 바로 일치법을 적용한 예이다.

㉡ 차이법은 결과가 나타난 사례와 나타나지 않은 사례를 비교하여 선행하는 요소들 사이의 유일한 차이를 찾아 그것을 원인으로 추론하는 방법이다. 인도네시아의 연구소에 근무하던 에이크만은 사람의 각기병과 유사한 증상을 보이는 닭의 질병을 연구하고 있었다. 어느 날, 그는 병에 걸린 닭들 중에서 병이 호전된 1마리의 닭을 발견하고는 호전의 원인이 무엇인지를 찾아보고자 하였다. 그 결과 병이 호전된 닭과 호전되지 않은 닭들의 모이에서 나머지는 모두 같았으나 유일한 차이가 현미에 있음을 알게 되었다. 즉, 병이 호전되지 않은 닭들은 채소로 만든 모이를 먹었으나 병이 호전된 닭은 추가로 현미를 먹었던 것이다. 이렇게 모이의 차이를 이용해 닭의 병이 호전된 원인을 현미에서 찾은 에이크만의 사례는 바로 차이법을 적용한 예이다.

㉢ 일치차이병용법은 일치법과 차이법을 결합한 것으로, 일치법이나 차이법보다는 조금 더 정교해 보인다. 예를 들어, 출장을 갔던 A사의 사원 6명 중 3명이 장염을 호소하였다고 하자. 장염에 걸린 3명은 프렌치프라이를 먹었고, 장염에 걸리지 않은 3명은 프렌치프라이를 먹지 않았을 때, 장염에 걸린 3명이 공통적으로 먹은 프렌치프라이를 장염의 원인으로 간주하는 것이 일치차이병용법의 예이다. 이 방법은 통상적으로 일치법이나 차이법만을 사용하는 것보다 신뢰할 만하다고 할 수 있다. 왜냐하면 단순히 프렌치프라이를 먹은 사람들이 장염에 걸렸다고 말하는 것보다, 프렌치프라이를 먹은 사람들은 장염에 걸렸고, 그것을 먹지 않은 사람들은 장염에 걸리지 않았다고 말하는 것이 훨씬 더 정확해 보이기 때문이다.

26. 위의 내용을 참고했을 때, 다음 중 원인을 찾는 방법이 다른 하나는 무엇인가?

① 어떤 유치원생들 중 백신을 맞은 사람들 모두 감기에 걸리지 않았다. 유치원생들 중 몇몇은 백신을 맞지 않았는데 그들은 감기에 걸렸다. 따라서 백신이 감기를 예방하는 데 효과가 있다고 생각된다.

② 토마토 화분 3개 중 2개에 식초를 뿌려 주고 나머지는 주지 않았다. 식초를 뿌린 토마토에는 병충해가 없었다. 식초가 해충을 막는 것 같다.

③ TV에 케이블 안테나를 연결했더니 화면이 깨끗하게 나왔다. 케이블 안테나를 제거했더니 TV 화면이 선명하지 않았다. TV에 문제가 있는 것이 아니라 케이블 안테나가 있어야 화면이 깨끗하게 나오는 것 같다.

④ 두 개의 쇠붙이를 이상하게 생긴 막대 근처에 놓았다. 쇠붙이가 막대에 끌려가는 현상을 관찰할 수 있었다. 그리고 유리컵, 실, 옷감을 막대 근처에 가지고 갔는데, 그 물건들은 막대에 끌려가지 않았다. 이 막대에는 쇠붙이를 끄는 성질이 있는 것 같다.

27. 기획팀 팀원 A ~ D가 함께 점심을 먹었는데 팀원 C, D가 식중독에 걸렸다. 부서장은 (ㄱ) ~ (ㄹ)과 같은 사실을 확인하고 식중독의 원인을 찾기 위해 팀원들이 먹은 점심 메뉴를 확인하였다. 인과논증에 대한 설명을 참고했을 때, 다음 중 옳은 것은 무엇인가? (단, 팀원들은 점심 메뉴로 샌드위치, 쿠키, 우유, 아이스크림 이외의 음식은 섭취하지 않았다)

(ㄱ) A는 샌드위치, 우유, 아이스크림은 먹지 않고 쿠키만 먹었는데, 식중독에 걸리지 않았다.
(ㄴ) B는 샌드위치와 쿠키는 먹었고 우유와 아이스크림은 먹지 않았는데, 식중독에 걸리지 않았다.
(ㄷ) C는 샌드위치, 쿠키, 우유, 아이스크림을 먹고 식중독에 걸렸다.
(ㄹ) D는 샌드위치, 우유, 아이스크림을 먹었고 쿠키는 먹지 않았는데 식중독에 걸렸다.

① (ㄱ), (ㄷ)의 경우만 고려한다면 우유가 식중독의 원인이고, 이는 ㉢을 적용한 추론이다.

② (ㄱ), (ㄴ), (ㄷ)의 경우만 고려한다면 우유나 아이스크림 혹은 둘 모두가 식중독의 원인이고, 이는 ㉡을 적용한 추론이다.

③ (ㄱ), (ㄴ), (ㄹ)의 경우만 고려한다면 우유나 아이스크림 혹은 둘 모두가 식중독의 원인이고, 이는 ㉢을 적용한 추론이다.

④ (ㄴ), (ㄷ), (ㄹ)의 경우만 고려한다면 쿠키가 식중독의 원인이고, 이는 ㉠을 적용한 추론이다.

28. A 기업은 조직의 성장을 위해 퍼실리테이터를 양성하고자 교육과정을 준비하였다. 다음은 이 과정에서 강사의 질문에 대하여 사원들이 답을 하고 있는 상황이다. 잘못된 답을 하고 있는 사원은?

> 강사 : 지금까지 강의한 내용과 같이 퍼실리테이션은 집단이 일을 쉽게 하도록 중립적인 태도로 돕는 것을 의미합니다. 자, 그럼 퍼실리테이션과 코칭은 어떤 차이가 있을까요?
> 김 사원 : 코칭은 개인의 성장을 목적으로 하지만, 퍼실리테이션은 집단의 일이 목적이 됩니다.
> 강사 : 그러면 퍼실리테이션은 티칭과 어떻게 구별되나요?
> 이 사원 : 일반적으로 티칭은 답을 주지만, 퍼실리테이션은 답을 스스로 찾도록 돕는 것입니다.
> 강사 : 그렇다면 퍼실리테이션에 적합한 성격이 따로 있나요?
> 박 사원 : 아무래도 성격에 영향을 많이 받습니다. 논리적인 성격보다는 감성적인 성격인 경우가 적합합니다. 어떤 사람에 따라서는 이것을 갖출 수 없는 경우도 있습니다.
> 강사 : 자. 여러분들이 회사로 돌아갔을 때, 퍼실리테이션을 어떻게 활용할 수 있을까요?
> 유 사원 : 모든 창의적 활동, 소통, 갈등해결 과정에 퍼실리테이션을 활용할 수 있습니다.

① 김 사원 ② 이 사원
③ 박 사원 ④ 유 사원

29. 〈보기〉의 글에 어떠한 사실을 덧붙이면 논증이 더 강해지거나 약해지거나 변함이 없다. 다음 중 덧붙였을 때 논증의 변화양상이 다른 하나는? (단, 논증이 강해진다는 것은 전제가 결론을 더 강하게 지지한다는 의미이다)

보기

> 다영이는 고장난 블루레이 플레이어를 금손 전파사에 맡기려고 한다. 우주의 말에 따르면 우주의 블루레이 플레이어를 금손 전파사에 맡겼을 때 아주 잘 고쳐졌다고 한다. 다영이와 우주의 블루레이 플레이어는 같은 회사 제품이며, 같은 방식으로 제작되었다.

① 우주는 그 블루레이 플레이어 수리를 세 번 맡겼는데 모두 잘 고쳐졌다.
② 다영이는 재작년 신상품을 구매하였고, 우주도 재작년 신상품을 구매하였다.
③ 우주 친구 5명도 블루레이 플레이어를 같은 전파사에 맡겼는데 모두 잘 고쳐졌다.
④ 수리 부품 공급업체가 휴가여서 당분간은 그동안 사용하던 수리 부품을 사용할 수 없다.

30. 다음 중 결론이 반드시 참이 되게 하는 전제로 적절한 것은?

> [전제] ______________________
> 어떤 경감은 본청 소속이 아니다.
> [결론] 30대 중 본청 소속이 아닌 사람이 있다.

① 경감은 모두 30대이다.
② 모든 경감은 30대가 아니다.
③ 어떤 경감은 본청 소속이다.
④ 경감은 모두 본청 소속이 아니다.

31. ○○공사 시설 기획처 직원인 S 씨는 시설 설치를 위한 자원관리 계획 과정을 수립하였다. 다음 중 계획 수립 순서로 올바른 것은?

> ㉠ 시설 계획의 수행
> ㉡ 이용 가능한 장비 및 시설 자원 수집
> ㉢ 시설 및 장비 자원 활용 계획 세우기
> ㉣ 시설 설비에 필요한 자원의 종류 및 수량 확인

① ㉠－㉡－㉢－㉣
② ㉡－㉠－㉣－㉢
③ ㉢－㉠－㉣－㉡
④ ㉣－㉡－㉢－㉠

32. (주)○○전자에서는 자사에서 생산하는 제품이나 서비스를 필요한 시기에 필요한 양만큼 적정한 가격으로 생산하고 공급할 수 있도록 생산 활동을 계획하고 관리하고 있다. (주)○○전자가 이러한 활동을 통하여 달성하려는 목표로 적절하지 않은 것은?

① 제품이나 서비스에 대한 고객의 요구 변화나 원재료의 공급 등과 같은 생산 요소의 변화에 따라 생산 활동을 변경한다.
② 정해진 시기에 따라 제품이나 서비스를 선택적으로 제공한다.
③ 다른 목표의 달성 정도에 따라서 제품 가격을 낮춘다.
④ 계획에 따라 정시에 제품이나 서비스를 제공하여 고객의 만족도를 높이고 생산에 필요한 시간과 비용을 절감한다.

33. 다음 자료와 〈상황〉을 참고할 때, 시간 관리를 위한 우선순위의 설명으로 가장 옳지 않은 것은?

시간관리 매트릭스는 '급한 일'과 '급하지 않은 일', '중요한 일'과 '중요하지 않은 일'을 기준으로 4개의 영역을 나누어 활용할 수 있다.

구분	급한 일	급하지 않은 일
중요한 일	A 급하면서도 중요한 일	B 중요하지만 급하지 않은 일
중요하지 않은 일	C 급하지만 중요하지 않은 일	D 급하지도 중요하지도 않은 일

일반적으로 A, B, C, D 순으로 일을 처리해야 하지만, 간혹 자신이 분류한 일들 중 B와 C의 일들의 순서를 바꿔서 활용할 수 있다.

〈상황〉

기획조정실 직원들은 단합대회 차원에서 강원도 설악산에 가기로 결정하였다. 부서 직원 중 한 명인 김자원 대리에게 단합대회를 책임지고 준비하라는 지시가 내려졌다. 하지만 단합대회까지 시간이 꽤 남아있고 작년에 자신이 했던 일이라 어려움이 없다는 생각으로 느긋해하고 있었다.

시간이 지나 단합대회 3일 전에야 준비를 시작한 그는 단합대회에서 필요한 물품들을 구입하기 시작하였다. 물품을 거의 구입했다고 생각했지만 집으로 돌아오는 길에 숙소를 예약하지 않았다는 것을 늦게 알게 되었다. 다음 날 아침 출근하자마자 인터넷을 통해 숙소를 예약하려고 하였으나 이미 이틀 전에 예약이 마감된 상태였다. 급한 마음으로 다른 숙소도 알아보았지만, 예약이 가능한 곳은 비용이 무척 비싸 예산 범위를 초과하였다. 어쩔 수 없이 자신의 돈을 더하여 예약을 겨우 하고 실장님과 다른 직원들에게는 비밀로 하였다.

그렇게 단합대회 날이 밝아 함께 버스를 타고 출발하려고 하였으나 구입해두었던 물품 중 일부를 가지고 오지 않았다. 급한 마음에 버스는 먼저 출발시키고, 자신은 사무실로 돌아가 물건을 챙겨서 따로 출발하게 되었다. 필요한 것을 몇 번 놓치고 나니 온몸에 힘이 빠졌다. 그렇게 다른 직원보다 늦게 도착하면서 낮은 목소리로 읊조렸다. "휴～ 대체 놀러온 거야, 일하러 온 거야. 일 하는 것보다 더 힘이 드네..."

① 단합대회 준비 지시를 받았을 때 김자원 대리는 단합대회 준비를 B로 인식하였다.

② 단합대회 준비 과정에서 숙소 예약은 김자원 대리에게 A가 되었다.

③ 시간관리를 철저히 했다면 김자원 대리는 예산을 낭비하지 않았을 것이다.

④ 단합대회 준비와 같이 많은 시간이 필요한 일에는 반드시 정확한 소요 시간을 계산하는 것이 효과적이다.

34. ○○공사 경영기획팀에서 예산안 수립을 담당하고 있는 Y 과장은 다음과 같은 신입사원 교육 일정 공지를 받았다. 예산안 수립 방법으로 적절한 것은?

대상	신입사원
교육 방법	강의 및 토론 발표
인원	신입사원 120명(멘토 및 강사 22명 별도)
기간	202X년 11월 XX ~ XX일(1박 2일)
장소	□□콘도

1일차	신입사원의 역할	변화 속에서의 생존, 학교와 회사의 차이, 차별화, 사원의 역할
	효과적인 업무 추진	과학적인 업무 진행 방법, 계획수립의 절차와 요령, 보고의 기술
	비즈니스 매너	인사 및 전화예절, 명함교환, 고객 응대, 방문예절, 언어 사용 예절
	선배 사원과의 대화(다과회 및 술자리)	
2일차	문서작성 스킬	문서의 종류, 문서작성 절차, 문서작성 방법
	기획 및 프레젠테이션	문제해결능력, 기획의 중요성, 정보관리 및 공유, 빅데이터 관리 등
	경영 시뮬레이션 게임 및 셀프 리더십 실습	
	우수 사원 시상 및 인사말	

① 다과회 및 술자리에 대한 잡화비용을 먼저 짜야지 고정비용이 나올 수 있을 것 같아.

② 고정비용인 숙박료와 차량지원비, 식대를 확인한 후에 예산안을 편성하기 시작해야겠군.

③ 교육 프로그램 진행에 필요한 스피커와 같은 전자장비에 대해 먼저 파악한 후 예산을 책정해야겠어.

④ 가장 우수한 강사를 섭외해야 하기 때문에 섭외할 강사를 정하고 나서 강의료 책정을 해야겠군.

[35 ~ 36] ○○공단이 직무급의 부분적 도입을 검토하고 있어 인사담당자 이한별 과장은 관련 설명회에 참석하여 설명회 자료를 받았다. 다음은 자료 중 직무평가에 관한 부분이다. 이어지는 질문에 답하시오.

- 직무급 : '동일노동, 동일임금'의 원칙에 입각하여 직무의 중요성, 난이도 등에 따라 각 직무의 가치에 알맞은 임금을 지급하는 보수체계
- 직무평가 : 직무급을 도입하기 위한 기초 작업으로서 직무의 상대적 가치를 산정하는 과정
- 직무평가 기법

기법	내용
서열법	다른 직무와 비교하여 상대적 중요성에 따라 주관적으로 직무의 서열을 매기는 방법
분류법	평가하려는 직무를 사전에 규정된 등급 혹은 부류에 배정함으로써 직무를 평가하는 방법
점수법	직무를 구성하는 중요한 직무요소를 찾아 각 요소별로 등급화하여 점수를 부여하고 평가하려는 직무를 평가요소별로 적절한 등급을 찾아 점수를 부여하는 방법
요소비교법	기준직무를 선정하고 그 기준직무에 대해 지급되는 임금액을 각 평가요소에 배분한 다음 이를 기준으로 평가하고자 하는 직무의 평가요소를 비교하여 해당 직무의 보수액을 결정하는 방법

35. 다음 중 직무평가에 관한 설명으로 옳은 것은?

① 직무평가를 통하여 직무의 절대적 가치를 산출할 수 있다.
② 서열법은 서열 결정의 정확한 기준이 없어 계량적인 방법에 비해 정확한 평가가 어렵다.
③ 점수법은 직무 간 가치 순위를 정할 수 있으나 가치를 수치로 나타낼 수 없다.
④ 직무평가의 목적은 조직에 필요한 직무인지 여부를 평가하고 개선점을 찾아내는 것이다.

36. 이한별 과장은 설명회 내용을 바탕으로 요소비교법을 사용하여 직무 N의 직무급을 산정해 보았다. 다음 자료를 바탕으로 할 때, 직무 N의 가치에 합당한 임금은?

• 요소비교법 (단위 : 천 원)

기준직무	임금	평가요소				
		지식	숙련도	노력도	책임	직무환경
직무 A	4,190	990	500	800	1,210	690
직무 B	3,290	670	410	380	1,300	530
직무 C	2,800	500	750	1,050	200	300
직무 D	3,400	540	430	1,100	710	620

• 직무평가결과 : 직무 N의 지식요건은 직무 C와, 숙련도 및 책임은 직무 A와, 노력도는 직무 B와, 직무환경은 직무 D와 대등하다.

① 2,800천 원
② 2,840천 원
③ 3,050천 원
④ 3,210천 원

37. 다음 글에서 엿볼 수 있는 자원의 특성으로 가장 적절한 것은?

세계적인 석유회사들의 탐사성공률도 20 ~ 30%대에 불과하다. 이들의 성공비결은 한두 개 사업에 올인하는 것이 아니고, 장기간에 걸친 꾸준한 투자 및 수많은 실패에서 얻은 경험에 바탕을 두고 있다. 2006년 ○○공사가 베트남에서 성공한 베트남 11－2광구 가스전 사업의 경우, 발견에서 상업생산까지 총 14년이 소요되었으며 투자된 비용만도 4억 불 이상이었다. 따라서 최근 자원개발사업에 참여하는 기업과 투자자들은 유전개발사업을 단순히 "황금알을 낳는 거위"로 보아서는 안 된다. 실패 확률이 매우 높고 단기투자로 성과를 낼 수 없는 장기적 투자의 대상이라는 시각에서 신중하게 접근해야 한다.

① 한 가지 자원을 개발하고 관리하기 위해서는 다른 자원이 사용되기도 한다.
② 자원개발은 항상 시간자원을 투입해야 한다.
③ 비용이라는 자원이야말로 모든 자원을 확보할 수 있는 가장 중요한 자원이다.
④ 자원개발은 멀리 있는 것을 찾아서 개발하는 것이 아니라 가까운 곳에서 찾아야 한다.

38. 필기시험 합격자를 대상으로 면접일정을 잡아야 한다. 기존 계획은 14일에 면접을 실시한 후 19일부터 입소교육을 진행할 예정이었으나 상사로부터 다음과 같은 지시를 받았다. 이때, 늦어도 며칠로 면접일자를 변경해야 하는가? (단, 면접일자에는 면접관 네 명의 시간이 확보되어야 한다)

상사 : 이번 ○○공단 행사는 중요하기 때문에 늦어도 행사 시작 5일 전까지 입소교육을 완료할 수 있도록 면접일정을 변경하세요.

일	월	화	수	목	금	토
						1
2	3 ●	4 ●, ★	5 ▶	6 ★, ◆	7	8
9	10 ▲, ▶, ★	11 ◀	12	13 ▲	14 ▶	15
16	17 ★	18	19	20	21	22
23 30	24	25	26	27	28	29

- 면접날 후 결과 정리부터 합격자 발표 결재까지 연속 2일 소요되고, 결재를 득한 다음날부터 합격자 발표 진행이 가능함(단, 주말 제외).
- 합격자는 발표 당일 하루의 준비시간이 주어지고, 다음날부터 2박 3일간의 입소교육에 참여해야 함(단, 입소교육 일정은 토요일 포함 가능, 일요일은 포함할 수 없음).
- 면접은 4명의 지원자와 2명의 면접관이 진행함.
  - 한 그룹당 면접 시간은 25분을 책정함.
  - 면접관은 과장 이상의 직급자로 구성해야 함.
  - 면접관은 선정 후 변경이 불가능함.
- 이번 면접대상자는 64명임.
- 면접장은 2개 장소를 준비해야 함.
- 면접관 개인업무 일정(면접 진행 불가)
  - 김 과장 : ◆ / 최 차장 : ▲ / 장 과장 : ◀
    이 차장 : ▶ / 황 부장 : ● / 유 과장 : ★

※ 22 ~ 26일은 ○○공단 행사로 면접 진행 불가

① 6일 ② 7일 ③ 10일 ④ 11일

39. 다음 〈정보〉와 〈평가 기준〉을 토대로 할 때, 총점이 가장 높은 호텔은?

정보

구분	식당 메뉴	이동거리	가격	평점	수영장 유무
A 호텔	중식	1,500m	75,000원	★★☆	유
B 호텔	양식	1,700n	80,000원	★★★	유
C 호텔	한식	800m	100,000원	★★★★	무
D 호텔	일식	3,500m	90,000원	★★★★☆	무
E 호텔	한식	3,000m	120,000원	★★★★★	무

평가 기준

- 평가 정보에서 이동거리, 가격, 평점에 대해 각 항목별로 1 ~ 5점을 부여한다.
  - 이동거리가 짧을수록 높은 점수를 부여한다.
  - 가격이 낮은 음식점일수록 높은 점수를 부여한다(단, 모든 가격은 1인 기준이다).
  - 평점이 높을수록 높은 점수를 부여한다(단, ★ 5개가 만점으로, ☆은 0.5개를 나타낸다).
- 평가 항목 가운데 식당 메뉴에 따라 일식에 5점, 한식에 4점, 양식에 3점, 중식에 2점을 부여한다.
- 수영장 유무에 따라 수영장이 있다면 1점을 가점한다.
- 총점은 식당 메뉴, 이동거리, 가격, 평점과 수영장 유무에 따른 가점의 합으로 산출한다.

① A 호텔
② B 호텔
③ C 호텔
④ D 호텔

40. 다음은 연차 수당 관련 규정과 〈A 씨의 근무기록과 임금 정보〉이다. A 씨의 출근율이 80% 이상일 때, 2023년 5월 10일 기준으로 받을 수 있는 연차 수당은? (단, 소수점 이하는 버린다)

〈연차 수당 규정〉

1. 연차 계산
   - 연차 휴일의 계산 : 1년 동안 80% 이상 출근한 근로자에게 15일의 유급휴가 지급
   - 근로기간 1년 미만 : 매월 만근 시 1일의 연차휴가 발생, 연차휴가 사용 시 다음 해 차감
   - 근로기간 3년 이상 : 3년차에 1일 추가, 다음 매 2년마다 1일의 연차휴가 추가, 최대 25일까지 가능
   - 연차 휴가를 한 해 동안 모두 사용하지 못한 경우에는 연차 수당 지급

2. 연차 수당 계산
   - 연차수당=미사용 연차×1일 통상임금
   - 1일 통상임금=통상시급×1일 근로시간
   - 통상시급=월 통상임금총액(수당 포함)÷월 근로시간

   ※ 월 근로시간 : 주 40시간 사업장 기준 209시간

〈A 씨의 근무기록과 임금 정보〉

- 입사일자 : 2018년 08월 31일
- 사용한 연차 일수 : 2일
- 월 통상임금 : 3,000,000원
- 월 수당 : 500,000원
- 주당 근무일수 : 5일
- 하루 근무시간 : 8시간

① 1,607,648원
② 1,837,312원
③ 1,875,552원
④ 2,009,520원

사무직

조직이해 [41 ~ 50]

10문항

41. 기업가적 지향성은 혁신성(Innovativeness), 위험감수성(Risk-taking), 진취성(Proactiveness), 경쟁적 공격성(Competitive Aggressiveness), 자율성(Autonomy)의 5가지 요소로 구성되어 있다. 다음 중 (가) ~ (다)에서 설명이 제시되지 않은 요소를 모두 나열한 것은?

> (가) 불확실한 결과가 예상되더라도 과감히 도전하려는 의지
> (나) 한 발 앞서 시장 변화에 참여하고, 신제품과 새로운 서비스를 제공
> (다) 새로운 기술, 시장개척 등을 적극적으로 도입하고 추진하려는 경영활동

① 경쟁적 공격성, 자율성
② 경쟁적 공격성, 혁신성
③ 자율성, 혁신성
④ 위험감수성, 진취성

42. 다음 중 립스키(M. Lipsky)의 일선관료제이론(Street-Level Bureaucracy)에 대한 설명으로 옳지 않은 것은?

① 일선관료는 많은 재량권을 가지고 있지만 이를 뒷받침할 수 있는 자원이 부족하다.
② 고객들의 목표와 기대는 명확하지 않아 일선관료의 성과를 평가하는 기준은 객관적이지 못하다.
③ 일선관료는 고객에 대한 고정관념과 비자발성으로 인하여 복잡한 문제와 불확실한 상황에 제대로 대처하지 못한다.
④ 일선관료는 업무에 필요한 자원이 부족함에도 대체로 전체적이고 지속적으로 업무를 수행한다.

43. 다음 중 페이욜(Fayol)의 14가지 관리일반원칙과 그 내용으로 옳지 않은 것은?

① 지휘일원화의 원칙(Unity of Direction)이란 동일한 목적을 가진 한 집단의 활동은 하나의 상급자에 의해서 계획되고 협의되어야 함을 의미한다.
② 분업의 원칙(Division of Work)이란 과업을 전문 분야별로 세분화함으로써 전문적인 지식과 기술을 연마하게 하고, 이를 통해 모든 유형의 작업을 수행할 수 있게 함을 의미한다.
③ 명령일원화의 원칙(Unity of Command)이란 하급자는 한 사람의 상급자로부터 명령과 지시를 받아야 함을 의미한다.
④ 종업원 보상의 원칙(Remuneration of Personnel)이란 능률은 안정된 노동력에 의해서 증진될 수 있음을 의미한다.

44. 조직의 원리로 제시되는 조정(coordination)은 조직 간, 부문 간의 상호 의존성을 전제로 한다. 다음 중 조정에 대한 설명으로 옳지 않은 것은?

① 수직적 조정이란 지위가 서로 다른 조직이나 기관 간에 이루어지는 조정이다.

② 순차적 상호 의존성(sequential interdependence)은 하나의 과업을 수행하기 위해 여러 부서의 활동이 동시에 요구되는 경우로 집약형 기술을 사용하는 데서 발견된다.

③ 조직 간 조정은 자율적인 조직들 상호 간에 필요한 자원을 교환하고 협력하기 위해 일정한 의사 규칙을 정하고 이에 따라 행동하는 것을 말한다.

④ 부문적 조정은 조직 내 하위 단위 간의 조정을 의미하며 종합적 조정보다 구체적이다.

45. 다음 자료를 통해 알 수 있는 ○○공항에 필요한 경영전략으로 가장 적절한 것은?

• ○○공항 대비 경쟁 공항의 SNS 해시태그 비교
경쟁 공항인 ☆☆공항은 그들만의 독특한 테마나 특색을 보여주고 있는 데 반해 ○○공항은 '한류스타'와 '면세점' 중심의 키워드가 언급되고 있음.

• 각종 SNS에서 나타난 브랜드 이미지 요약

구분	☆☆공항	○○공항
주요 이미지	– 조용함 – 다양한 즐길 거리	– 활발함 – 궁중음악 공연 및 쾌적한 환경
주요 특징	지역 내 주요 관광상품과 연계, 다양한 상품 제공	유명작가의 미디어아트를 볼 수 있음.
관심 시설	먹거리, 볼거리, 즐길 거리 등 공항 내에서 직접 체험할 수 있는 '거리'에 대한 관심이 높음.	최근 아시아 최대 규모로 입점한 면세점에 대한 관심이 높음.
공항의 상징	실내정원, 유명캐릭터 상징(물)이 있음.	고유브랜드 이미지가 확립되지 못함.

① 원가우위 전략
② 차별화 전략
③ 아웃소싱 전략
④ 집중화 전략

46. 다음 공공기관 직무분석 적용방안에 대한 글에서 설명하는 '직무분석'에 해당하지 않는 것은?

> 직무분석이란 간략하게 직무의 내용, 문맥, 직무요건에 관한 정보를 수집하고 분석하는 시스템적인 방법으로 결정된다. 이러한 직무분석은 조직에서 수행하는 직무에 관한 모든 정보를 수집 · 분석하는 과정이며, 직무를 구성하는 세부적인 업무체계 및 직무량, 직무를 수행하기 위해 필요한 경험 · 지식 · 능력 · 자격 등의 요건, 직무의 난이도 · 책임도 · 중요도 · 타 직무와 구별되는 요인 등을 명확하게 밝혀서 기술하는 수단 · 방법으로 이해할 수 있다. 조직은 조직발전을 위한 비전을 실현하기 위해 구체적인 목표와 목표 달성을 위한 전략을 구축한다. 조직목표 달성을 위해서는 타당성 · 신뢰성을 갖춘 직무분석을 통해 직무와 사람의 합리적 조합이 필요하다. 특히, 조직구조설계에 있어서 조직구성원의 적극적 · 긍정적 조직형태를 유도할 수 있는 직무내용의 도출 및 직무의 배열이 필요하며, 인사관리에 있어서는 조직구성원의 특성을 고려한 직무의 조합을 도모함으로써 조직구성원 스스로 동기유발을 하거나 창의적이고 훌륭한 산출물을 도출할 수 있는 것이다.

① 조직의 목적 달성을 위한 특정 직무 또는 직무군에 결정적인 영향을 주는 역량을 체계적으로 결정하고, 업무의 달인을 찾아 이를 모델로 하여 실무에 최적화된 업무 프로세스를 정착시킨다.

② 조직이 수행하는 기능의 적합성을 판단하고 바람직한 개선방향의 수립에 필요한 정보를 제공한다.

③ 조직의 구조적 편제와 조직 내 업무수행 프로세스의 적합성 수준에 관한 정보를 제공함으로써 조직의 인적 · 물적 자원의 효율적 배치 수준을 진단한다.

④ 조직 내 직무의 특성을 파악하고, 직무별로 필요로 하는 인력의 특성과 현재 직무수행자의 특성을 파악 · 비교함으로써 조직 내 인력의 적정성 수준을 진단한다.

[47 ~ 48] 다음 조직구조의 결정요인 및 유형에 대한 [지문 A]를 읽고 이어지는 질문에 답하시오.

> [지문 A]
>
> 조직은 조직의 목표를 달성하기 위해 다양하고 전문적인 활동을 선택하고, 직위를 통해 개인에게 책임을 위임하고, 의사결정을 통해 조직 내외의 상호작용이 이루어진다.
>
> 조직구조(organizational structure)란 조직 구성원들의 상호관계, 즉 조직 내에서의 권력관계 지위 · 계층 관계, 조직 구성원들의 역할 배분 · 조정의 양태, 조직 구성원들의 활동에 관한 관리체계 등을 통틀어 일컫는 말이다. 조직구조의 설계를 결정하는 결정적인 요인은 전략, 규모, 기술, 그리고 환경이다.
>
> 조직구조는 의사소통의 집중정도, 명령 계통, 최고경영자의 통제, 그리고 규칙과 규제의 정도에 따라 관료제 조직, 기능적 조직, 사업부 조직, 매트릭스 조직, 프로젝트 조직, 네트워크 조직 등의 다양한 유형으로 구분할 수 있다.

47. 다음 중 [지문 A]의 '조직구조의 결정요인'에 대한 설명으로 옳은 것은?

① '전략'은 조직이 투입요소를 산출물로 전환시키는 지식, 기계, 절차 등을 의미한다.

② '규모'는 조직구조를 결정하는 조직의 크기로, 일반적으로 구성원의 수로 결정된다.

③ '기술'은 조직의 활동과 성과에 영향을 미치는 외부 요인으로, 조직이 직접 통제할 수 없거나 거의 통제하기 힘들다.

④ '환경'은 조직의 목적을 달성하기 위해 수립한 계획으로, 조직이 직면하고 있는 문제와 기회를 분석하여 조직의 효과성을 유지하기 위한 주요 방침이다.

48. 다음 [지문 B]의 보도자료에서 ○○시가 추진하는 조직구조의 유형은?

> [지문 B]
>
> ○○시는 각 부서장에서 인사제청권과 조직운영권 등의 권한을 주는 대신 연말 실적에 따라 인센티브와 패널티를 부여하는 '실국장책임경영제(SEMI－CEO 책임경영제)' 도입을 추진하고 있다고 밝혔다. 이는 □□□ 시장이 취임 이후 간부회의 및 월례조회 석상에서 밝힌 "각 부서가 해야 할 업무는 부서에 돌려줄 것이고 주요 현안 처리결과를 평가에 반영시킬 것"이라는 책임행정체계 구축론에서 비롯된 후속 조치로 풀이된다.
>
> 이에 따라 ○○시는 이달 말까지 책임경영제 대상 부서 및 권한 범위를 확정하고 제도 도입을 위한 전문가 자문 등을 거쳐 세부 실행안을 마련할 계획이다. 각 부서가 설정한 목표를 정량 평가, 정량＋정성 평가, 정량＋정성＋현장 평가 방식으로 평가하여 평가의 공정성과 객관성을 확보할 방침이다. 특히 시민 만족도 설문조사와 시민평가단 등 외부 평가 기능을 확대하고 목표의 적정성, 기여도, 달성도 등을 평가기준에 포함시켜 합리적인 평가 기준도 마련하고, 목표 대비 이행 성과를 분기별로 체크한 뒤 점검내역과 평가결과를 매 분기 마지막 달에 공개하는 평가관리 시스템도 갖출 예정이다.
>
> ○○시는 올 책임경영제 평가 결과를 내년도 정기인사와 성과상여금 지급기준에 반영시키고, 내년부터 책임경영제 대상 부서를 확대하여 조직운영권과 인사제청권 외에도 예산집행자율권을 부여하는 방안도 검토할 계획이다.
>
> ○○시 관계자는 "책임경영제는 각 부서장에 권한과 책임을 부여해 성과와 일 중심의 조직을 만드는 것으로 혁신 모델로 정착될 수 있도록 추진에 질서를 기해 나갈 방침"이라고 밝혔다.

① 기능적 조직 ② 네트워크 조직

③ 사업부 조직 ④ 관료제 조직

[49 ~ 50] 다음 글을 보고 이어지는 질문에 답하시오.

1982년 3월 범죄학자 제임스 Q. 윌슨과 조지 L. 켈링은 '깨진 유리창 이론(Broken Window Theory)'을 발표한다. 깨진 유리창이 많은 지역일수록 범죄율이 높은 이유는 깨진 유리창이 '아무도 관심을 갖지 않으니 당신 마음대로 해도 좋다'라는 메시지를 전달하기 때문이라는 것이다.

이 이론은 비즈니스 분야에서도 큰 의미를 지닌다. 회사의 성패를 좌우하는 것은 고객의 인식이고, 그 인식은 아주 사소한 것에서 시작된다. 성공한 기업일수록 깨진 유리창을 적게 가지고 있고, 복구도 매우 신속하다. 깨진 유리창이 없을수록 좋지만, 발생 즉시 실수를 인정하고 신속하게 복구하는 것 또한 중요하다.

기업의 오만은 가장 크게 깨진 유리창이다. 고객의 소리를 듣지 않는 오만함, 고객이 기업을 우러러 보고 따라오기를 원하는 오만함은 불충분한 고객서비스로 이어진다. 서비스에서 문제를 발견한 고객은 기업이 경영에 무관심하며 품질과 같은 다른 부분에서 문제가 많을 것임을 추측하게 되고 그 기업을 외면한다. 성공한 기업은 새로운 고객을 찾는데 많은 관심을 쏟는 경향이 있다. 이에 따라 현재 고객에게 소홀해지는 결과를 낳게 되기도 한다. 이것이 바로 성공한 기업이 범하는 오만함의 한 사례다. 고객들은 재빨리 이 오만함을 눈치 채고 결국 그 기업에게서 눈을 돌린다. 기업들이 최고의 성공 이후 위기를 겪게 되는 까닭도 여기에 있다.

비즈니스에서 100－1＝0이다. 개인의 삶에서 강박증은 고통스러운 질병일지 몰라도 비즈니스의 세계에서는 반드시 필요한 습관이다. 사소한 실수 하나 때문에 고객은 떠난다. 고객이 겪은 단 한 번의 불쾌한 경험, 한 명의 불친절한 직원, 매장 벽의 벗겨진 페인트칠 등 기업의 사소한 실수는 결국 기업을 쓰러뜨린다. '하나를 보면 열을 안다'는 속담이 있다. 큰 경영 전략이나 기업 비전에 많은 노력과 시간을 투자하고 있는 사이에 기업을 갉아먹는 사소한 문제가 치명적인 결과를 초래할 수 있다.

깨진 유리창은 바이러스와 같다. 발생 초기에 해결하지 않으면 점차 전염되어, 결국 기업을 무너뜨린다. 특히 이 바이러스는 기업의 중요 자산인 '사람'에게서 많이 발견된다. 직원도 사람인지라 실수를 하기 마련이다. 실수로부터 배우고 성장하는 사람이야말로 최고의 직원이 될 수 있다. 그러나 자기 임무를 다하지 못하고 나아지지 않는 직원, 같은 실수를 끊임없이 반복하는 직원은 대부분 고객에게 무관심하고 무성의하다.

안일하게 생각하거나 아무렇지 않게 생각하는 것은 없는가? 원칙을 지키고 있지 않는 부분은 없는가? 사소하다고 그냥 무시한 것은 없는가? 깨진 유리창의 철저한 관리가 곧 고객관리이다.

49. 다음 중 '깨진 유리창 이론'의 적용 사례로 가장 거리가 먼 것은?

① 지하철 낙서를 철저히 지움으로써 범죄 사건을 감소시킨 뉴욕시
② 햄버거에 딸려 나오는 해피밀 장난감 부족으로 판매 부진을 겪어야 했던 맥도날드
③ 노숙인들이 많던 서울역 부근을 국화꽃으로 꽃거리를 조성하여 깨끗한 환경을 만든 서울시
④ "마누라와 자식 빼고 다 바꿔라"라고 말한 삼성 이건희 회장의 독일 프랑크푸르트 선언

50. 다음 중 비즈니스 분야에서의 '깨진 유리창'의 특징으로 적절하지 않은 것은?

① 깨진 유리창은 사소한 곳에서 발생하여 예방이 쉽지 않다. 기업의 임직원의 눈에는 잘 안 보이지만 고객의 눈에는 잘 띈다.
② 문제가 커진 후 치료하려면 몇 배의 시간과 노력이 필요하다. 깨진 유리창의 존재가 퍼진 후에는 이미지에 큰 타격을 받는다.
③ 깨진 유리창을 발견한 즉시 임시라도 가능한 빨리 대응해야 한다. 완벽한 대응보다 부족하더라도 신속한 대응이 훨씬 더 중요하다.
④ 깨진 유리창을 제대로 수리하고 예방하면 큰 보상을 가져다준다. 깨진 유리창을 수리하고 예방하는 것이 새로운 시장 개척의 교두보가 된다.

기술직

10문항

기술능력 [41 ~ 50]

41. 다음 ○○공사의 경영전략에 관한 보도자료에서 강조하고 있는 내용을 바탕으로 경영전략을 세울 때, 관련 부서에서 준비할 수 있는 실행계획으로 가장 적절한 것은?

> ○○공사는 친환경, 사회적 책임 경영, 지배구조 개선, 지속가능경영의 관점에서 공사 특성을 반영한 경영전략을 마련하기로 하였다. 지속가능한 발전과 더불어 환경적 요구를 충족하는 방향으로 경영전략을 세우기 위해 ○○공사는 지속가능경영 관련 이슈 중 집중관리가 필요한 중요이슈를 선정하여 중대성 평가를 거친 후 경영실행계획에 반영할 예정이다. 이를 위해 학계 · 시민단체 · 법조계 등 다양한 출신의 전문가를 위원으로 위촉한 경영위원회가 ○○공사 경영에 대한 검토와 자문을 수행한다.

① 지하철 이용에 따른 사고재발 방지대책의 마련을 위한 연구행정을 지원한다.

② 어디서나 접근이 가능하여 도시 내 이동성을 제고하는 스마트 서비스 네트워크를 구축한다.

③ 차량의 이용 편의를 높이고 차량 제어가 정밀해지면서 교통운영의 효율성을 개선시킬 것으로 기대되는 자율주행기술의 개발을 지원한다.

④ 전동차 내 실내 공기질 유지기준 50$\mu g/m^3$ 목표로 터널 내 전기 집진기를 설치하여 공기질을 관리한다.

42. 다음 자료를 읽고 디지털 전환에 대해 유추할 수 있는 내용으로 가장 적절한 것은?

> 디지털 전환(Digital Transformation, DX)이란 인공지능, 클라우드 컴퓨팅, 빅데이터, IoT 등 디지털 기술의 상호작용을 기반으로 기업의 조직 문화, 비즈니스 모델 및 산업 생태계를 혁신하고 고객과 시장의 변화에 대응하여 새로운 가치를 창출할 수 있는 기업으로 변환하는 과정을 뜻합니다.
>
> 디지털 전환은 시스템뿐 아니라 기업의 경영전략, 내부 조직 구조 및 프로세스, 비즈니스 모델 등 전반적인 영역에서 디지털화가 이루어져 전통적인 사업 구조를 디지털 시장 및 소비자 니즈에 맞게 재편성하는 것을 의미합니다. 코로나19 팬데믹을 겪으며 경제 · 사회 부문에서 디지털화의 잠재력이 강조되는 가운데, 디지털 기술과 그 응용이 향후 기후 중립과 지속가능한 생산 및 소비에까지 기여한다는 인식이 확산되었습니다.
>
> 특히 제조업 분야에서 디지털 기술을 융합한 스마트 제조, IoT를 기반으로 한 서비스 제공 모델이 등장하는 등 디지털 전환이 촉진되고 제조업의 비즈니스 모델도 변화하고 있습니다. 이에 디지털 전환을 추진함으로써 기업의 효율성 및 생산성을 향상시켜 시장수요 및 산업구조 변화에 대응하고 경쟁력을 확보하는 것이 중요합니다. 디지털 전환의 목표는 디지털 전환 자체가 아닌, 이를 통해 확실한 경쟁 우위를 확보하고 시장 점유율 확대와 마진을 달성하는 것에 있습니다.

① 디지털 전환은 대기업이나 제조기업에만 필요한 것이다.

② 모든 직군에서 고용안정에 긍정적인 효과를 준다고 할 수 있다.

③ 새로운 기술을 도입하면 디지털 전환에 성공했다고 할 수 있다.

④ 비대면과 온택트에 기반한 산업생태계의 패러다임 변화가 디지털 전환을 가속시켰다.

43. 다음 글에서 말한 벤치마킹 사례가 나머지와 다른 하나는?

> 벤치마킹이란 특정 분야에서 뛰어난 업체나 상품, 기술, 경영 방식 등을 배워 합법적으로 응용하는 것을 의미한다. 단순한 모방과는 달리 우수한 기업이나 성공한 상품, 기술, 경영 방식 등의 장점을 충분히 배우고 익힌 후 자사의 환경에 맞추어 재창조하는 것이다. 쉽게 아이디어를 얻어 신상품을 개발하거나 조직 개선을 위한 새로운 출발점의 기법으로 많이 이용된다.
>
> 벤치마킹은 비교대상과 수행 방식에 따라 구분할 수 있는데, 그중 수행 방식에 따른 분류는 크게 2가지로 가능하다. 먼저 직접적 벤치마킹은 벤치마킹 대상을 직접 방문하여 수행하는 방법이다. 이 방법은 필요로 하는 정확한 자료의 입수 및 조사가 가능하며 컨택 포인트의 확보로 벤치마킹의 이후에도 계속적으로 자료의 입수 및 조사가 가능한 장점이 있는 반면, 벤치마킹 수행과 관련된 비용 및 시간이 많이 소요되며 적절한 대상 선정에 한계가 있다. 간접적 벤치마킹은 인터넷 및 문서 형태의 자료를 통해서 수행하는 방법이다. 이 방법은 벤치마킹 대상의 수에 제한이 없고 다양하며, 비용 또는 시간적 측면에서 상대적으로 많이 절감할 수 있다는 장점이 있는 반면 벤치마킹 결과가 피상적이며 정확한 자료의 확보가 어렵고, 특히 핵심자료의 수집이 상대적으로 어렵다는 단점이 있다.

① 카페 창업을 준비하는 A 씨는 여행지 내 개인 운영 카페들을 찾아가 어떤 장비를 주로 사용하는지를 조사하였다.

② 팬데믹 이후 열차 내 취식 제한이 해제되면서 도시락 판매업체인 B 회사는 역내 입점을 위해 일본을 방문하여 열차 내에서 판매하는 도시락을 구매하여 메뉴 구성을 조사하였다.

③ 식당을 운영하는 C 씨는 SNS에 업로드된 '프렌차이즈 요리를 재현하는 방법' 레시피를 참고하여 새로운 메뉴를 구상하고 있다.

④ 제조공장을 운영하는 D 씨는 해외의 공장을 견학하면서 공장 관계자로부터 공장 내에서 제품 생산을 위해 근로자의 동선 설계를 최적화하는 실제 사례를 보고 이를 도입하였다.

44. P 공사에 다니는 가 ~ 라 직원은 건강검진 결과 뇌심혈관 질환 발병의 위험요인이 있는 것으로 나타났다. 위험요인을 개인적 위험요인과 업무적 위험요인으로 구분할 때, 다음 중 개인적 위험요인에 해당하는 직원은? (단, 주어진 조건 이외의 것은 고려하지 않는다)

① 가 직원은 고혈압과 당뇨가 있어 위험하다는 지적을 받았다.

② 나 직원은 평소 과도한 업무량에 시달리고 있어 업무를 줄이라는 지적을 받았다.

③ 다 직원은 평소 직장 상사와의 인간관계에서 과도한 스트레스를 받고 있음이 지적되었다.

④ 라 직원은 평소 이황화탄소와 일산화탄소가 너무 많은 작업장에서 일하고 있음이 지적되었다.

45. 다음 ○○공사의 홈페이지 내 시민의 소리 게시판에 올라온 글에서 건의된 내용을 해결하기 위해 담당자가 준비해야 하는 것은?

제목	휠체어 리프트 사용에 관해		
작성자	김새벽		
작성일	2021. 03. 05.	조회	102
처리단계		접수부서	고객상담 부서
○○공사에서는 장애인 휠체어 리프트 작동에 대해 관심을 가져주시기를 부탁드립니다. 리프트 사용이 필요할 때 도우미 분들이 계시지 않더라도 사용자가 직접 해당 장비를 사용할 수 있도록 리프트의 기능 설명, 사용방법, 간단한 고장 조치 방법 등에 대해 정보를 제공해 주셨으면 합니다. 특히 제품의 의도된 안전한 사용과 사용 중에 해야 할 일 또는 하지 말아야 할 일까지 구체적으로 안내해 주시길 바랍니다.			

① 양해각서

② 작업지시서

③ 체크리스트

④ 매뉴얼

46. 다음은 ○○공사 신입 박 사원이 직무상황에서 겪고 있는 일들이다. 빈칸에 들어갈 말로 가장 적절한 것은?

> 박 사원 : 선배님, 이번에 ○○부서로 발령을 받고 업무 전반에 대한 이해가 부족하여 걱정이 됩니다. 특히 우리 부서에서 철도차량과 관련하여 기술 전반에 대해 공통적으로 알아야 할 기술의 원리와 절차가 어떤 것이 있나요?
>
> 선배 사원 : 모든 기술의 원리와 절차를 이해하는 것은 힘든 일이죠. 그래서 현대 기술의 특성으로 개별 기술이 네트워크로 결합해서 만들고 있는 독특한 특성인 (　　　　　) 을/를 이해할 필요가 있어요. 이것은 인공물의 집합체만 아니라 회사, 투자 회사, 법적 제도, 정치, 과학, 자연과학을 모두 포함하는 개념이죠. 그래서 기술적인 것과 사회적인 것이 결합해서 공존하는 개념이에요.

① 기술 절차　② 기술 원리
③ 기술 차별성　④ 기술 시스템

47. 정부에서는 산업재해를 선진국 수준으로 감소시키기 위한 혁신방안인 '중대 산업재해 예방대책'을 다음과 같이 발표하였다. 적절한 예방대책으로 보기 어려운 것은?

〈산업안전 패러다임 전환〉

구분	현재	개선
01. 책임주체	사업주 중심	원청 · 발주자 등 책임 강화
02. 보호대상	근로자	특수형태 근로종사자 등 포함
03. 보호범위	신체건강 보호	정신건강까지 보호
04. 사고조사	수사 · 처벌	조사 · 구조개선까지 유도
05. 안전보건관리	외부위탁	정규직이 직접 수행

① 원청 사업주가 안전관리비용 투자계획 및 집행내역을 소속 근로자 및 하청 근로자에게 공개하도록 한다.
② 현장 관리자의 권한 위임을 강화하여 위험 요인 잠재 시의 작업 지속여부 판단을 일임한다.
③ 상시 근로자 1인 미만 사업장 등 영세사업자, 에어컨 등 가전제품 설치 및 수리 기사 등 고위험 업종에 대한 산재보험 적용을 추진한다.
④ 사업장 감독 방식의 문제 발생 사업장에 대한 사후감독에서 문제의 징후를 파악하여 시행하는 예방감독으로 전환한다.

48. 다음 글에서 설명하는 산업재산권 보호대상에 해당하지 않는 것은?

> 산업재산권이란 특허권, 실용신안권, 디자인권 및 상표권을 총칭하며 산업 활동과 관련된 사람의 정신적 창작물(연구결과)이나 창작된 방법에 대해 인정하는 독점적 권리이다. 산업재산권은 새로운 발명과 고안에 대하여 그 창작자에게 일정 기간 동안 독점 배타적인 권리를 부여하는 대신 이를 일반에게 공개하여야 하며 일정 존속기간이 지나면 이용 · 실시하도록 함으로써 기술진보와 산업발전을 추구한다.
>
> 특허권은 발명한 사람이 자기가 발명한 기술을 독점적으로 사용할 수 있는 권리이다. 발명은 '자연법칙을 이용한 기술적 사상(idea)의 창작으로서 기술 수준이 높은 것'을 말한다. 벨이 전기 · 전자를 응용하여 처음으로 전화기를 생각해 낸 것과 같은 대발명의 권리를 확보하는 것을 특허라고 할 수 있다. 특허제도는 발명을 보호, 장려하고 그 이용을 도모함으로써 기술의 발전을 촉진하여 산업발전에 이바지함을 목적으로 한다. 특허의 요건으로는 발명이 성립되어야 하고, 산업상 이용이 가능해야 하며, 새로운 것으로 진보적인 발명이어야 하며, 법적으로 특허를 받을 수 없는 사유에 해당하지 않아야 한다.
>
> 실용신안은 기술적 창작 수준이 소발명 정도인 실용적인 창작(고안)을 보호하기 위한 제도로서 보호 대상은 특허제도와 다소 다르나 전체적으로 특허제도와 유사한 제도이다. 즉, 실용신안은 발명처럼 고도하지 않은 것으로 물품의 형상, 구조 및 조합이 대상이 된다.
>
> 산업재산권법에서 말하는 디자인이란 심미성을 가진 고안으로서 물품의 외관에 미적인 감각을 느낄 수 있게 하는 것이다. 디자인은 물품 자체에 표현되는 것으로 물품을 떠나서는 존재할 수 없다. 따라서 물품이 다르면 동일한 형상의 디자인이라 하더라도 별개의 디자인이 된다. 최근에는 의류나 문구류 등 패션 제품은 물론이고 자동차의 디자인까지 소비자의 관심을 끌기 위한 디자인 개발에 총력을 기울이고 있다.

① 3년간의 연구 끝에 기술 개발에 성공한 항공기 소음 절감 유도용 나노공학 엔진 부품

② A사의 경영목표와 전략을 상징하는 승무원들의 복장 디자인과 악세서리 문양

③ 승객들의 기내 반입 수하물 낙하 방지용 특수 도어 개폐장치

④ 화물 물동량 증가를 유도하기 위한 M사의 인센티브 지급 계획

49. 다음은 최근 핸드폰을 출시한 (주)믿음의 벤치마킹 보고서의 일부이다. 벤치마킹에 대해 적절하지 않은 설명을 한 직원은?

〈보고서〉

1. 목적

최근 (주)믿음이 출시한 '믿음 1500'의 판매 부진을 극복하기 위한 대안을 찾기 위함.

2. 개요

(1) 대상 : (주)최고의 '스마트 300'

(2) 기간 : 20X8. 04. 01. ~ 07. 03.

(3) 방법 : (주)최고의 본사를 방문하여 수행

(4) 참여자 : 갑 외 팀원 15명

3. 주요 내용

(1) 대상과의 비교

구분	믿음 1500	스마트 300	구분	믿음 1500	스마트 300
화면크기(in)	5.8	4.5	해상도	1,280×720	1,240×720
내장메모리(g)	16	16	무게(g)	138.5	145
카메라 화소(만)	800	800	색상	B/W, W, B	B/W
배터리용량(mA)	2,150	2,100	통신사	X, Y, Z	X, Y, Z
RAM(GB)	2	2	출고가	899,800원	966,900원
CPU(GHz)	1.6쿼터	1.4쿼터			

(2) 소비자의 선호 조사

- 화면이 작고, 핸드폰의 무게가 가벼울수록 소비자의 선호도가 높음.
- 다양한 색상을 선호하는 경향

① A : 벤치마킹은 "경쟁자에게서 배운다."라는 말을 실행 가능하게 만드는 경영 혁신 기법이야.

② B : 궁극적으로는 고객의 요구에 충족되는 최고 수준의 프로세스를 만들어 전략적 우위를 확보하는 것이지.

③ C : (주)최고의 '스마트 300' 제품 자체에만 초점을 맞추고, (주)최고의 인적 자원과 정보 시스템 등은 고려할 필요가 없어.

④ D : 벤치마킹을 하려면 최고 수준의 정보를 파악해 우리의 성취도가 어느 정도인지 분석해야 해.

50. 다음 글에 나온 기술이 사용된 예로 적절한 것은?

> ○○교통공사는 가상으로 재난을 경험해 실제 재난 상황에 적절하게 대처할 수 있도록 지하철 7호선 반포역에 디지털 시민안전 체험관과 안전홍보관을 운영하고 있다. 체험관에서는 지하철역 내 비상전화로 화재 상황을 신속하게 신고하는 일부터 소화기로 진화하기, 비상마스크 찾아 쓰기, 자세 낮춰 탈출하기까지 등 모든 상황을 가상현실(VR)로 체험할 수 있다. 시민안전체험관에서는 역 승강장 화재, 열차 화재, 터널 내 운행 중인 열차 내 화재 상황을 가상현실을 통해 실전처럼 경험할 수 있다.

① 가전제품에 무선네트워크 통신 기술을 결합해 집 밖에서도 제품을 동작할 수 있다.

② 경찰청에서 범죄 데이터를 분석하여 범죄 예방 시스템을 구축하여 관리한다.

③ 세탁기와 청소기를 돌릴 때는 하루 중 전기료가 가장 저렴한 시간을 이용하여 조금이라도 전기료를 줄이고자 한다.

④ 스마트폰을 통해 구매할 가구가 집 구조에 맞는지 원하는 장소에 가상의 이미지를 자유롭게 배치해 본다.

고시넷 한국사회능력개발원 + 휴스테이션 NCS

영역별 출제비중

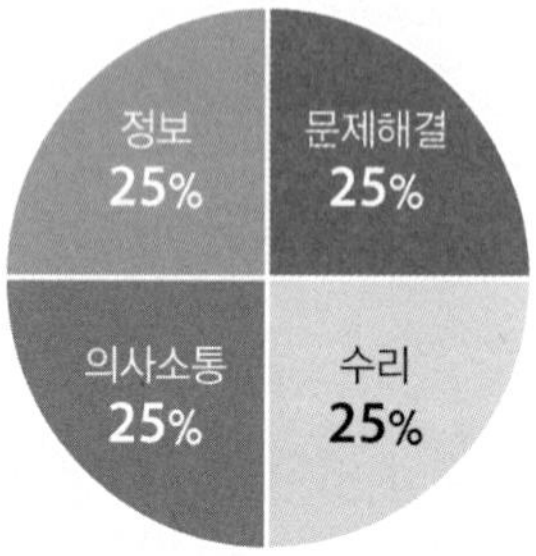

- ▶ 명제와 조건을 바탕으로 결론을 도출하는 문제
- ▶ 수치를 계산하고 분석하는 문제
- ▶ 글의 세부 내용을 파악하는 문제
- ▶ 컴퓨터를 활용하는 문제

휴스테이션형 문제해결능력에서는 명제를 바탕으로 추론하는 문제와 자료를 바탕으로 적절한 결론을 도출하는 문제가 출제되었다. 수리능력에서는 수식을 활용하여 계산하는 문제와 도표 자료를 분석하는 문제가 출제되었다. 의사소통능력에서는 효과적인 의사표현법과 문서의 종류를 이해하는 문제, 글의 어휘 및 세부 내용을 파악하는 문제가 출제되었다. 정보능력에서는 워드프로세서, 엑셀 등의 컴퓨터 활용 문제와 파일, 구조도 등의 정보 자료를 분석하는 문제가 출제되었다.

한사능 + 휴스테이션

2회 출제유형모의고사

영역	총 문항 수
문제해결능력	40문항
수리능력	
의사소통능력	
정보능력	

NCS란? 산업 현장에서 직무를 수행하기 위해 요구되는 각종 지식, 기술, 태도 등의 내용을 국가가 체계화한 것을 의미한다.

기출예상문제

문항수 | 40문항
시험시간 | 40분

▸ 정답과 해설 15쪽

01. 다음 명제 중 결론이 참이 아닌 것은?

① 고양이가 선한 존재라면, 신은 악을 예방할 필요가 없을 것이다. 고양이가 악한 존재라면, 신은 이를 예방할 수 있을 것이다. 고양이는 선하거나 악하다. 그러므로 신은 악을 예방할 수 없을 것이라는 점은 사실이 아니다.

② 승규와 민희가 둘 다 신중했더라면, 그들이 '그 사건'으로 만나지 않았을 것이다. 그들이 '그 사건'으로 만나지 않았다면, 그들은 부부가 되었을 것이다. 그들은 부부가 되지 않았다. 그러므로 승규는 신중하지 않았다.

③ 미세먼지를 줄여야 한다면, 우리는 태양광 발전을 선택해야 한다. 태양광 발전의 문제점을 줄여야 한다면, 우리는 화석연료를 사용해야 한다. 우리는 태양광 발전을 사용하지 않거나 또는 화석연료를 사용하지 않을 것이다. 그러므로 우리는 미세먼지 또는 태양광 발전의 문제점을 줄이지 않을 것이다.

④ 내가 공기업에 들어가면, 나는 기쁠 것이다. 내가 은행에 들어가면 나는 기쁠 것이다. 내가 공기업이나 은행 어느 쪽으로도 들어가지 않는다는 것은 사실이 아니다. 따라서 나는 기쁠 것이다.

⑤ 준식이 업무에 충실하고 또한 잦은 회식을 줄인다면, 준식의 업무평가는 오를 것이다. 업무평가가 오르면, 준식은 보너스를 받게 될 것이다. 준식은 회식은 줄이긴 하겠지만 보너스는 받지 못할 것이다. 따라서 준식은 업무에 충실하지 않을 것이다.

02. [결론]을 성립하게 하는 [전제 1]의 내용으로 가장 적절한 것은?

[전제 1]	( )
[전제 2]	어떤 직원은 업무능력이 좋다.
[결론]	연수를 받은 어떤 직원은 업무능력이 좋다.

① 어떤 직원은 연수를 받는다.
② 모든 직원은 업무능력이 좋다.
③ 모든 직원은 연수를 받는다.
④ 어떤 직원은 업무능력이 좋지 않다.
⑤ 모든 직원은 연수를 받지 않는다.

03. A 국 대통령 선거에 출마한 6명의 후보가 다음과 같이 말하고 있는데, 이 중 4명만 진실을 말하고 있다. 어떤 후보의 말이 참이고 거짓인지 정리하고자 할 때, 나올 수 있는 경우의 수로 알맞은 것은?

- 갑 : 저는 오로지 진실만을 말하는 후보입니다.
- 을 : 여러분, 갑은 거짓말쟁이입니다. 믿지 마세요!
- 병 : 을은 과거 지방자치단체장 시절 공약을 거의 이행하지 않았습니다.
- 정 : 병은 이번 대통령 선거가 첫 출마입니다.
- 무 : 기는 현재 지지율이 가장 낮기 때문에 반드시 단일화를 해야 합니다.
- 기 : 제가 지지율이 제일 낮지 않습니다.

① 2가지 ② 4가지 ③ 6가지
④ 8가지 ⑤ 12가지

04. ○○사의 인사팀 P 과장은 4명의 인턴 A, B, C, D에게 〈조건〉에 따라 각기 다른 문서 작성 과제를 부여하였다. 다음 중 각 인턴사원들에게 부여된 과제를 바르게 연결한 것은? (단, 문서의 종류는 협조전, 품의서, 기안서, 보고서이다)

조건

- 인턴사원 4명의 전공은 모두 다르고 각각 경영학, 경제학, 행정학, 법학을 전공하였다.
- B의 과제는 품의서 작성이었고, B는 경영학이나 행정학을 전공하지 않았다.
- 협조전 작성 과제는 행정학을 전공한 인턴에게 부여되지 않았다.
- 보고서 작성 과제는 법학을 전공한 인턴에에게 부여되었다.
- A에게는 협조전과 보고서 작성 과제가 부여되지 않았다.
- C는 경영학을 전공하지 않았다.

	협조전	품의서	기안서	보고서
①	D	B	C	A
②	D	B	A	C
③	D	A	B	C
④	C	D	B	A
⑤	C	B	A	D

[05 ~ 06] 다음은 ○○은행의 가계대출 상품설명서 중 일부이다. 이어지는 질문에 답하시오.

〈연체이자율〉

■ 연체이자율은 '대출이자율(약정이자율)+연체가산이자율'로 적용합니다.

- 연체가산이자율은 연 3% 이내로 적용하며, 연체이자율은 최고 18%로 합니다.

■ 연체이자(지연배상금)의 부담

- 이자를 납입하기로 약정한 날에 납입하지 아니한 때
  - 이자를 납입하여야 할 날의 다음 날부터 1개월까지는 약정이자에 연체이자율이 적용되고, 1개월이 경과하면 기한이익 상실로 인하여 대출원금에 연체이자율을 곱한 연체이자를 부담합니다.
  - 연체이자 계산 방법

이자 연체 1 ~ 30일	$\frac{\text{지체된 약정이자} \times \text{연체이자율} \times \text{연체일수}}{365}$ …A
이자 연체 31일 ~	$\frac{\text{대출원금} \times \text{연체이자율} \times \text{첫 달 제외한 연체일수}}{365}$ …B
총 연체이자(C)=A+B	

- 원금을 상환하기로 약정한 날에 상환하지 아니한 때
  - 원금을 상환하여야 할 날의 다음 날부터는 대출원금에 대한 연체이자를 부담합니다.
- 분할상환원리금을 상환하기로 한 날에 상환하지 아니한 때
  - 분할상환원리금을 상환하여야 할 날의 다음 날부터는 해당 분할 상환원리금에 대한 연체이자를, 2회 이상 연속 지체한 때에는 대출원금 잔액에 대한 연체이자를 부담합니다.
  - 연체이자 계산 방법

이자 연체 1 ~ 30일	$\frac{\text{지체된 분할상환금 및 약정이자} \times \text{연체이자율} \times \text{연체일수}}{365}$ …A
이자 연체 31일 ~	$\frac{\text{대출원금} \times \text{연체이자율} \times \text{첫 달 제외한 연체일수}}{365}$ …B
총 연체이자(C)=A+B	

※ 이자 미납 등으로 인하여 대출 잔액에 연체이율이 적용되었을 경우, 연체이자 전액을 납입하여야 대출 잔액에 대한 연체이율 적용이 중단되고 정상이율이 적용됨을 유의하시기 바랍니다.

05. ○○은행 A 사원은 비대면 대출 상담 서비스를 담당하고 있다. K 고객의 대출 정보가 다음과 같을 때, 〈연체이자율〉과 〈문의 내용〉에 따라 K 고객이 납부해야 하는 연체이자의 총금액은 얼마인가? (단, 30÷365=0.08로 계산한다)

〈K 고객 대출 정보〉

- 대출원금 : 120,000,000원(일억 이천만 원)
- 분할상환 : 월 1,000,000원(일백만 원)
- 약정이자율 : 연 5% / 연체가산이자율 : 연 3%
- 연체 현황 : 분할상환원리금(1백만 원) 및 약정이자(50만 원) 미납

〈문의 내용〉

연체 발생 후 2개월(60일) 시점에 납부할 경우 총 얼마의 연체이자를 납부해야 하는지 궁금합니다.

① 678,000원 ② 746,800원 ③ 777,600원 ④ 796,000원 ⑤ 807,600원

06. ○○은행 A 사원은 P 고객으로부터 다음과 같은 문의를 받았다. 〈연체이자율〉에 따라 빈칸에 들어갈 A 사원의 답변으로 가장 옳은 것은?

P 고객 : 이번 달 납부 예정액을 고지 받았는데, 이자 금액이 기존 30만 원보다 다소 높아 문의 드립니다. 이율이 오른 건가요?
A 사원 : 확인한 결과 지난달 이자 연체이력이 있는 것으로 기록되어 있네요. 맞으신가요?
P 고객 : 네 맞습니다. 하지만 지난달에 납부일로부터 약 2주 뒤에 30만 원 전부 납입했어요.
A 사원 : ( )

① 한번 대출 잔액에 연체이율이 적용되면 이후 상환기간동안 연체이자율이 계속 적용됩니다.
② 그렇다면 고객님께서 가입하신 대출상품의 이율이 변동되었을 가능성이 있습니다. 가입하신 상품의 이율 변동 여부를 확인해 드리겠습니다.
③ 지난달 연체이자액이 아닌 약정이자액을 납부하신 것으로 확인되었습니다. 정상이율로 회복되기 위해서는 연체이자 전액을 납입하셔야 합니다.
④ 기한이익 상실로 인하여 약정이자가 아닌 대출원금에 연체이자율을 곱한 연체이자가 부과되었습니다.
⑤ 전산상의 오류로 이자 납부 예정액이 잘못 고지된 것으로 확인되었습니다. 이자 납부액을 30만원으로 정정하여 다시 고지해 드리겠습니다.

[07 ~ 09] 다음은 ○○전자의 보증기간 산정기준 및 유무상 수리기준이다. 이어지는 질문에 답하시오.

• 제품의 보증기간

1. 제품 보증기간이라 함은 제조사 또는 제품 판매자가 소비자에게 정상적인 상태에서 자연발생한 품질, 성능, 기능 하자에 대하여 무료수리를 해주겠다고 약속한 기간을 말한다.
2. 제품의 보증기간은 구입일자를 기준으로 산정하며, 구입일자의 확인은 제품 보증서(구입 영수증 포함)에 의해서 한다. 단, 보증서가 없는 경우는 동일 제품의 생산 당시 회사가 발행한 보증서 내용에 준하여 보증 조건을 결정하며, 생산연월에 3개월을 감안(유통기한 반영)하고 구입일자를 적용하여 보증기간을 산정한다.

〈품목별 보증기간〉

구분	보증기간	관련 제품	참고
일반제품	1년	전제품 공통(단, 복사기는 6개월 또는 1년 적용)	복사기는 인쇄 매수에 따라 단축될 수 있음.
계절성 제품	2년	에어컨, 선풍기, 온풍기, 로터리히터, 팬히터	

〈핵심부품 무상기간〉

구분	보증기간	관련제품	참고
핵심부품	2년	• PDP 패널(PDP, DID) • LCD 패널(LTV, LCD 모니터, DID, 일체형 PC) • 메인보드(PC)	단, 노트북 LCD 패널은 제외
	3년	• 콤프레셔(냉장고, 김칫독) • 일반모터(세탁기), 헤드드럼(VTR/CAM), 버너(로터리/팬히터), 마그네트론(전자레인지)	

3. 다음의 경우는 보증기간이 정상적인 경우의 절반$\left(\frac{1}{2}\right)$으로 단축 적용한 것이다.
   ① 영업용도이거나 영업장에서 사용할 경우(단, 영업용 제품은 제외)
   예 비디오(비디오 SHOP), 세탁기(세탁소)
   ② 정상적인 환경이 아닌 곳에서 사용할 경우 예 차량, 선박 등
   ③ 제품사용 빈도가 극히 많은 공공장소에 설치, 사용할 경우 예 공장, 기숙사 등
   ④ 기타 생산 활동 등 가정용 이외의 용도로 사용할 경우 예 공장, 기숙사 등
4. 중고품(전파상구입, 모조품)의 보증기간은 적용되지 않으며, 수리불가의 경우 피해 보상의 책임을 지지 않는다.
5. 당사와 별도 계약에 한하여 납품되는 제품의 보증은 그 계약내용을 기준으로 한다.

※ 예외사항

① 영업용의 경우 보증기간의 $\frac{1}{2}$ 적용

② 잉크, 토너, 현상기, 드럼 등의 경우, 중량 및 권장 인쇄량 등을 확인하여 보증서의 품질 보증기간과 기준을 적용

③ 휴대폰 소모성 액세서리(이어폰, 유선충전기, USB케이블)는 유상 수리 후 2개월 품질보증

• **부품의 보증기간**

1. 부품 보증이라 함은 제품을 구성하는 각 부품에 대한 품질 보증을 말하며 그 기간은 다음과 같다.
2. 유상 수리 이후 수리한 날부터 1년 이내에 정상적으로 제품을 사용하는 과정에서 종전과 동일한 부품 고장이 재발한 경우 무상 수리(일반적 소비자분쟁해결 기준 및 내규)가 가능하다.

〈품목별 품질 보증기간 및 부품 보유기간과 내용연수〉

구분	품질 보증 기간	부품 보유기간		내용연수	
		2019.10.25. 이전 구입	2019.10.26. 이후 구입	2019.10.25. 이전 구입	2019.10.26. 이후 구입
TV, 냉장고	1년	8년	9년	7년	사업자가 품질보증서에 표시한 부품 보유기간으로 함.
에어컨, 시스템 에어컨	2년	7년	8년	7년	
세탁기, 전자레인지, 정수기, 가습기, 전기청소기	1년	6년	7년	5년	
비디오플레이어, DVD 플레이어, 전기(가스)오븐, 전기압력밥솥, 가스레인지, 유무선전화기, 믹서기, 전기온수기, 냉온수기, 캠코더, 홈시어터, 비데	1년	6년	6년	6년	
내비게이션, 카메라	1년	5년	5년	5년	
컴퓨터, 프린터, 모니터, 태블릿, 휴대용 음향기기(MP3, 카세트, CD 플레이어)	1년	4년	4년	3년	
스마트폰, 휴대폰	*1년	4년	4년	3년	
전기면도기, 전기조리기기(멀티쿠커, 전기냄비, 전기프라이팬, 전기토스터, 튀김기, 다용도 식품조리기 등)	1년	3년	3년	3년	
복사기	6개월	5년	5년	5년	

* 스마트폰/휴대폰의 품질보증기간은 2023년 1월 1일 이후 구입제품부터 2년을 적용함(이전 구입 제품은 1년 적용).

• 유 · 무상 수리기준

1. 무상 수리
   ① 품질보증 기간 이내에 정상적인 사용 상태에서 발생한 성능, 기능상의 고장인 경우
   ② CS프로(엔지니어)가 수리 후 정상적으로 제품을 사용하는 과정에서 12개월 이내에 동일한 부품의 재고장이 발생한 경우
   단, 무상 수리 기간이 기본적으로 연장 적용되는 핵심부품은 제외(제품 구입기준 핵심부품의 무상 수리 기간 종료 시 유상 수리 적용)
2. 유상 수리
   ① 타사 제품(소프트웨어 포함)으로 인한 고장 시
   ② 사용설명서 내의 주의사항을 지키지 않아 고장 발생 시
   ③ 당사에서 지정하지 않은 소모품이나 옵션품으로 발생한 고장의 경우
   ④ 서비스센터 CS프로(엔지니어)가 아닌 사람이 수리하고 고장이 발생한 경우
   ⑤ 외부 충격이나 떨어뜨림 등에 의한 고장, 손상 발생 시
   ⑥ 소모성 부품의 수명이 다한 경우(배터리, 형광등, 헤드, 필터류, 램프류, 토너, 잉크 등)
   ⑦ 보증기간이 경과한 제품 및 인터넷, 안테나, 유선신호 등 외부환경 문제시
   ⑧ 구입제품의 초기 설치 이후, 추가로 제품을 연결하거나 재연결을 하는 경우
   ⑨ 홈쇼핑, 인터넷 등에서 제품 구입 후 설치를 추가 요청하는 경우
   ⑩ 제품의 이동, 이사 등으로 인한 설치 변경 시

07. **다음 중 제품의 보증기간 산정기준에 따라 무상 수리가 불가능한 경우는? (단, 정상적인 상태에서 자연발생한 품질, 성능, 기능 하자인 경우로 가정한다)**

① 가정집 거실에 놓여 있는 구매한 지 20개월 된 선풍기의 하자
② 선박에 탑재하여 사용 중인 구매한 지 18주 된 냉장고의 하자
③ 일반 가정집에서 사용하는 구매한 지 1년이 거의 되어가는 정수기의 하자
④ 치킨전문점에서 사용 중인 구매한 지 5개월 된 TV의 하자
⑤ 기숙사 복도에 놓인 구매한 지 1년 2개월 된 에어컨의 하자

08. A 씨는 ○○정수기에 하자가 생겨 수리를 맡겼는데, 부품 보유기간 내에 해당하지만 부품이 없어 수리받지 못했다. 다음 자료에 따라 A 씨가 받을 수 있는 보상금액은? (단, 제품 수리를 맡긴 날짜는 2023년 3월 2일이고, 제품의 구입가는 60만 원이다)

○○정수기

〈보증기간〉

- 보증기간 : 12개월
- 핵심부품 보증기간 : 36개월

〈부품 보유기간과 제품의 내용연수〉

- 2019.10.25. 이전 구입제품 : 84개월
- 2019.10.26. 이후 구입제품 : 96개월

〈제품별 부품 보유기간〉

제품의 잔존가치 산출 시 사용되며, "개정" 내용은 2019.10.26.부터 적용된다.

1. 품질보증서에 표시된 부품 보유기간을 내용연수로 적용하며, 부품 보유기간이 소비자분쟁해결 기준보다 짧거나 미기재한 경우 소비자분쟁해결 기준의 부품 보유기간을 적용한다.
2. 부품 보유기간 기산 시점 명시 : 해당 제품의 제조일자(제조연도 또는 제조연월만 기재된 경우 제조연도 또는 제조월의 말일을 제조일자로 봄)를 기산점으로 한다.
3. 부품 보유기간 내에 부품이 없어 제품수리가 불가능한 경우의 보상금액은 다음과 같이 산정한다(2021.2.27.까지 구매 건 : 5% 가산, 2021.2.28. 이후 구매 건 : 10% 가산).

보상금액 = 잔존가치 + 해당 제품 구입가의 10% 혹은 5%

※ 감가상각방법은 정액법에 의하되 내용연수는 '품목별 품질보증기간 및 부품 보유기간과 내용연수' 표를 적용(월할 계산)

※ 감가상각비 $= \frac{\text{사용연수}}{\text{내용연수}} \times$ 구입가

※ 잔존가치 = 구입가 − 감가상각비

〈제품보증서〉

- 제품명 : ○○정수기
- 모델명 : SE1049TQ
- 보증기간 : 1년
- 구입일자 : 2021년 3월 2일
- 판매자 : ○○전자 X 지점
- 제조자 : ○○전자
- 생산일자 : 2019년 3월 1일

① 450,000원　② 480,000원　③ 510,000원

④ 540,000원　⑤ 560,000원

09. 다음은 제품 구매 고객의 문의사항이다. 이에 대한 답변으로 옳은 것은?

• 문의사항

○○전자의 TV를 4개월 전 인터넷으로 구매하여 사용하고 있습니다. 한 달 전 고장이 발생해서 급하게 동네에 있는 일반 전파상에서 이를 수리하였습니다. 그런데 수리한 지 한 달도 되지 않아 다시 같은 고장이 발생해 화면이 나오지 않습니다. 어떻게 조치를 취할 수 있을까요?

• 상황

– LED 액정 교체 및 수리비용 : 16만 원

– 부품 보유 수 : 4개

① 불편함을 겪게 해드려 죄송합니다. 12개월 내 동일한 고장이 발생하였으므로 바로 환불 조치해 드리겠습니다.

② 모니터의 품질 보증기간은 1년으로 기간 내에 해당한다면 무상 수리가 가능합니다.

③ 한 달 전 고장에 대해 당사 서비스센터 CS프로를 통한 수리가 이루어지지 않아 유상 수리를 하셔야 합니다.

④ 제품을 수리받으신 후 1년이 지나지 않아 동일한 고장이 발생했기 때문에 무상으로 수리가 가능합니다.

⑤ 가정에서 사용하신 경우만 무상 수리가 가능합니다. 모니터를 영업용으로 사용하셨다면 무상 수리가 불가능합니다.

10. 효정, 승희, 지호, 유빈, 아린, 미현 여섯 명이 좌석 배치가 다음과 같은 승합차를 타고 여행을 떠난다. 〈조건〉에 따라 앉는 자리를 정할 때, 효정의 자리는?

		정면		
	운전석		조수석	
창가	좌석 1		좌석 2	창가
	좌석 3		좌석 4	
	좌석 5	좌석 6	좌석 7	

조건

- 승희, 지호, 미현 세 사람만 승합차를 운전할 수 있다.
- 아린은 멀미가 심하여 맨 앞자리에 앉는다.
- 승희는 지호의 바로 뒷자리에 앉는다.
- 미현은 창가 바로 옆자리에 앉지 않는다.
- 유빈이 앉는 자리와 붙어있는 자리는 모두 비어 있다.
- 효정의 바로 옆자리는 비어 있다.

① 좌석 2 ② 좌석 3 ③ 좌석 4
④ 좌석 5 ⑤ 좌석 6

11. 숫자 4와 수학 기호를 사용하여 만든 다음 연산식에서 자연수 a, b, c의 합인 $a+b+c$의 값은? (단, 자연수 n에 대하여 $n! = n \times (n-1) \times (n-2) \times \cdots \times 2 \times 1$이다)

$$a = 4! - (4 + 4 \div 4)$$
$$b = (4! + 4) + \sqrt{4} \div 0.4$$
$$c = (4 \times 4 - 0.4) \div 0.4$$

① 89 ② 90 ③ 91
④ 92 ⑤ 93

12. 서울에서 부산까지의 거리는 490km이며 그중 곡선구간은 90km이다. KTX는 서울에서 출발하여 직선구간에서 평균 시속 200km로 운행하며 천안, 대전, 대구에서 각각 5분씩 정차하고 3시간 만에 부산에 도착할 때, 곡선구간에서는 평균 시속 몇 km로 운행하는가?

① 90km ② 100km ③ 110km
④ 120km ⑤ 130km

[13 ~ 14] 다음 표는 각 이동수단에 따라 집에서 회사까지 가는 데 걸리는 시간을 나타낸다. 이어지는 질문에 답하시오.

구분	택시	자전거	보도	지하철	킥보드
시간(분)	10	22	42	11	15

13. 위 자료에 따를 때, 집에서 회사까지 가는 데 걸리는 평균시간은?

① 18분 ② 19분 30초 ③ 20분
④ 20분 30초 ⑤ 21분

14. 위 자료에 따를 때, 다음 중 집에서 회사까지 걸리는 시간의 중앙값에 해당하는 이동수단은?

① 보도 ② 택시 ③ 자전거
④ 지하철 ⑤ 킥보드

[15 ~ 16] 다음은 20X4년 5개국의 국제 관광과 관련된 자료이다. 이어지는 질문에 답하시오.

〈A ~ E 국의 국제 관광 관련 자료〉

구분	A 국	B 국	C 국	D 국	E 국
외국인 입국자 수(만 명)	5,800	5,300	1,700	840	690
내국인 출국자 수(만 명)	6,400	4,600	8,200	1,600	1,200
총 관광 수입액 (백만 US$)	116,000	42,400	17,000	12,600	10,350
1인당 관광 지출액(US$)	1,250	800	200	2,000	1,500

15. 위 자료에 대한 설명으로 옳은 것은?

① 1인당 관광 수입액과 지출액이 같은 나라는 E 국뿐이다.
② 외국 관광에 가장 많은 돈을 쓴 나라는 A 국이다.
③ E 국의 전체 관광지출은 5개국 가운데 가장 적다.
④ 1인당 관광 수입액과 지출액의 차이가 가장 큰 나라는 B 국이다.
⑤ A ~ E 국을 관광 수입 총액과 관광 지출 총액이 높은 순서대로 각각 나열할 때, 순위가 동일한 국가는 1개이다.

16. 국제 관광 수지가 흑자인 나라를 모두 고른 것은?

① A, B, C
② A, B, E
③ B, C, E
④ B, C, D
⑤ C, D, E

[17 ~ 18] 다음은 20X1년 각 온라인 매체별 상품 판매액을 나타낸 자료이다. 이어지는 질문에 답하시오.

〈20X1년 온라인 매체별 매출액〉

(단위 : 백만 원)

상품군별	판매매체별	1/4분기	2/4분기	3/4분기	4/4분기
컴퓨터 및 주변기기	총액	1,628,388	1,290,522	1,317,969	1,517,339
	인터넷쇼핑	941,706	777,618	793,644	911,246
	모바일쇼핑	686,682	512,905	524,326	606,095
가전 · 전자 · 통신기기	총액	3,423,236	3,680,589	3,608,662	3,857,493
	인터넷쇼핑	1,446,201	1,611,034	1,525,447	1,630,224
	모바일쇼핑	1,977,033	2,069,556	2,083,215	2,227,270
서적	총액	529,326	406,104	460,787	462,495
	인터넷쇼핑	307,894	237,084	262,494	260,845
	모바일쇼핑	221,432	169,021	198,292	201,651
사무 · 문구	총액	237,077	220,451	211,651	271,779
	인터넷쇼핑	126,801	118,702	110,519	134,514
	모바일쇼핑	110,276	101,747	101,131	137,264
의류	총액	3,262,335	3,558,165	3,180,602	4,495,378
	인터넷쇼핑	1,256,403	1,345,136	1,184,433	1,541,271
	모바일쇼핑	2,005,932	2,213,029	1,996,170	2,954,108

17. 다음 중 위 자료에 대한 이해로 적절하지 않은 것은?

① 1/4분기 보다 4/4분기의 매출 총액이 더 작은 상품군은 2개이다.

② 2/4분기 동안 인터넷쇼핑과 모바일쇼핑의 매출액 차이가 가장 큰 상품군은 의류이다.

③ 사무 · 문구의 매출 총액이 전 분기 대비 증가한 분기에 서적의 매출 총액도 증가했다.

④ 의류, 서적을 제외하고 매 분기마다 모든 상품군은 인터넷쇼핑 매출액이 모바일쇼핑 매출액보다 크다.

⑤ 의류의 20X2년 1/4분기 인터넷쇼핑 매출액의 전 분기 대비 감소액이 20X1년 4/4분기의 전 분기 대비 증가액의 절반일 때, 그 매출액은 1,362,852백만 원이다.

18. 위 자료에서 인터넷쇼핑과 모바일쇼핑의 매출액 증감 추이가 동일하지 않은 상품군은 모두 몇 개인가?

① 1개 ② 2개 ③ 3개
④ 4개 ⑤ 5개

19. 청년 장 씨는 개인사업자이며 2년 뒤 상환조건으로 4,500만 원을 대출받으려 한다. 이자부담이 가장 적은 상품을 고를 때, 장 씨가 부담할 총이자는? (단, 제공되지 않은 다른 조건들은 모두 무시하며, 가입일은 X월 1일이다)

〈대출상품〉

상품명	대출한도(최대)	적용금리(연)	이자납입 관련	특징
B	4,000만 원	변동, 5.5%	납입일 : 매달 1일 납입방법 : 만기일시상환	청년고객 연 0.1%p 금리 우대
F	5,000만 원	고정, 7.2%		법인사업자 연 0.7%p 금리 우대
G	5,800만 원	변동, 7%		개인사업자 연 0.5%p 금리 우대
T	6,000만 원	고정, 8%		−

※ 만기일시상환 : 원금은 만기일에 전액 일시상환하고, 원금에 대하여 매월 납입일에 균등한 이자를 납부한다.
※ 변동금리 상품의 경우, 적용금리가 가입일 기준 12개월마다 (연)1%p씩 상승한다고 가정한다(예) 가입일이 7월인 경우, 다음 해 7월(1일)에 적용금리 +1%p).

① 531만 원 ② 630만 원 ③ 648만 원
④ 720만 원 ⑤ 750만 원

20. A가 총 3명이 편입할 수 있는 ○○대학의 편입 시험에 응시하여 5등의 성적을 받았다. ○○대학으로부터 합격 통보를 받은 학생이 실제로 등록할 확률이 $\frac{2}{3}$라고 할 때, A가 ○○대학으로부터 합격 통보를 받을 확률은? (단, 성적 상위 3명에게 합격이 통보되며, 합격을 통보받고 등록을 하지 않을 경우 다음 순위 학생에게 합격이 통보된다)

① $\frac{8}{27}$
② $\frac{1}{3}$
③ $\frac{10}{27}$
④ $\frac{11}{27}$
⑤ $\frac{4}{9}$

21. 다음 밑줄 친 단어의 의미로 적절하지 않은 것은?

- 공단은 건설폐기물의 발생을 원천적으로 줄이고 재활용을 극대화하기 위해 철도건설에 대한 ㉠<u>분별해체</u>와 순환골재 사용을 의무적으로 시행하고 있다.
- 공단은 기존 폐선 등 ㉡<u>유휴부지</u> 위주에서 역사, 승강장, 홈 지붕 등 국가 소유 철도시설로 확대하여 태양광발전사업을 추진 중이다.
- 공단은 철도소음과 ㉢<u>분진</u> 등의 민원해소로 철도변에 설치한 방음벽에 조류 충돌을 방지하고 생태계 보호에 대응하기 위해 철도변 투명방음벽 개선사업을 추진하고 있다.
- 기본 투명방음벽은 투명성과 반사성이 있어 야생조류가 이를 인지하지 못하고 실제 자연환경으로 착각해 충돌하여 ㉣<u>폐사</u>하는 경우가 있다.
- 공단은 철도건설 및 시설관리에 대한 국제표준 ISO9001 · 14001 · 45001을 기반으로 한 통합경영시스템을 구축하고 지속해서 ㉤<u>고도화</u>를 하고 있다.

① ㉠ 분별해체 : 한 번에 철거하지 않고 나눠서 철거 하는 것
② ㉡ 유휴부지 : 사용하지 않고 놀리는 땅
③ ㉢ 분진 : 공기 중에 떠 있는 고체상의 모든 물질
④ ㉣ 폐사 : 뜻하지 않은 상황으로 갑자기 죽게 되는 것
⑤ ㉤ 고도화 : 기술이나 산업, 경제 등의 수준을 높이는 것

22. 다음 글을 읽고 추론할 수 있는 내용으로 적절하지 않은 것은?

> 원효는 일반적으로 우리나라 불교사상가 중 최고의 인물로 평가되고 있다. 그의 사상과 방향이 다방면에 이르러 미치지 않는 바가 거의 없는지라 여러 가지 분야에서 연구하였으므로 그의 사상을 한마디로 일축해 무어라고 말하기는 쉽지 않지만, 핵심은 일심(一心)과 화쟁(和諍)이라 말할 수 있다.
>
> 일심은 어느 책에서 원효가 무덤 속에서 해골 물을 먹고 깨달은 것으로 되어 있다. 즉 해골 물인 줄 모르고 마셨을 때에는 아주 달고 시원한 물이라 생각하며 마셨는데 해골 물인 줄 알고 나서는 구역질이 나와 다 토할 지경이 되고서야 이 모든 것이 마음의 장난이라는 것을 깨달았다는 것이다. 어쨌든 원효는 마음의 중요성을 깨달았고 바로 일심에 그의 모든 사상의 중심을 두었다. 결국 다시 말하자면 일심은 같은 사물이지만 마음에 따라 보는 것이 달라진다면 결국 모든 것의 근본은 마음이 될 수 있으니 마음을 고쳐먹음으로써 해탈을 얻을 수 있다는 것이 되겠다.
>
> 원효의 일심 사상을 사상사적 맥락에서 보자면 그 직접적인 연결 관계는 여래장 사상에서 찾을 수 있다. 여래장 사상은 모든 존재는 여래가 될 가능성을 그 안에 가지고 있다는 것으로, 다른 말로 하면 모든 중생의 본성이 여래라는 이론이다. 결국 모든 것이 마음의 탓인데 그 마음의 근본은 순수하고 깨끗하므로 만약 그 근본을 회복하게 된다면 인간은 누구나 부처가 될 수 있다는 매우 실천적인 이론이다.
>
> 다음으로 화쟁은 언어로 표현된 이론적인 다툼을 화해시키는 것이므로 언어에 대한 이해가 중요하다. 원효는 언어에 대한 잘못된 이해가 쟁론을 유발한다고 보았다. 화쟁의 방법은 세 단계로 이루어져 있다고 말할 수 있다. 우선 언어에 대한 집착에서 벗어나기 위해서 모든 이론들을 부정한다. 그것을 위해 동의하지도 그렇다고 이의를 제기하지도 않으면서 말한다. 그리고 여러 경전들의 내용에 대해 폭넓게 이해하는 것이다.
>
> 이와 같이 원효의 사상은 화합과 조화가 절실히 요구되는 현재의 우리 사회에 큰 가르침을 줄 수 있다. 원효의 입장에서 우리가 배워야 할 것은 근본적인 일심의 자리에서 비로소 참된 화해가 이루어진다는 것이다.

① 마음을 먹기에 따라 같은 사물이라도 다르게 보일 수 있으므로 모든 것의 근본은 마음에 달려 있다.

② 순수하고 깨끗한 마음의 근본을 회복한다면 인간은 누구나 부처가 될 수 있다는 것이 여래장 사상이다.

③ 언어에 대한 이해를 바탕으로 이론적인 다툼을 화해시키는 것을 화쟁이라고 한다.

④ 모든 이론을 인정하고 포섭한 뒤 절충할 수 있는 합의점을 찾음으로 언어에 대한 집착으로부터 벗어날 수 있다.

⑤ 언어에 대한 잘못된 이해에서 벗어나기 위해 경전들의 내용을 폭넓게 이해해야 한다.

23. 다음 글의 빈칸 ㉠에 들어갈 문서의 종류로 적절한 것은?

(㉠)는 상품 및 서비스를 제공하는 기업이 자신의 사업을 어떻게 수행할 것인가에 대해 포괄적으로 정리한 자료라는 점에서 사업계획서와 유사하다. 다만 (㉠)의 경우는 불특정 다수를 대상으로 자신의 사업을 제안하는 경우가 있으므로 자신의 사업계획을 명확히 밝히고 이를 잘 설득할 수 있도록 작성해야 한다. 고객에게 깊은 인상을 심어 줄 수 있는 기회이자 수주와 직결되는 매우 중요한 문서인 만큼 깔끔한 형식과 명료한 내용으로 작성하여야 한다. 미리 정의된 양식이 있다면 이에 따르고 서비스 및 상품의 성향에 따라 항목을 새로 구성할 수 있다. (㉠)는 사업 투자, 입찰, 전략 기획, 업무 프로젝트, 영업 및 마케팅, 제휴 및 협찬, 입점 사업, 연구개발, 모집, 시스템 구축, 홍보 및 프로모션 등 다양한 분야에서 널리 활용된다.

① 공문서 ② 기안서 ③ 설명서
④ 제안서 ⑤ 보고서

24. 다음 글에 나타난 내용 전개방식 및 표현상의 특징으로 적절하지 않은 것은?

최근 우리 사회에서 외국인의 수가 급증하고 있다. 법무부에 등록된 6개월 이상 국내에 체류 중인 외국인의 수는 지난 20년간 꾸준히 상승하여 2009년 말엔 90만 명에 이르렀다. 정확한 규모는 알 수 없지만 최소 20만 명으로 추산되는 불법 체류 외국인까지 고려하면, 2010년 기준으로 약 110만 명의 외국인이 우리나라에 살고 있는 것이다. 이는 약 4천9백만 명인 우리나라 인구의 약 2.2%에 해당한다.

국내에 체류하는 외국인의 수가 늘어남에 따라 여러 가지 사회 문제도 야기되고 있다. 특히 불법 체류자에 의한 범죄가 언론에 보도되면서, 이들에 대한 사회적 반감이 적지 않다. 그러나 노동 시장의 국제화, 저출산과 고령화로 말미암은 국내의 노동 인구 감소, 농촌 지역의 국제결혼 희망자 증가 등으로 외국인이 우리나라에 들어오는 것은 막을 수 없는 흐름이 되어 버렸다.

그렇다면 증가하는 외국인의 국내 체류가 사회 문제화되지 않고 서로에게 혜택이 될 수 있게 하기 위해서는 어떠한 준비가 필요한가? 가장 먼저 필요한 것은 외국인에 대해서 우리 사회가 어떠한 관점을 보일 것인지를 명확하게 정하는 일이다. 왜냐하면 이 관점에 따라서 앞으로 만들어질 제도와 규정 그리고 문화를 포함하는 제반 환경들의 방향이 설정되기 때문이다. 예컨대 외국인들을 기본적으로 외집단으로 규정하면 그들의 경제 활동 이외에 국내에서의 다른 활동들을 규제하는 방향으로 제도와 환경이 마련될 것이다.

국제적으로 외국인을 바라보는 관점은 크게 두 가지로 나뉜다. 하나는 외국인들이 이주 혹은 이민을 선택했기 때문에 그들이 이주한 나라의 제도와 언어 그리고 문화에 스스로 동화하여야 한다는 관점이고, 다른 하나는 외국인들이 본래 지니고 있는 문화적 전통을 간직한 채 이주한 사회와 융화할 수 있도록 외국인보다는 이들이 이주한 사회가 이들에게 적응하고 이들을 포용해야 한다는 관점이다.

사실 외국인 이민자들에 대한 관점은 전자가 더욱 지배적이었다. 한때 미국을 인종과 문화의 용광로라고 부르기도 하였다. 이 말은 모든 이민자와 그들이 지니고 있었던 전통과 문화가 모두 용해되어 미국화된다는 뜻으로, 이는 첫 번째 관점의 전형적인 예라 할 수 있다. 이러한 관점에서 볼 때 이주민 혹은 이민자는 모두 개인들이고, 개인 스스로 새로운 사회에 적응하고 동화되어야 한다. 이 경우, 외국인 범죄도 이들이 적응하고 동화하지 못했을 때 발생하는 것으로 보기 때문에 다른 구성원들은 이러한 사건에 혐오감을 가지게 된다.

한편 후자인 포용의 관점은 외국인을 개인으로 보지 않고 사회의 다양한 인구 집단 가운데 하나로 여긴다. 이 관점은 주로 아프리카와 중동으로부터의 외국인 유입이 많은 유럽을 중심으로 발전하였는데, 이민자들이 자신의 문화적 배경을 유지한 채 이주한 나라의 다른 모든 사람들과 마찬가지로 그 사회의 법과 제도를 준수하는 것을 기본적인 내용으로 하고 있다. 우리가 최근 외국인이 포함된 가정에 대해 '다문화 가정'이라고 부르기 시작하였는데, 이 용어가 바로 포용의 관점에 기반을 두고 있다. 이와 같은 포용의 관점을 취하면 외국인에 대한 편견과 차별이 줄어들고 갈등을 해소하여 외국인 범죄 예방에도 도움이 될 것이다.

머지않아 우리나라도 외국인들을 이민자로 받아들이기 위한 법과 제도가 만들어질 것이다. 이를 위해서도 우리나라의 외국인에 대한 관점이 선택되어야 하고 이는 국민적인 합의를 통해서 이루어져야 한다. 현재 외국인에 대한 우리나라의 관점은 위 두 가지가 모두 존재하는 것으로 보인다. 물론 바람직한 것은 전자의 관점보다는 후자의 관점이다. 하지만 우리 대부분은 하나의 민족이 하나의 언어를 가지고 수천 년을 한반도에서만 살아온 것을 자랑스러운 사실로 배우고 자라났기 때문에 후자의 관점을 그대로 수용하는 것은 쉽지 않은 일이다. 그래서 외국인에 대해 부정적인 감정을 가지고 있는 사람들을 무조건 잘못했다고 비판할 수도 없다. 그나마 다행인 것은 다문화라는 표현이 사회적으로 점차 익숙해져 가고 있고, 정부에서도 다문화주의를 외국인 정책의 기조로 삼고 다문화 가정과 국내 체류 외국인들을 위해 정책적으로 지원 계획을 마련하고 있다는 것이다.

① 구체적인 수치를 제시하여 화제를 소개하였다.
② 질문하는 형식을 통해 독자의 호기심을 불러일으키고 있다.
③ 전문가의 말을 인용하여 설득의 효과를 높였다.
④ 외국인을 바라보는 서로 상반된 관점을 제시하며 관점의 차이를 부각시키고 있다.
⑤ 특정 관점을 지향하는 국가 정책에 대해 긍정적인 평가를 제시하였다.

25. 다음은 조세에 대한 강연의 일부이다. 강연자가 사용한 말하기 방식이 아닌 것은?

> 지난 1학기 수업에서 '조세'에 대해 배운 것 기억하시나요? (청중이 대답한다) 네, 좋습니다. 오늘은 조세의 원칙 중에 하나인 '근거 과세의 원칙'에 대해 배워보도록 하겠습니다. '근거 과세의 원칙'이란 조세를 부여할 때 명확한 근거 자료를 기준으로 과세해야 한다는 원칙입니다. 조세의 근거가 적절하지 않으면 납세자가 조세 부과의 근거를 축소 내지 은폐할 수 있습니다. 또한 근거 자체가 잘못되었을 경우 적합한 납세자에게 적절한 수준의 조세를 부과하지 못하게 됩니다. 이러한 문제를 보여 주는 대표적 사례가 바로 창문세(Window Tax)입니다.
>
> 창문세는 납세자가 소유한 집의 창문 수에 근거해 국가에서 부과했던 세금을 말합니다. 어떻게 보면 얼토당토않은 이야기로 들리겠지만 당시 기준으로는 창문은 일종의 사치품에 속했기 때문에 부자일수록 많은 창문을 가지고 있었습니다. 창문 재료인 유리가 고가였기 때문에 당시에는 창문이 없는 집에 사는 사람도 많았습니다. 조세가 납세자의 경제적 능력에 부합하는 형태로 부과되어야 한다는 점에서 창문세는 나름의 합리성을 가지고 있는 것이었습니다.
>
> 하지만 다음 사진을 보시죠. (준비한 사진을 보여 준다) 창문이 절반 이상 사라졌습니다. 창문세를 피하려던 납세자들이 창문을 막아 집 안이 어두컴컴해졌고 바람도 통하지 않게 되었습니다. 이게 납세자들만의 잘못일까요? 그건 아니라고 봅니다. 정부가 과세의 근거를 잘못 설정하여 납세자들이 인간의 기본권이라 할 수 있는 일조권을 포기한 안타까운 사례라고 말할 수 있습니다.
>
> 17세기 러시아 황제 표트르 1세는 유럽 국가에 비해 상대적으로 뒤떨어진 러시아의 발전을 도모하기 위해 귀족들의 긴 턱수염을 자르게 만들고 싶었습니다. 그러나 귀족과 교회의 반대로 쉽지가 않았죠. 이때 표트르 1세가 선택한 방법이 있습니다. 무엇일까요? (잠시 기다려도 대답이 안 나오자) 앞에서 사람들이 왜 일조권을 포기했었죠? (대답이 나오자) 맞습니다. 세금을 부여했습니다. (웃으며) 열심히 들으셨군요. 수염을 기르는 사람에게 1년에 100루블씩 수염세를 내도록 정하자 고작 7년 만에 러시아에서 턱수염이 자취를 감추었다고 합니다. 납세자들이 세금 납부를 얼마나 싫어하는지 알 수 있는 사례입니다.
>
> 납세자들이 세금 납부를 싫어한다고 해도 국가나 지방자치단체를 운영하기 위해서는 조세가 필요합니다. 중요한 것은 적절하고 합리적인 과세 근거를 가지고 조세를 부과하느냐의 문제입니다. 그러므로 납세자들이 당연한 의무로 받아들일 수 있도록 '근거 과세의 원칙'을 세우는 것이 중요하다고 할 수 있습니다.

① 강연 주제와 관련 있는 청중의 배경지식을 활성화하기 위해 청중의 경험을 환기하였다.

② 청중의 이해를 돕기 위해 시각 자료를 활용하였다.

③ 청중과의 상호작용의 효과를 드러내기 위해 청중에게 질문을 던졌다.

④ 핵심 개념에 대한 설명을 하기 위해 강연 내용을 구조화한 내용 구조도를 제시하였다.

⑤ 선행 내용과 후행 내용의 교량 역할을 하는 내용 연결 표현을 사용함으로써 강연 내용과 청중의 심리적 결속 효과를 만들어 냈다.

26. 다음은 △△공단이 전국 운전자 3,922명을 대상으로 '안전속도 5030 정책'의 인지도를 조사한 자료에 대한 기사 내용이다. 이에 대한 설명으로 적절하지 않은 것은?

> 운전자 10명 중 3명은 2021년 4월부터 전면 시행되는 '안전속도 5030' 정책을 모르고 있는 것으로 나타났다. 13일 △△공단은 2020년 7월 전국 운전자 3,922명을 대상으로 '안전속도 5030 정책 인지도'를 조사한 결과, 이를 인지하고 있는 운전자는 68.1%에 그쳤다고 밝혔다. 안전속도 5030 정책은 전국 도시 지역 일반도로의 제한속도를 시속 50km로, 주택가 등 이면도로는 시속 30km 이하로 하향 조정하는 정책이다. 2020년 4월 도로교통법 시행규칙 개정에 따라 2021년 4월 17일부터 본격적으로 시행될 예정이라고 한다. △△공단에 따르면 예기치 못한 사고가 발생하더라도 차량의 속도를 30km로 낮추면 중상 가능성은 15.4%로 크게 낮아진다고 한다. 이것이 바로 안전속도 5030 정책을 시행하는 이유이기도 하다.
>
> 이번 조사에서 특히 20대 이하 운전자의 정책 인지도는 59.7%, 30대 운전자는 66.6%로 전체 평균보다 낮은 것으로 나타났다. 반면 40대(70.2%), 50대(72.1%), 60대 이상(77.3%) 등 연령대가 높아질수록 안전속도 도입을 알고 있다고 응답한 비율이 높았다. 조사에 따르면 운전할 때 주로 이용하는 경로검색 수단으로는 모바일 내비게이션을 이용한다는 응답자가 74.2%로 가장 많았다. 이어 차량 내장형 · 거치형 내비게이션(49.8%), 도로 표지판(23.1%) 등의 순으로 많다고 조사되었다. 특히 20 ~ 30대에서는 모바일 내비게이션을 이용한다는 응답자의 비율이 약 80%에 달했다. 이에 공단은 모바일 내비게이션 음성안내 등을 통해 제한속도 하향 조정에 대한 공감대를 만들기로 했다.

① 2021년에 시행되는 '안전속도 5030 정책'을 운전자 10명 중 약 3명이 모르는 것으로 나타났다.

② 전 연령대 평균 정책 인지도는 70.2%로 높은 편이었다.

③ '안전속도 5030 정책'으로 교통사고로 인한 중상 가능성을 낮출 수 있을 것이라 기대할 수 있다.

④ 연령대별 정책 인지도는 연령대가 낮을수록 낮다는 결과를 보였다.

⑤ 연령대가 높아질수록 안전속도 정책 도입을 알고 있다고 응답한 비율이 높았다.

27. 다음 글을 읽은 후의 반응으로 적절하지 않은 것을 〈보기〉에서 고르면?

인간이 의사소통의 과정에서 지켜야 할 기본적인 규칙을 음성 언어 의사소통의 원리라고 한다. 원활한 음성 언어 의사소통을 위하여 필요한 기본 원리로 공손성, 적절성, 순환성, 거리 유지 등이 있다. 어떤 형식의 담화라 하더라도 음성 언어 의사소통이 제대로 이루어지기 위해서는 다음의 원리가 준수되어야 한다.

첫째, 공손성의 원리는 음성 언어 의사소통에서 상대방에게 부담을 적게 주고, 상대방을 존중해 주는 표현과 태도를 지키는 것을 말한다. 공손성의 원리는 언어가 정보를 전달하는 기능 이외에 의사소통 참여자 사이의 사회적 관계 형성에도 기여한다는 것에 근거하여 설정된 것이다.

고프만(Goffman)은 한 사람이 다른 사람과의 사회적 접촉에서 투사하는 이미지를 의미하는 체면(face)이라는 개념을 소개한 것으로 공손 현상의 연구에 통찰력을 제공하였다. 고프만은 사회 과정에 참여하는 모든 사람들은 타인에 의해 인정받고자 하는 욕구와 자유롭고자 하는 욕구 그리고 간섭을 받지 않으려는 욕구를 가진다고 보았다. 브라운과 레빈슨(Brown & Levinson)은 고프만의 연구에 영향을 받아 체면에 대한 위협 강도와 언어적으로 실현되는 공손성 사이의 관계에 대한 이론을 발전시켰다. 예를 들어 '책 빌려 줘'와 같은 표현보다는 '책 좀 빌려 주시겠어요?' 혹은 '미안하지만 책 좀 빌려주실 수 있으신가요'라는 표현이 상대에게 부담을 적게 주면서 더 공손한 표현이 되는 것이다. 또 체면손상행위(FTAs ; Face Threatening Acts)를 범할 경우, '그 책을 꼭 읽어야 하는데' 혹은 '책 사러 갈 시간이 없네'와 같이 간접적으로 표현하는 것이 상대에게 부담을 가장 적게 주어 공손성의 원리를 준수하게 된다. 그러나 의사소통 참여자 사이의 인간관계에 맞지 않는 지나친 공손함은 오히려 상대를 향한 빈정거림의 표현이 되므로 의사소통의 걸림돌이 될 수 있다.

둘째, 적절성의 원리는 음성 언어 의사소통의 상황, 목적, 유형에 맞는 담화 텍스트의 형식과 내용으로 표현되어야 한다는 것이다. 음성 언어 의사소통에서 발화되는 담화 텍스트가 적절성의 원리를 만족한다는 것은 발화된 담화 텍스트가 상황과 표현 의도에 맞게 상대에게 받아들여질 수 있는, 텍스트적인 요인을 만족하는 형태로 표현된 것을 의미한다. 공식적 상황에서 설득을 목적으로 이루어지는 토론이라면, 토론의 형식에 따라 공식적 말하기와 토론 담화에 맞는 표현을 사용하고 논증을 통하여 상대를 설득하여야 한다.

셋째, 순환성의 원리는 음성 언어 의사소통의 상황에 맞게 참여자의 역할이 원활하게 교대되고 정보가 순환되어 의사소통의 목적이 달성되는 것을 말한다. 말하기와 듣기의 연속적 과정인 음성 언어 의사소통에서 참여자의 역할이 적절히 분배되고 교환되지 않으면 일방적인 의사표현과 수용이 되므로 효과적인 의사소통을 기대하기 어렵다. 이것은 기본적으로 의사소통이 인간관계를 바탕으로 진행되는 것이므로 참여자 개개인이 담화 구성원으로서 그 역할을 배분받고 인정받는 가운데서 언행적 목적도 이룰 수 있게 되는 것과 관련이 깊다.

넷째, 관련성의 원리는 의사소통 참여자가 상대방이 발화한 담화 텍스트의 의미를 상대방의 의도에 따라 재구성하여 이해하는 것을 말한다. 발화 표현의 의미와 의도된 의미가 일치하지 않는 경우에는 참여자는 담화 맥락을 이해하고 추론을 해야만 한다. 만약 이 경우 맥락에 따라 표현의 의미와 의도된 의미를 제대로 관련짓지 못한다면 효과적인 의사소통이 불가능해진다.

보기

㉠ A : 음성 언어 의사소통 상황에서 특정 목적을 가지고 요청이나 설득을 할 경우, 상대에게 부담을 주면서 체면을 손상시킬 수 있어.

㉡ B : 공손성의 원리는 언어 표현의 효과성 대신에 좋은 인간관계 형성이라는 사회적 기능을 추구하는 원리야.

㉢ C : 적절성의 원리를 준수하여 말하려면 공식적 상황과 비공식적 상황에서 음성 언어 의사소통의 표현 차이와 의사소통 목적에 따른 효과적인 표현 방법 등을 알아야 하겠네.

㉣ D : 순환성의 원리는 화자와 청자로의 역할 순환과 함께 정보도 순환되어야 한다는 것을 의미해. 상대방에게 일정 정보와 요구를 제공받는다면 그것에 대한 응대와 상응하는 정보를 다시 제공해야 한다는 것이지.

㉤ E : 관련성의 원리를 준수하여 말하려면, 상대방이 전달하는 말과 표현된 발화 의도를 알아야 해. 그러기 위해서는 상대방의 말뿐만 아니라 시선, 표정, 자세 등과 같은 비언어적 표현까지 고려하여 들어야 해.

① ㉠ ② ㉡ ③ ㉢
④ ㉣ ⑤ ㉤

28. 다음 글의 밑줄 친 ㉠에 대한 설명으로 적절하지 않은 것은?

품질이나 디자인이 서로 비슷한 제품들이 있다. 한 제품은 유명 브랜드의 제품으로, 유명 브랜드가 아닌 다른 제품보다 가격이 비싸다. 많은 사람들은 ㉠ 유명 브랜드가 아닌 제품을 구입할 것이라고 예상하지만 실제로 소비자들은 유명 브랜드를 구입하는 경향이 있다. 과거에는 이러한 현상이 발생하는 것은 소비자들이 일반적인 브랜드보다 유명 브랜드를 오래 전부터 더 자주 사용해 왔고, 광고를 통해 이들 브랜드를 더 자주 접해 왔기 때문일 거라고 예상하는 정도에서 그치고는 했었다.

하지만 2004년 실시된 한 신경과학적 실험은 특정 제품을 비교 평가할 때 과거의 경험보다는 제품의 유명세, 즉 브랜드 평판에 의존한다는 새로운 사실을 보여 주었다. 브랜드 평판이 높은 A 음료와 브랜드 평판이 높지 않은 B 음료를 마시는 피실험자의 뇌를 기능성 자기공명 영상으로 촬영하여 특정 브랜드 인지 여부에 따른 뇌의 활성화 정도를 확인하였다. 브랜드를 모르는 상태에서는 달콤한 맛에 의해 전두엽의 보상 영역 부분이 모두 활성화되지만, A 음료의 브랜드를 보여 주자 B 음료의 브랜드를 보여 줄 때와는 달리 전두엽의 보상 영역뿐만 아니라 쾌감 중추도 활성화되면서 브랜드의 인지 여부에 따라 쾌감 중추의 활성화 정도가 달라지는 것을 보여 주었다.

위 실험의 사례처럼 소비자들이 평소 유명 브랜드를 좋아하는 이유는 이 브랜드로부터 미래의 보상 경험을 예견할 수 있기 때문이다. 유명 브랜드로부터 친근한 인상이나 특별한 가치를 가졌다는 신호를 뇌가 포착하게 되면, 이 신호는 즉시 뇌의 브랜드 보상 예견 경험을 자극함으로써 쾌감을 느낄 수 있도록 해 주는 도파민 분비를 유도하게 된다. 결국 소비자가 유명 브랜드를 보는 것만으로도 뇌는 즉각적으로 다량의 도파민을 분비해 소비자가 흥분하도록 유도하는 것이다.

더 나아가 유명 브랜드일수록 소비자로 하여금 그 브랜드에 대해 더 긍정적인 감정을 느끼도록 유도한다. 유명 브랜드로부터 들어오는 시각이나 청각 자극은 신체 내부에서 생기는 감정과 서로 연결되어 '신경 브랜드 네트워크'를 활성화시킨다. 실제로 빨간색 필기체의 로고를 가진 ○○○, 독창적인 로고를 가진 □□□처럼 오랫동안 동일한 브랜드의 이미지를 보유한 경우, 우리 뇌의 신경 브랜드 네트워크 역시 잘 구축될 가능성이 높다. 이렇게 활성화된 뇌의 신경 브랜드 네트워크는 기억, 감정 그리고 의사 결정에 더 큰 영향을 미친다.

그러나 유명 브랜드일수록 소비자의 비합리적인 소비 행동을 유도할 수 있다는 등의 부정적인 측면도 있다. 대표적으로 유명 브랜드의 '명품' 이미지는 소비자로 하여금 브랜드 이면의 다양한 정보에 관심을 멀어지게 한다. 또한 유명 브랜드일수록 뇌의 쾌감 중추를 더 강하게 자극하기 때문에 충동적인 구매로 이어질 가능성이 높아진다. 특히 유명 브랜드의 높은 브랜드 이미지와 비싼 가격이 서로 어우러진 제품일수록 충동구매 될 가능성이 더 높아진다.

이처럼 유명 브랜드는 우리에게 선택의 편리성을 제공하는 동시에, 우리가 선택의 오류를 범하도록 만드는 양면성을 가지고 있다. 따라서 소비자들이 효율적인 소비 행동을 영위하기 위해서는 먼저 브랜드에 대한 다양한 정보들을 수집한 후, 수집된 정보들에 대해 유명세 혹은 가격에 치우치지 않고 객관적인 기준으로 평가하려는 태도가 중요하게 요구될 것이다.

① 인간의 뇌를 자극함으로써 비합리적인 소비행동을 유발한다.
② 신경과학적 실험을 통해 전두엽의 보상 영역을 억제하여 도파민을 활성화시킨다는 사실을 입증하였다.
③ 신경 브랜드 네트워크를 통해 소비자들에게 긍정적인 감정을 유발한다.
④ 양면성을 지니고 있으므로 편파적인 관점에서 평가해서는 안 된다.
⑤ 보상 예견 경험을 자극함으로써 소비자들에게 쾌감을 준다.

29. □□공사에 다니는 박 팀장은 회의에서 부하 직원들에게 자신의 말이 본보기가 되도록 인상적인 의사소통을 하고 싶지만 마음처럼 되지 않아 고민이다. 다음 사례를 읽고 박 팀장에게 해 줄 수 있는 조언으로 적절하지 않은 것은?

> 매주 금요일 업무 보고 시간에 참석하는 영업팀의 팀원들은 박 팀장이 입을 열자 서로 눈치를 보며 한숨을 쉬기 시작했다. 박 팀장은 매번 회의에서 똑같은 말만 반복하기로 유명해진 지 오래되었고, 회사에서 박 팀장만 모르는 그의 별명은 '앵무새'이다.
>
> 그는 그에게 익숙한 말들만 고집스레 반복하여 사용하는 것을 좋아하는 대표적인 의사소통 능력이 부족한 상사이다. 기업 이미지 홍보 전략을 위한 회의에서도 박 팀장은 별다른 전략적 제안 없이 무조건 부하 직원들에게 "그럼 기대하겠네."와 같은 말을 하고, 직원 사기 증진을 위한 영업 전략 회의에서도 역시나 박 팀장은 별다른 전략적 제안 없이 무조건 부하 직원들에게 "그럼 기대하겠네."라는 말만 반복할 뿐이었다.
>
> 이제 박 팀장과 함께하는 영업팀 회의에서는 박 팀장이 말을 꺼내기 시작하면 하품을 하며 지루한 표정부터 짓는 부하 직원들이 많아졌다. 박 팀장도 좀처럼 잡히지 않는 회의 분위기를 의식한 듯 어떻게든 회의의 분위기를 가다듬어 보려고 하지만, 자신은 왜 그러는지 이유를 몰라 답답하기만 하다.

① 언제나 주위의 언어 정보에 민감하게 반응하고, 자신이 활용할 수 있도록 노력한다.
② 경구(警句), 한자성어, 현학적인 문장 등을 사용해 자신의 지적 능력을 보여 준다.
③ 언제나 "다른 표현은 없을까?"하고 생각을 거듭하며, 새로운 표현을 검토해 본다.
④ 상대방의 마음을 끌어당길 수 있는 표현법을 많이 익혀, 이를 활용하도록 노력한다.
⑤ 전하고자 하는 내용을 분명히 하고 내용이 상대에게 정확히 전달되었는지 확인하는 것이 필요하다.

30. 다음 글을 읽고 이해한 내용으로 적절하지 않은 것은?

> 나는 집이 가난해서 말이 없기 때문에 간혹 남의 말을 빌려서 타곤 한다. 그런데 노둔하고 야윈 말을 얻었을 경우에는 일이 아무리 급해도 감히 채찍을 대지 못한 채 금방이라도 쓰러지고 넘어질 것처럼 전전긍긍하기 일쑤요, 개천이나 도랑이라도 만나면 또 말에서 내리곤 한다. 그래서 후회하는 일이 거의 없다. 반면에 발굽이 높고 귀가 쫑긋하며 잘 달리는 준마를 얻었을 경우에는 의기양양하여 방자하게 채찍을 갈기기도 하고 고삐를 놓기도 하면서 언덕과 골짜기를 모두 평지로 간주한 채 매우 유쾌하게 질주하곤 한다. 그러다가 간혹 위험하게 말에서 떨어지는 환란을 면하지 못한다.
>
> 아, 사람의 감정이라는 것이 어쩌면 이렇게까지 달라지고 뒤바뀔 수가 있단 말인가. 남의 물건을 빌려서 쓸 때에도 이와 같은데, 하물며 진짜로 자기가 가지고 있는 경우야 더 말해 무엇 하겠는가.
>
> 그렇기는 하지만 사람이 가지고 있는 것 가운데 남에게 빌리지 않은 것이 또 무엇이 있다고 하겠는가. 임금은 백성으로부터 힘을 빌려서 존귀하고 부유하게 되는 것이요, 신하는 임금으로부터 권세를 빌려서 총애를 받고 귀한 신분이 되는 것이다. 그리고 자식은 어버이에게서, 지어미는 지아비에게서, 비복(婢僕)은 주인에게서 각각 빌리는 것이 또한 심하고도 많은데, 대부분 자기가 본래 가지고 있는 것처럼 여기기만 할 뿐 끝내 돌이켜 보려고 하지 않는다. 이 어찌 미혹된 일이 아니겠는가.
>
> 그러다가 혹 잠깐 사이에 그동안 빌렸던 것을 돌려주는 일이 생기게 되면, 만방(萬邦)의 임금도 독부(獨夫)가 되고 백승(百乘)의 대부(大夫)도 고신(孤臣)이 되는 법인데, 더군다나 미천한 자의 경우야 더 말해 무엇 하겠는가. 맹자(孟子)가 말하기를 "오래도록 차용하고자 반환하지 않았으니, 그들이 자기의 소유가 아니라는 것을 어떻게 알았겠는가."라고 하였다. 내가 이 말을 접하고서 느껴지는 바가 있기에, '차마설'을 지어서 그 뜻을 부연해 보았다.
>
> －이곡, 차마설(借馬說)－

① 사실과 의견의 2단 구성 방식으로 글을 전개하고 있다.

② 유추의 방법을 이용해 주제를 전달하고 있다.

③ 말을 빌려 탄 개인적 경험을 바탕으로 인간의 소유에 대한 성찰과 깨달음을 제시하였다.

④ 한문 문체의 하나로, 일반적인 견해를 먼저 제시하고 그에 맞는 사례나 논거를 들어 설명하는 글이다.

⑤ 권위 있는 사람의 말을 논거로 하여 자신의 주장을 뒷받침하였다.

31. A 씨는 워드프로세서(한글)에서 다음의 수식을 스크립트 수식 입력 방식으로 입력하려고 한다. 이를 입력하는 방법으로 가장 적절한 것은?

- $ax^2 + bx + c = 0 \quad (a \neq 0)$
- $x^2 + \frac{b}{a}x + \frac{c}{a} = 0$
- $x^2 + \frac{b}{a}x + (\frac{b}{2a})^2 = -\frac{c}{a} + (\frac{b}{2a})^2$
- $(x + \frac{b}{2a})^2 = \frac{b^2 - 4ac}{4a^2}$
- $x + \frac{b}{2a} = \frac{\pm\sqrt{b^2 - 4ac}}{2a}$
- $x = \frac{-b \pm \sqrt{b^2 - 4ac}}{2a}$

① 분수는 파워포인트와 개체 연결로 입력한다.
② '입력' 메뉴의 수식에서 '수식 편집기'를 이용하여 입력한다.
③ '입력' 메뉴의 도형에서 '그리기 개체'를 이용하여 입력한다.
④ '입력' 메뉴의 문자표에 있는 '수학 연산자'를 이용하여 입력한다.
⑤ 2차 함수식을 입력할 때에는 문자표의 위 첨자를 이용하여 입력한다.

32. 다음 엑셀 파일에서 SUM 함수를 사용하여 2022년과 2023년에 생산한 재료들의 총생산량을 구하고자 할 때 적절한 함수식은?

	A	B	C	D
1	연도	2022년	2023년	증감률
2	계	302,500	337,200	0.11
3	볼 베어링	23,000	26,000	0.13

① =SUM(A2 : C2)　② =SUM(B1 : C1)　③ =SUM(B2 : C2)
④ =SUM(B2 : C3)　⑤ =SUM(B2 : D3)

33. 다음 글은 '14나노 D램 양산'에 관한 기사의 일부이다. 밑줄 친 '나노'의 의미와 'D램'의 특징으로 옳은 것은?

> D램 시장 점유율 1위인 ○○기업이 극자외선(EUV) 공정을 적용한 업계 최소 선폭의 14나노(나노미터=10억분의 1m) 이하 D램 양산에 돌입했다. 차세대 D램 수요가 늘고 있는 메모리반도체 시장에서 지속적으로 초격차를 유지하겠다는 전략으로 풀이된다.
>
> ○○기업 측은 "선제적 EUV 멀티레이어(다층) 공정 도입으로 장기적인 기술 경쟁력과 차별화된 원가 경쟁력을 확보할 수 있게 되었다"라고 밝히면서 "앞으로도 ○○기업은 메모리 분야의 리더로서 입지를 공고히 해 나갈 것"이라고 말했다.
>
> 시장조사기관 △△연구소에 따르면 ○○기업의 D램 시장 점유율(매출 기준)은 올해 1분기 41.2%에서 2분기 43.2%로 2%p가 증가하며 1위 자리를 유지했다.

	나노	D램
①	10^{-15}	전원이 꺼지면 내용이 모두 지워지는 휘발성 메모리
②	10^{-12}	바이오스(BIOS)나 운영체제(OS) 또는 펌웨어의 저장에 쓰임
③	10^{-9}	컴퓨터에서 데이터를 판독하고 기록할 수 있는 기억 장치
④	10^{-9}	전원을 제거해도 데이터가 지워지지 않는 비휘발성 메모리
⑤	10^{-7}	저장된 데이터를 반영구적으로 보관하는 기억 장치

34. 강 과장이 다음과 같은 자료를 분류하려고 한다. 각 기준에 따른 분류로 적절하지 않은 것은?

〈강 과장의 자료〉

(A) 설치미술의 역사 (강의용)_11.ppt	(B) 저작권법의 이해 (배포용)_03.doc	(C) 풍경과 미술 (강의용)_03.ppt
(D) 한국인의 법과 생활 (강의용)_03.ppt	(E) 개념미술의 이해 (배포용)_11.doc	(F) 세계의 공공미술들 (참고용)_11.pdf

※ 자료들의 파일명만을 나타낸 것이며, 파일명은 '제목(용도)_작성월.확장자'의 형태로 이루어져 있다.

	기준	목록
①	확장자 기준	(A), (E), (F) / (C), (D) / (B)
②	시간적 기준	(A), (E), (F) / (B), (C), (D)
③	주제적 기준	(A), (C), (E), (F) / (B), (D)
④	기능적 기준	(A), (C), (D) / (B), (E) / (F)
⑤	확장자 기준	(A), (C), (D) / (B), (E) / (F)

[35 ~ 36] 다음 〈규칙〉과 프로그래밍 명령어를 보고 이어지는 질문에 답하시오.

규칙

- len() 함수는 문자열의 길이를 나타낸다.
- 따옴표는 문자열에 포함하지 않는다.
- 띄어쓰기는 문자열에 포함한다.
- 변수2=변수1[] 수식으로 원하는 변수의 문자열에서 원하는 위치의 문자를 추출할 수 있다.
- 추출한 문자들은 '+' 기호로 연결할 수 있다.
- 문자의 위치는 문자열의 왼쪽을 기준으로 0부터 시작된다.

```
>>> A='Hello World'
>>> B='Nice to meet you'
>>> C=len(A)*len(B)
>>> New_A=A[㉠]+B[㉡]+B[㉢]+A[㉣]
```

35. 다음 프로그래밍 명령어에서 C의 결과로 옳은 것은?

① 143 ② 160 ③ 176
④ 221 ⑤ 230

36. 프로그래밍 명령어를 보고 New_A='Home'을 만들고자 할 때, ㉠ ~ ㉣에 들어갈 숫자로 올바르게 짝지어진 것은?

	㉠	㉡	㉢	㉣
①	1	4	6	4
②	1	5	7	2
③	0	6	6	2
④	0	6	8	1
⑤	0	8	9	2

[37 ~ 38] ○○공사 박 팀장이 엑셀 프로그램으로 승진대상자 평가표를 작성하고 있다. 이어지는 질문에 답하시오.

	A	B	C	D	E	F	G	H
1	승진대상자 평가표 (A)							
2								
3							인원수(명)	6
4	번호	이름	직무분석	실무분석	리더십	창의력	합계	순위
5	1	손오상	92	78	77	80	327	4
6	2	김하늘	85	70	68	84	307	6
7	3	정수진	75	80	89	78	322	5
8	4	조유나	95	87	98	93	373	1
9	5	오현아	68	92	89	81	330	3
10	6	함유경	88	78	75	90	331	2
11								
12								
13	승진대상자 평가표 (B)							
14								
15							인원수(명)	6
16	번호	이름	직무분석	실무분석	리더십	창의력	합계	순위
17	1	손*상	92	78	77	80	327	4
18	2	김*늘	85	70	68	84	307	6
19	3	정*진	75	80	89	78	322	5
20	4	조*나	95	87	98	93	373	1
21	5	오*아	68	92	89	81	330	3
22	6	함*경	88	78	75	90	331	2

37. '승진대상자 평가표 (A)'의 [H5] 셀에 들어갈 순위를 구하기 위한 함수로 옳은 것은?

① =COUNT(G5 : G10, G5)
② =ORDER(G5, G5 : G10)
③ =RANK(G5, G5 : G10)
④ =RANK(G5 : G10, G5)
⑤ =RANK(G5 : G4, G10)

38. '승진대상자 평가표 (B)'에서 개인정보를 보호하기 위하여 [B17] ~ [B22] 셀의 이름을 일부분 보이지 않게 처리하였다. 이때 박 팀장이 사용한 함수는?

① REPT 함수
② IF 함수
③ REPLACE 함수
④ CHANGE 함수
⑤ TEXT 함수

[39 ~ 40] 다음은 S 은행의 모바일뱅킹 애플리케이션 설계를 위한 구조도이다. 이어지는 질문에 답하시오.

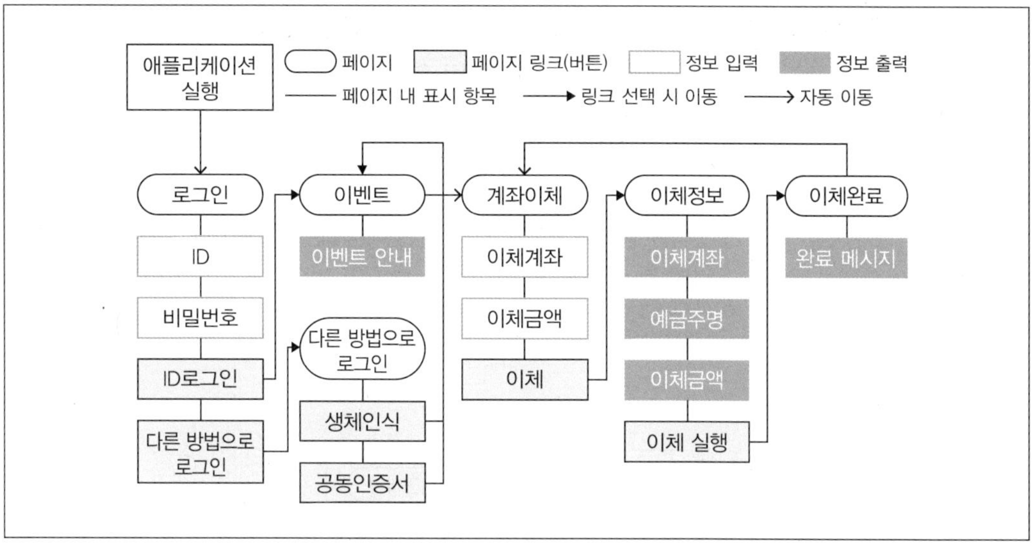

39. 위 구조도를 참고할 때, 애플리케이션의 작동 과정에 대한 설명으로 옳은 것은?

① 이체계좌와 이체금액을 입력한 후 '이체'를 누르면 사용자가 입력한 정보와 함께 이에 따른 예금주명 정보를 추가 출력하면서 이체가 완료된다.

② 이체를 실행한 후 추가로 이체를 하고 싶다면 재로그인 과정 없이 '이체완료' 페이지에서 '완료 메시지'를 선택하여 계좌이체 페이지로 되돌아갈 수 있다.

③ 모든 로그인 방법에 상관없이 로그인 직후에는 '이벤트' 페이지가 표시되며, 이때 별도의 조작 없이 '계좌이체' 페이지로 자동 이동한다.

④ 로그인을 위해서는 애플리케이션 실행 후 첫 번째 창에서 ID와 비밀번호를 입력하여 로그인하거나, '다른 방법으로 로그인' 버튼을 선택 후 생체인식과 공인인증서 정보를 제시되는 칸에 입력하여 로그인하여야 한다.

⑤ ID와 비밀번호를 입력한 후 'ID로그인'과 '계좌이체' 버튼을 선택하면 '계좌이체' 페이지로 바로 넘어가 이체를 진행할 수 있다.

40. 다음과 같이 애플리케이션 기능을 변경 및 추가하여 업데이트하려고 한다. 이를 반영한 애플리케이션 설계 구조도로 적절한 것은? (단, '···'는 해당 페이지 내 변경사항이 없음을 의미한다)

추가 기능	상세 내용
메인 페이지	1) 로그인 직후 '메인' 페이지로 연결 2) '계좌조회', '계좌이체' 버튼 선택 시 각 페이지로 이동 3) 2)의 하단에 이벤트 안내 표시(기존 '이벤트' 페이지 삭제)
계좌조회 기능	1) '계좌조회' 선택 시 입출금내역 출력 2) 출력된 입출금내역 하단에서 '입금내역'과 '출금내역' 버튼 선택 시 페이지 이동 후 각 정보 출력 3) 계좌조회 기능 내 모든 페이지에 '메인' 페이지 복귀 링크 부여

①

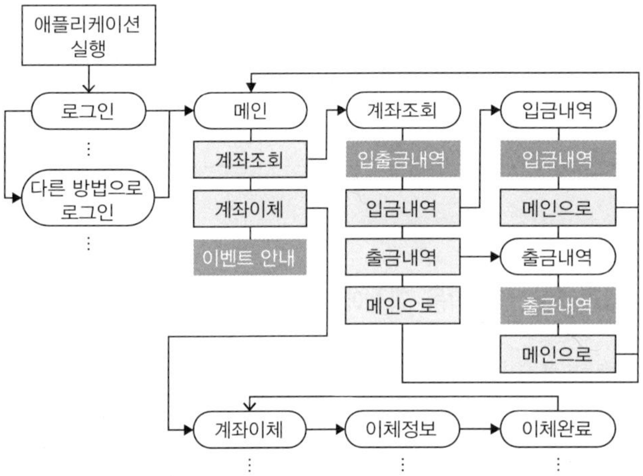

②

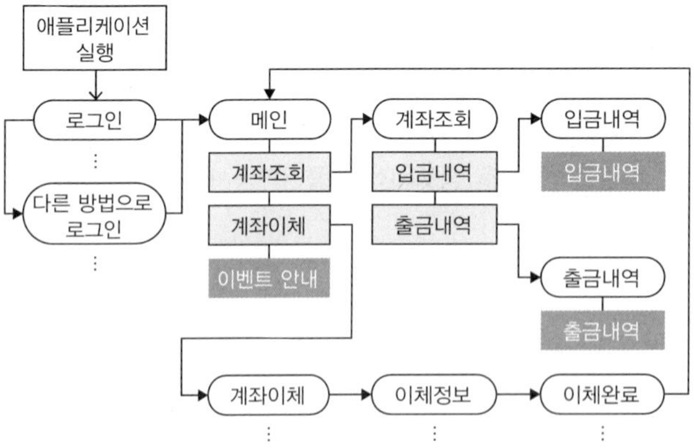

③

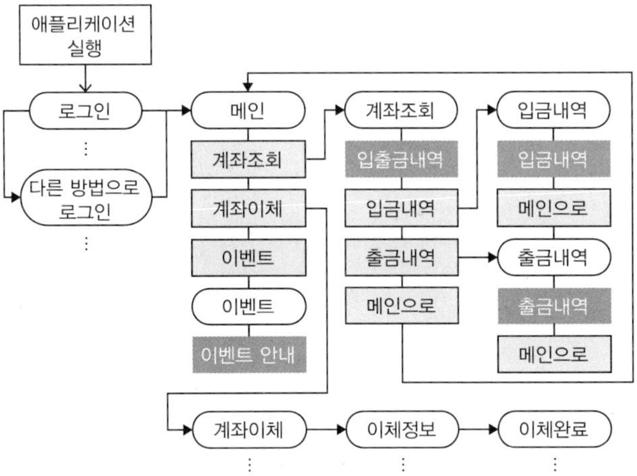
애플리케이션 실행
로그인
다른 방법으로 로그인
메인
계좌조회
계좌이체
이벤트
이벤트
이벤트 안내
계좌조회
입출금내역
입금내역
출금내역
메인으로
입금내역
입금내역
메인으로
출금내역
출금내역
메인으로
계좌이체
이체정보
이체완료

④

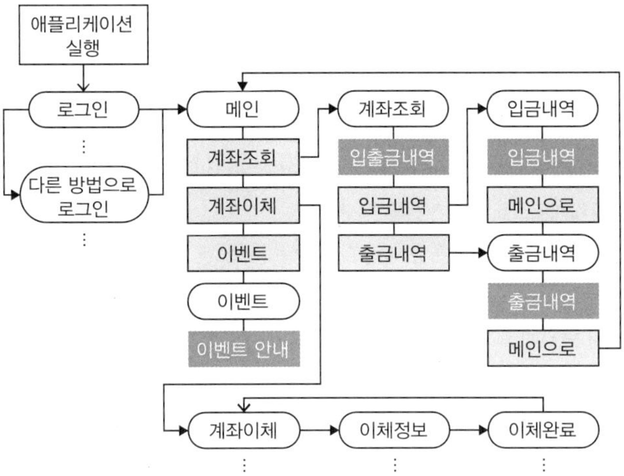
애플리케이션 실행
로그인
다른 방법으로 로그인
메인
계좌조회
계좌이체
이벤트
이벤트
이벤트 안내
계좌조회
입출금내역
입금내역
출금내역
입금내역
입금내역
메인으로
출금내역
출금내역
메인으로
계좌이체
이체정보
이체완료

⑤

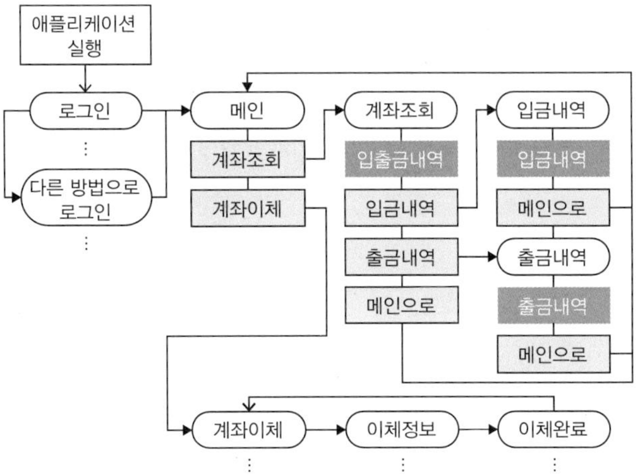
애플리케이션 실행
로그인
다른 방법으로 로그인
메인
계좌조회
계좌이체
계좌조회
입출금내역
입금내역
출금내역
메인으로
입금내역
입금내역
메인으로
출금내역
출금내역
메인으로
계좌이체
이체정보
이체완료

고시넷 한국사회능력개발원 + 휴스테이션 NCS

영역별 출제비중

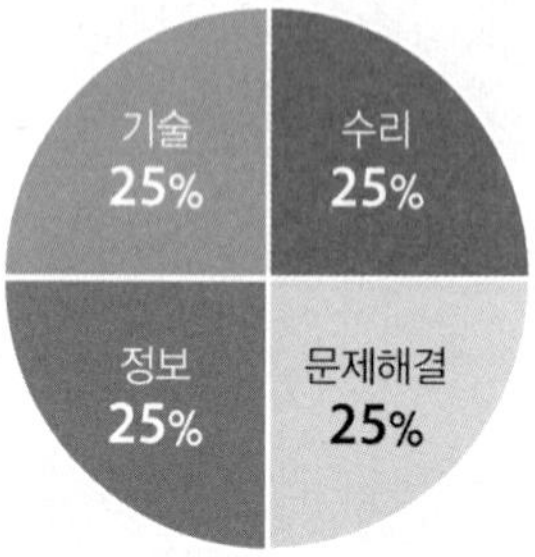

▶ 연산식과 수의 규칙에 따라 계산하는 문제
▶ 도표 자료의 수치를 분석하는 문제
▶ 자료와 조건을 바탕으로 문제를 해결하는 문제
▶ 정보를 처리하고 컴퓨터를 활용하는 문제
▶ 기술의 특성과 발전을 이해하는 문제

한사능형 수리능력에서는 수식을 세우거나 숫자의 배열 규칙을 파악하여 연산하는 문제와 도표 자료의 수치를 분석하는 문제가 출제되었다. 문제해결능력에서는 명제를 바탕으로 추론하거나 자료와 조건을 바탕으로 결론을 도출하는 문제가 출제되었다. 정보능력에서는 워드프로세서, 엑셀 등의 컴퓨터 활용 문제와 정보, 데이터 등의 정보 용어의 개념을 파악하는 문제가 출제되었다. 기술능력에서는 여러 종류의 기술을 이해하거나 상황에 맞게 기술을 선택하는 문제가 주로 출제되었으며, 기술의 발전 단계에 대한 이해 문제도 출제되었다.

한사능 + 휴스테이션

3회 출제유형모의고사

영역	총 문항 수
수리능력	60문항
문제해결능력	
정보능력	
기술능력	

NCS란? 산업 현장에서 직무를 수행하기 위해 요구되는 각종 지식, 기술, 태도 등의 내용을 국가가 체계화한 것을 의미한다.

기출예상문제

문항수 | 60문항
시험시간 | 60분

▸ 정답과 해설 23쪽

01. A 역과 B 역 사이의 거리는 100km이고, 모든 열차는 A 역과 B 역 사이를 편도로 1시간 이동한다. 열차가 10시부터 A 역에서는 20분, B 역에서는 15분 간격으로 출발한다면 두 열차가 50km 지점에서 두 번째로 만나는 시각은? (단, 모든 열차는 일정한 속도로 운행한다)

① 10시 50분 ② 11시 00분
③ 11시 30분 ④ 11시 45분

02. 1시와 2시 사이에 시침과 분침이 서로 반대쪽으로 향하여 가장 일직선에 가까운 시각은?

① 1시 37.57분 ② 1시 38.18분
③ 1시 38.20분 ④ 1시 38.21분

03. 다음 표를 참고할 때 A+B+C+D의 값은?

합계	34	34	44
36	A	C	C
32	A	D	D
44	B	A	B

① 46 ② 48
③ 50 ④ 52

04. 다음 숫자들의 배열 규칙에 따라 빈칸에 공통으로 들어갈 알맞은 숫자는?

2	5	( )	−2	−5	−3	2
27	81	9	243	( )	729	1

① 1　　② 3

③ 5　　④ 9

05. 다음 숫자들의 배열 규칙에 따라 빈칸에 들어갈 알맞은 숫자는?

6		7	7		5	9		5	7		8
	3			4			6			( )	
3		5	2		4	6		4	6		4

① 2　　② 3

③ 4　　④ 5

06. 다음 숫자들의 배열 규칙에 따라 빈칸에 들어갈 알맞은 숫자는?

1	5	5	8	9	11	13	14	17	( )

① 15　　② 16

③ 17　　④ 18

07. 한 판에 원가가 7,000원, 판매가가 10,000원인 어떤 피자를 팔아 월 600만 원의 세후 이익을 남기려고 한다. 월 임대료가 90만 원이라면 몇 판의 피자를 팔아야 하는가? (단, 이익에 대한 세금은 20%이며, 이익은 월 임대료를 지불한 후의 최종 이익을 의미한다)

① 2,700판
② 2,750판
③ 2,800판
④ 2,850판

08. A는 개발업체 B와 각각 8억 원, 10억 원, 90억 원, 200억 원 규모의 토지정비계약을 맺었다. 그러나 네 계약 모두 마감일을 넘겨 계약 페널티가 부과되었다. 페널티 납부 기한까지 페널티를 내지 않으면 체납된 납부금에 대하여 20%의 가산금이 1회 부과된다고 할 때, 다음 중 옳지 않은 것은?

〈계약 페널티 기준〉

계약금액	계약 페널티
10억 원 미만	총 계약금액의 1%
10억 원 이상 ~ 100억 원 이하	1,500만 원+10억 원 초과분의 4%
100억 원 초과	4억 원+100억 원 초과분의 10%

① 8억 원 계약에 대한 페널티 전액을 체납했다면 가산금은 80만 원이다.
② 10억 원 계약에 대한 페널티 절반을 체납했다면 내야 할 돈은 900만 원이다.
③ 90억 원 계약에 대한 페널티 중 3억 원을 납부하고 나머지를 체납했다면 가산금은 700만 원이다.
④ 200억 원 계약에 대한 페널티 중 12억 원을 납부하고 나머지를 체납했다면 내야 할 돈은 2억 4천만 원이다.

09. A와 B는 〈규칙〉에 따라 진행하는 카드 게임을 하고 있다. 다음 중 옳은 설명은?

규칙

- 1 ~ 15의 숫자가 각각 1개씩 적힌 숫자 카드 15장과 +, −, ×, ÷의 연산기호가 각각 1개씩 적힌 연산기호 카드 4장이 있다.
- 숫자 카드와 연산기호 카드는 서로 구분되어 있으며 카드는 공개되지 않은 상태로 시작한다.
- 숫자 카드와 연산기호 카드를 조합한 최종 계산 결과가 50과 더 가까운 사람이 이긴다.
- A가 먼저 숫자 카드 3장과 연산기호 카드 1장을 뽑은 후 B가 숫자 카드 3장과 연산기호 카드 1장을 뽑는다.
- B가 먼저 숫자 카드 1장을 반납한 후 A가 숫자 카드 1장을 반납한다. 이때 반납한 카드는 공개된다.
- 반납한 카드를 포함하여 B가 먼저 숫자 카드 2장과 연산기호 카드 1장을 더 뽑은 후 A가 숫자 카드 2장과 남은 연산기호 카드 1장을 뽑는다.
- A와 B는 보유하고 있는 숫자 카드 4장과 연산기호 카드 2장을 조합하여 최종 결과를 도출한다(단, 숫자 카드는 3장, 연산기호 카드는 2장을 사용해야 한다).

① A와 B의 계산 결과가 모두 50이 될 수도 있다.

② 보유한 연산기호 카드가 +와 ×라면 반드시 이기게 된다.

③ 보유한 연산기호 카드가 +와 ÷라면 계산 결과가 50이 될 수 없다.

④ A가 처음에 11, 12, 13, ×를 뽑고, 13을 반납한 후 B가 반납한 숫자 카드 5와 연산기호 ÷, 숫자 카드 10을 뽑는다면 A가 반드시 이기게 된다.

10. 다음은 6명의 학생으로 구성된 어느 동아리의 개인별 일대일 개인 채팅방 현황을 나타낸 것이다. 〈규칙〉을 토대로 이를 이해한 내용으로 옳은 것은?

〈동아리의 일대일 개인 채팅방 현황〉

구분	희정	경민	승호	일규	택기	지민
희정	0	1	0	0	1	0
경민	1	0	1	0	1	1
승호	0	1	0	1	0	1
일규	0	0	1	0	1	0
택기	1	1	0	1	0	0
지민	0	1	1	0	0	0

규칙

- 표에서 서로 다른 두 학생이 동일한 일대일 개인 채팅방에 참여하고 있으면 1로, 그 이외 경우에는 0으로 나타낸다.
- 학생 수를 N으로 할 때, 학생들이 참여할 수 있는 모든 일대일 채팅방의 개수는 $\frac{N(N-1)}{2}$이다.
- 일대일 채팅방의 밀도 = $\frac{\text{학생들이 참여하고 있는 일대일 채팅방의 개수}}{\text{학생들이 참여할 수 있는 모든 일대일 채팅방의 개수}}$

① 동아리 학생들이 참여하고 있는 모든 일대일 채팅방의 개수는 36개이다.

② 참여하고 있는 채팅방의 수가 가장 많은 학생은 택기이다.

③ 희정은 승호와 일대일 채팅방에 참여하고 있지 않지만, 희정은 경민, 경민은 일규와 일대일 채팅방에 참여하고 있다.

④ 동아리에 새로 가입한 학생 재민이 희정, 지민과 각각 일대일 채팅방을 개설하면 동아리의 일대일 채팅방 밀도는 낮아진다.

11. 다음 자료에 대한 설명으로 올바르지 않은 것은?

〈전국 문화체육관광산업별 사업체 수 현황〉

(단위 : 개)

구분	문화산업	예술산업	스포츠산업	관광산업	합계
전국	137,372	225,282	132,577	79,687	574,918
서울	45,222	68,647	29,198	10,445	153,512
부산	8,160	14,881	9,245	3,929	36,215
대구	6,895	12,670	6,524	2,160	28,249
인천	5,762	7,978	5,869	3,192	22,801
광주	4,512	6,703	3,831	1,300	16,346
대전	4,298	6,382	3,691	1,112	15,483
울산	2,626	3,824	2,951	1,331	10,732
세종	484	667	481	178	1,810
경기	26,048	46,513	28,826	12,433	113,820
강원	3,724	5,928	5,113	8,935	23,700
충북	3,771	5,590	4,179	2,914	16,454
충남	4,208	6,681	5,238	4,485	20,612
전북	3,980	7,787	4,797	3,411	19,975
전남	3,709	6,418	4,913	4,967	20,007
경북	5,797	9,648	6,851	6,122	28,418
경남	6,650	12,114	8,439	7,566	34,769
제주	1,526	2,851	2,431	5,207	12,015

① 17개 지역 전체에서 사업체가 가장 많은 산업은 예술산업이다.

② 제시된 산업 분야 중 스포츠산업 분야 사업체 수가 두 번째로 많은 지역은 모두 9곳이다.

③ 제시된 산업 분야 중 관광산업 분야의 사업체 수는 11개 지역에서 가장 적다.

④ 서울과 경기 지역의 각 산업별 사업체 수의 합이 전국 대비 50%가 넘지 않는 산업은 관광산업이 유일하다.

[12 ~ 13] 다음은 20X1 ~ 20X3년의 우리나라 10대 수출 품목에 관한 자료이다. 이어지는 질문에 답하시오.

〈우리나라 10대 수출 품목〉

(단위 : 백만 불)

구분	20X1년		20X2년		20X3년	
	품목명	금액	품목명	금액	품목명	금액
1위	반도체	93,930	반도체	99,177	반도체	127,980
2위	자동차	43,036	자동차	37,399	자동차	46,465
3위	석유제품	40,691	석유제품	24,168	석유제품	38,121
4위	자동차부품	22,535	선박해양구조물 및 부품	19,749	합성수지	29,144
5위	평판디스플레이 및 센서	20,657	합성수지	19,202	선박해양구조물 및 부품	22,988
6위	합성수지	20,251	자동차부품	18,640	자동차부품	22,776
7위	선박해양구조물 및 부품	20,159	평판디스플레이 및 센서	18,151	철강판	22,494
8위	철강판	18,606	철강판	15,997	평판디스플레이 및 센서	21,573
9위	무선통신기기	14,082	컴퓨터	13,426	컴퓨터	16,816
10위	플라스틱 제품	10,292	무선통신기기	13,184	무선통신기기	16,194
10대 품목 수출액	-	304,239	-	279,093	-	364,551

12. 다음 중 위 자료에 대한 설명으로 옳지 않은 것은?

① 20X2년에 10대 수출 품목 순위에 신규 진입한 품목은 컴퓨터뿐이다.

② 20X2년 10대 수출 품목에서 순위는 전년 대비 상승했지만 수출 금액이 전년 대비 감소한 품목은 합성수지뿐이다.

③ 20X3년 10대 수출 품목의 수출 금액은 순위의 변화와 상관없이 모든 품목에서 전년 대비 증가하였다.

④ 20X1년부터 20X3년까지 10대 수출 품목에서 3년 동안 순위의 변화가 없는 품목은 반도체, 자동차, 석유제품 세 품목이다.

13. 위 자료에서 10대 수출 품목 중 플라스틱 제품 외에 그 순위가 계속 하락한 품목의 3년간 수출 금액의 평균은?

① 19,032백만 불
② 20,127백만 불
③ 20,965백만 불
④ 21,317백만 불

14. ○○공사는 현재 철도이용객 수가 많고 향후 3년간 철도이용의 증가율이 높은 도시에 정차역을 신설하려고 한다. 다음 자료를 참고할 때, 가장 적절한 것은?

도시	총인구(만 명)	철도이용 비율(%)	향후 3년간 철도이용의 변동률(%)		
			2021년	2022년	2023년
A	350	3	−5	10	−20
B	250	5	5	1	−20
C	270	4	5	6	10
D	110	11	10	12	10

① 총인구수가 가장 많은 A 도시에 우선 정차역을 신설한다.
② 현재 각 도시 중 철도이용객 수가 가장 많은 B 도시에 우선 정차역을 신설한다.
③ 향후 3년간 철도이용객 수의 증가율이 가장 높은 C 도시에 우선 정차역을 신설한다.
④ 현재 철도이용객 수가 두 번째로 많지만, 향후 3년간 증가율이 가장 높은 D 도시에 우선 정차역을 신설한다.

15. 다음은 국내 은퇴연령 신용불량자에 관한 자료이다. 이를 이해한 내용으로 적절한 것을 〈보기〉에서 모두 고르면?

〈은퇴연령 신용불량자 추이〉

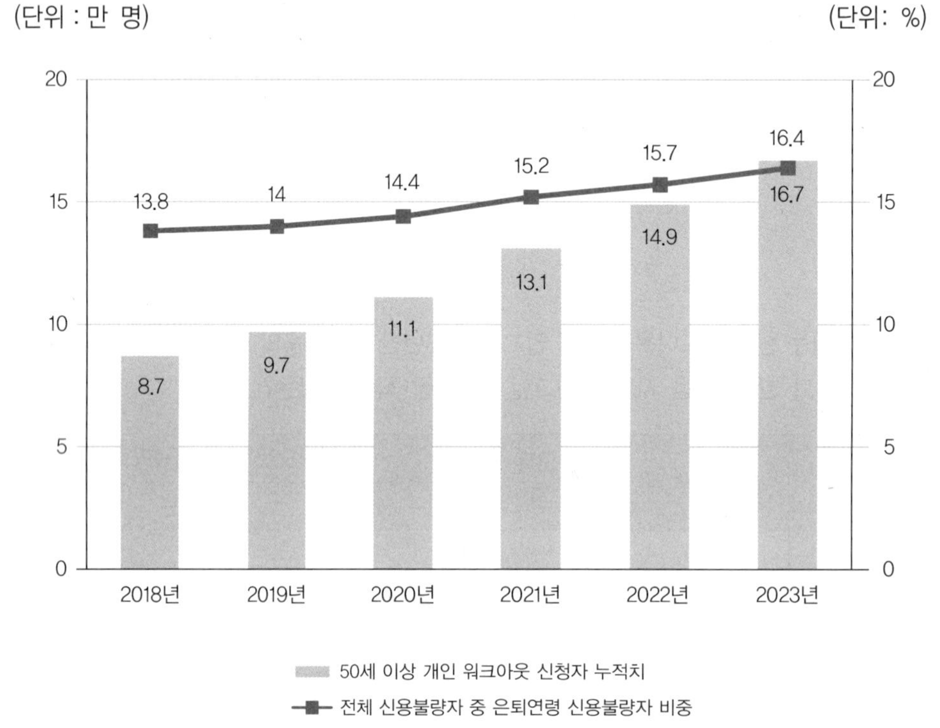

보기

ㄱ. 2023년에 50세 이상 개인 워크아웃 신청자는 2018년 대비 약 8만 명이 늘어났다.
ㄴ. 전체 신용불량자 중 은퇴연령 신용불량자 비중과 50세 이상 개인 워크아웃 신청자의 증감폭이 가장 큰 시기는 2021년과 2022년 사이이다.
ㄷ. 50세 이상 개인 워크아웃 신청자 누적치의 전년 대비 증가율은 2019 ~ 2023년 동안 지속적으로 늘어나고 있다.
ㄹ. 2023년의 전체 신용불량자 중 은퇴연령 신용불량자 비중은 2018년 대비 2.6%p가 증가하였다.

① ㄱ, ㄷ　　② ㄱ, ㄹ
③ ㄴ, ㄷ　　④ ㄷ, ㄹ

16. 다음 글에서 설명하고 있는 창의적 사고기법으로 적절한 것은?

> 미국의 주방가전제품 전문 메이커인 H사에서 개발한 기법이다. 이 기법은 회의를 거쳐 활용하고, 현재의 상태를 더욱 바람직하고 개선된 상태로 만들기 위해 적극적으로 아이디어를 내며 구체적으로 사고함으로써 실제로 적용 가능한 아이디어를 도출한다. 단점을 보완하고 개선하기 위해 그 대상의 단점을 분석한 다음, 구체적인 아이디어를 내놓는 기법이기도 하다.

① 여섯 색깔 생각의 모자
② 브레인스토밍(Brainstorming)
③ 만다라트법(Mandal－Art)
④ 희망점 · 결점 열거법

17. 다음 광고에서 범하고 있는 논리적 오류의 종류로 적절한 것은?

> **S대 합격생도 다녔던**
> **수학 학원!**
>
> 수리왕의 교육방식은 믿음입니다.
> S대에 합격한 김민수 군도 수리왕에만 다녔습니다.
>
> 어려운 수학, 수리왕이 해결해 드리겠습니다.
>
> 수학 학원 수리왕
> Tel : ○○○－○○○○

① 부적합한 권위에의 호소
② 무지의 오류
③ 다수 원인의 오류
④ 사적관계에의 호소

18. 다음 대화의 ㉠과 ㉡에 들어갈 말을 가장 적절하게 나열한 것은?

> 갑 : 사업기획부와 신전략사업부가 회의에 참석한다면, 자산관리부도 참석해.
> 을 : 자산관리부는 회의 기간 중 회계검사 때문에 참석하지 못해.
> 갑 : 그럼 사업기획부와 신전략사업부 중 적어도 한 부서는 참석하지 못하겠네.
> 을 : 그리고 사업기획부와 정보운영부 중 한 부서만 참석해.
> 갑 : 그렇다면 사업기획부는 회의에 반드시 참석하겠네.
> 을 : 그렇다는 건, 너는 ______㉠______고 생각하는구나.
> 갑 : 그렇지. 그리고 우리 생각이 모두 참이면, 교육기획실과 연구기획실 모두 참석해.
> 을 : 그래. 그 이유는 ______㉡______ 때문이지.

① ㉠ : 정보운영부가 회의에 불참한다
㉡ : 신전략사업부가 회의에 불참하면 교육기획실과 연구기획실 모두 참석하기

② ㉠ : 정보운영부가 회의에 불참한다
㉡ : 교육기획실과 연구기획실 모두 회의에 참석하면 신전략사업부도 참석하기

③ ㉠ : 신전략사업부가 회의에 불참한다
㉡ : 신전략사업부가 회의에 참석하면 교육기획실과 연구기획실 모두 참석하기

④ ㉠ : 신전략사업부가 회의에 불참한다
㉡ : 교육기획실과 연구기획실 모두 회의에 참석하면 신전략사업부는 불참하기

19. 전제가 다음과 같을 때, 참인 결론이 아닌 것은?

> • 사과, 복숭아, 살구는 호흡량이 높다.
> • 호흡량이 높으면 과일의 부패 호르몬인 에틸렌(Ethylene) 생성이 활발하다.
> • 에틸렌에 민감한 과일의 경우 호흡량이 높은 과일과 같이 보관하면 쉽게 부패된다.
> • 키위, 오이, 감, 배는 에틸렌에 민감하다.

① 복숭아와 오이를 같이 보관하면 오이가 쉽게 부패된다.

② 사과는 에틸렌 생성이 활발하다.

③ 키위와 같이 보관된 복숭아는 쉽게 부패된다.

④ 살구는 호흡량이 높고 에틸렌 생성이 활발하다.

20. 오늘 하루 ○○공사 각 부서에서는 소외계층을 대상으로 실시하고 있는 사회공헌 업무를 지원하고자 한다. 부서별로 지원 가능한 인원에 대한 정보가 다음과 같을 때, 5개 부서에서 오늘 완성할 수 있는 방한용품 세트는 총 몇 개인가?

〈부서별 지원 인원〉

부서명	지원 가능 인원
총무처	4명
영업기획처	1명
철도사업처	1명
승무기획처	2명
비상계획처	2명

〈방한용품 세트 포장 정보〉

- 기본적으로 30분 작업 후 10분간의 휴식 시간을 가진다.
- 한 사람이 하나의 방한용품 세트를 포장하는 데 5분이 소요된다.
- 방한용품 세트 포장 작업은 오후 3시에 시작하여 오후 6시에 마감한다.
- 승무기획처는 오후 5시에 회의를 진행해야 하므로 그 전까지만 작업이 가능하다.

① 250개　② 260개
③ 270개　④ 280개

21. △△기업 과자 랜덤박스에서 나올 수 있는 간식의 원칙이 다음과 같을 때, 한결이가 받은 랜덤박스에서 나올 수 있는 최대 간식은 무엇인가?

- 초코과자가 나오면 딸기샌드가 나오고, 막대사탕이 나와야 건빵이 나온다.
- 랜덤박스에는 초코과자가 나오거나 막대사탕이 나온다.
- 딸기샌드가 나오거나 건빵이 나오면, 젤리가 나오거나 시리얼이 나온다.
- 한결이의 랜덤박스에서 젤리는 나오지 않았다.
- 한결이의 랜덤박스에서 막대사탕은 나오지 않았다.

① 시리얼, 딸기샌드　② 초코과자, 딸기샌드
③ 시리얼, 건빵, 딸기샌드　④ 초코과자, 딸기샌드, 시리얼

22. 다음은 ○○시 조기축구대회에 참가한 1조 4팀의 예선경기 결과이다. 이 중 승리 경기 수가 가장 많은 2팀이 본선에 진출하고, 승리 경기 수가 같은 경우에는 〈본선진출팀 결정규칙〉의 규칙을 순서대로 적용할 때, 1조의 본선진출팀을 최종적으로 결정함에 있어서 적용된 기준은?

〈1조 예선경기 결과〉

구분	수달 FC	패션 FC	앞산 FC	신천 FC
수달 FC	–	5 : 1	2 : 1	2 : 0
패션 FC		–	5 : 4	1 : 2
앞산 FC			–	4 : 1
신천 FC				–

※ 표 안의 각 경기결과를 나타내는 숫자는 행 팀의 '득점 : 실점'을 의미한다. 예를 들어, 5 : 1은 행 팀의 5점 득점, 1점 실점을 의미한다.

〈본선진출팀 결정규칙〉

규칙 1 : 총 득실차가 가장 높은 팀이 진출
규칙 2 : 총득점이 가장 많은 팀이 진출
규칙 3 : 총 실점이 가장 적은 팀이 진출
규칙 4 : 승리 경기수가 같은 팀 간의 예선경기 결과로 결정
규칙 5 : 승리 경기수가 같은 팀 간 본선진출전 경기 실시

① 승리 경기수
② 규칙 1
③ 규칙 2
④ 규칙 3

23. 인력 구조조정으로 가 ~ 바 6개 지사의 최고책임자인 A ~ F 지사장 6명의 인사발령이 연초 본사로부터 있었다. 본사와 지사의 배치가 〈보기〉와 같을 때, 다음 중 가 ~ 바 지사의 지사장을 순서대로 나열한 것은?

보기

- 회사는 다음과 같이 순서대로 나란히 위치한다.
  본사 – 가 지사 – 나 지사 – 다 지사 – 라 지사 – 마 지사 – 바 지사
- C 지사장은 E 지사장 바로 옆 지사에 있지 않으며, B 지사장과는 바로 옆에서 근무한다.
- D 지사장은 A 지사장보다 본사에 더 가까운 곳에 근무한다.
- F 지사장이 근무하는 곳보다 본사에 더 가까운 지사는 1개이다.
- E 지사장은 라 지사의 최고책임자이다.

① B – D – E – F – A – C　　② B – F – A – E – D – C
③ D – F – A – E – C – B　　④ D – F – A – E – B – C

24. ○○기업 경영기획팀에 근무하는 이 사원은 올해의 글로벌 경영 환경을 분석하여 임원에게 보고하였다. 임원이 So What 사고를 활용한 구체적 실행 방안을 요구할 경우, 이 사원의 답변으로 가장 적절한 것은?

〈글로벌 경영 환경 분석 보고서〉

올해의 글로벌 경영 환경을 분석한 결과는 다음과 같습니다.

1. 지속적으로 미국의 금리가 인상될 가능성이 높음.
2. 중국과 미국의 무역 전쟁으로 우리나라의 대 중국 교역 여건은 고전이 예상됨.
3. 대 일본 수출은 위안부와 역사왜곡 등의 문제로 앞으로도 지속적으로 둔화가 예상됨.
4. 동남아시아가 새로운 진출 대상 지역으로 두각을 보여 각광 받을 전망임.

① 베트남을 집중 공략한다.
② 일본 측 바이어들을 모아서 대책을 수립한다.
③ 중국 수출 상품의 홍보 모델을 한류 스타로 교체한다.
④ 자금 운용상 채권 투자보다 주식 투자 비중을 늘린다.

[25 ~ 26] 다음은 ○○기업 간부들을 대상으로 진행한 특강에서 활용된 글이다. 이어지는 질문에 답하시오.

> "요즘 젊은 직원들은 회사 엘리베이터에서 만나도 인사를 잘 안하고 핸드폰만 들여다보고 있어요. 내가 신입일 땐 선배에게 90도로 허리를 굽혀서 폴더폰 인사를 했는데...."
>
> 요즘 기업의 선배들이 흔히 하는 볼멘소리다. 심지어 엘리베이터 안에서 선배를 대놓고 모른 척하는 후배들도 있다. 하지만 이들의 행동에는 나름의 이유가 있다. 이들에게 엘리베이터는 아직 회사가 아니며, 사무실 책상 앞에서 귀에 꽂은 이어폰을 빼는 순간 비로소 직장 라이프가 시작되기 때문이다. 이어폰은 단지 음악을 듣는 도구가 아니다. 외부로부터 '아직 개인인 나'를 지켜주는 방패다. 근로계약서에 업무 시간이 오전 9시부터 오후 6시까지로 명시되어 있다면 딱 9시 정각부터 업무를 시작하면 된다. 30분 일찍 나와 업무를 준비하라는 상사의 조언은 이들에게 그저 잔소리일 뿐이다.
>
> 요즘 직장인들에게는 계약서에 적혀 있는 사실만이 공정성의 기준이다. 따라서 계약서에 기반하지 않는 과도한 책임감을 요구하는 것은 공정성에 어긋난다. 점심시간을 온전히 보장받는 것도 계약 측면에서 보호받아야 하는 나만의 권리다. 상사가 함께 점심을 먹자고 해도 거절하고 혼자만의 점심시간을 즐기는 것도 바로 이 때문이다.
>
> 공정성을 요구하는 직장인들의 행태가 기성세대의 눈에 다소 이기적으로 보인다고 해서 그들의 업무 몰입도가 떨어지는 것은 아니다. 필요한 경우라면 야근에 주말 특근까지 하며 본인의 업무에 최선을 다한다. 굳이 과거와 다른 점을 비교하자면, 본인이 한 달간 수행한 야근 시간을 자투리까지 모아 그 시간에 해당되는 만큼의 '특별휴가'를 당당하게 요구한다는 점이다. 회사를 위해 마냥 희생만 하기보다는 자신이 투입한 노력만큼 그 대가도 확실히 요청한다. 기성세대에게는 다소 이해가 되지 않는 행동일 수 있지만, 근로계약서에 적혀 있는 내용을 근간으로 요구하는 사항이기 때문에 딱히 거절하기도 어렵다. 오히려 회사를 위해 본인이 투자한 노력에 대해 정당한 대가를 인정받을 수 있어, 야근이나 특근으로 인한 업무 스트레스가 감소하고 그에 따라 일의 효율성이 더 높아지기도 한다.

25. 윗글에서 알 수 있는 젊은 세대의 인식 변화와 가장 관련이 깊은 것은?

① 기능 중심의 수평적 관계를 지향한다.
② 계약과 매뉴얼을 중시한다.
③ 차별이 아닌 차이에 기반한 인사를 선호한다.
④ 지배형 리더보다는 서번트형 리더를 선호한다.

26. ○○기업은 조직 문화를 탈바꿈하기 위한 회의를 열었다. 다음 중 윗글의 견해를 바탕으로 한 의견을 모두 고른 것은?

ㄱ. A 주임 : 오늘날 젊은 세대에게 가장 중요한 것은 '공정성'입니다. 노력한 만큼 정당한 대가가 지급되도록 제도를 정비해야 합니다.
ㄴ. B 대리 : 동의합니다. 또한 상사들이 권력과 지위를 강조하는 것이 아니라, 부하직원들과의 신뢰 관계를 형성하는 데 중점을 두도록 사내 리더십 연수를 진행하면 좋겠습니다.
ㄷ. C 과장 : 인사평가에서도 직급에 상관없이 서로를 평가하는 하향식 평가 방식을 도입해서 편향과 오류를 최소화하는 것이 좋겠습니다.
ㄹ. D 사원 : 맞습니다. 공정성을 확보하기 위해서는 직원의 자질과 능력을 객관적으로 평가할 수 있어야 하고, 직급에 따라 특혜를 주는 무분별한 평가 시스템을 지양해야 합니다.

① ㄱ, ㄷ
② ㄱ, ㄹ
③ ㄱ, ㄴ, ㄹ
④ ㄴ, ㄷ, ㄹ

[27 ~ 28] 다음은 브레인스토밍 기법의 하나인 스캠퍼 기법에 대한 설명이다. 이어지는 질문에 답하시오.

스캠퍼(SCAMPER) 기법은 일종의 창의적 사고를 훈련하기 위한 방법이다. 스캠퍼 기법은 사고의 영역을 7개의 키워드로 정해 놓고 이에 맞는 새로운 아이디어를 생성한 뒤 실행 가능한 최적의 대안을 골라내기 때문에 브레인스토밍보다 구체적인 방안을 도출하기에 유용하다.

1. 스캠퍼 기법
   (1) 대체하기(Substitute) : 기존의 것을 다른 것으로 대체함으로써 고정적인 시각을 새롭게 바라볼 수 있도록 하는 질문
   (2) ㉠ 결합하기(Combine) : 두 가지 이상의 것을 결합하여 새로운 것을 도출할 수 있도록 하는 질문
   (3) 응용하기(Adapt) : 어떤 것을 다른 목적과 조건에 맞게 응용해 볼 수 있도록 하는 질문
   (4) 수정하기(Modify) – ㉡ 확대하기(Magnify) – ㉢ 축소하기(Minify) : 어떤 것의 특성이나 모양을 변형하고 확대, 축소하여 새로운 것을 생각해 볼 수 있도록 하는 질문
   (5) ㉣ 다른 용도로 생각하기(Put to other uses) : 어떤 것을 전혀 다른 용도로 생각해 볼 수 있도록 하는 질문
   (6) ㉤ 제거하기(Eliminate) : 어떤 것의 일부 또는 제거가 가능한 기능들을 찾아보는 질문
   (7) 반전하기(Reverse) – 재정렬하기(Rearrange) : 어떤 것의 순서, 위치, 기능, 모양 등을 바꾸거나 재정렬하여 새로운 것을 생각해 볼 수 있도록 하는 질문

2. 스캠퍼 진행 방법
   (1) 안건 및 의제 선정
   (2) 회의장소, 진행방향 결정
   (3) 주제에 대한 배경 설명
   (4) 아이디어 수집 및 정리
   (5) 아이디어 선택 및 실행

3. 스캠퍼 기법의 규칙
   (1) 주제 설명 : 회의 시작 전 주제에 관한 배경을 설명한다.
   (2) 비판 금지 : 공감되지 않는 아이디어라 할지라도 비판하거나 무시하지 않고 수용한다.
   (3) 다다익선 : 최대한 많은 아이디어를 모으고 서로 다른 아이디어들을 합쳐가며 새로운 아이디어를 도출한다.
   (4) 함께 선택 : 아이디어 수집 후 리더와 참여자 모두가 함께 최종 아이디어를 선택한다.
   (5) 적극적인 태도 : 참여자는 적극적인 태도로 회의에 참여하고 회의 진행자는 참여자가 주제에 집중할 수 있도록 진행한다.

27. 다음 중 윗글의 ㉠～㉤을 활용하여 도출한 아이디어의 예시가 바르게 연결된 것을 모두 고르면?

> ㉠ 신분증, 교통카드를 결합하여 하나의 카드로 만든다.
> ㉡ 역내의 만남의 광장을 어린이 놀이터로 리모델링한다.
> ㉢ 지하철의 크기를 줄여서 경전철을 만든다.
> ㉣ 역내 안전사고 예방을 위해 스크린도어를 설치한다.
> ㉤ 역내 개찰구를 없애 교통카드를 찍지 않아도 자동으로 요금이 결제되도록 한다.

① ㉠, ㉡ ② ㉢, ㉣
③ ㉠, ㉢, ㉤ ④ ㉡, ㉣, ㉤

28. 다음 중 스캠퍼 기법의 규칙에 대한 설명으로 가장 적절한 것은?

① 최종 아이디어를 선택할 때 참여자 의견보다 리더의 의견이 중요하군.
② 회의 진행자는 참여자들이 주제에 집중하여 적극적인 태도를 가지도록 유도하는군.
③ 상대방의 아이디어를 논리적으로 비판하는 과정에서 새로운 대안을 도출해 내는군.
④ 편견 없는 창의적 아이디어를 도출하기 위해 주제에 대한 배경지식은 중시하지 않는군.

[29 ~ 30] 다음은 ○○교통공사에 관한 SWOT을 순서 없이 나열한 것이다. 이어지는 질문에 답하시오.

〈○○교통공사의 SWOT〉

㉠ 장기적인 교통인프라 및 수주 확보의 어려움
㉡ 주변국 경쟁 업체들의 빠른 성장세
㉢ 부진한 해외시장 진출 현황
㉣ 안정하고 편리한 교통물류와의 융합기술 보유
㉤ 물류분야와 승객 수송능력의 성장
㉥ 시장의 요구에 맞게 재고 · 시간비용을 줄이는 물류분야
㉦ 새로운 시장 가치분석으로 투자를 통한 자금 확보
㉧ 인공지능을 통한 정교한 다기능 고속열차 개발
㉨ 기존의 인력과 인프라 활용에 대한 프로세스 부재
㉩ 새로운 운반시스템 개발에 따른 막대한 자금

29. 위의 SWOT 분석의 정보 중 강점에 해당하는 것을 모두 고르면?

① ㉦
② ㉣, ㉧
③ ㉧, ㉤
④ ㉣, ㉤, ㉧

30. 위 자료를 바탕으로 4차 산업혁명시대 교통시스템의 향후 변화에 대응하여 세운 SWOT 전략으로 알맞은 것을 〈보기〉에서 모두 고르면?

보기

ⓐ 새로운 투자자금을 확보하여 해외노선 시장 진출 지원
ⓑ 기존의 철도교통시스템에 강점을 갖고 있는 기업과 공동전략 구축 체결 추구
ⓒ AI(인공지능) 기반의 자율주행열차 개발로 타국 철도 업체와의 기술경쟁력 확보

① ⓑ
② ⓐ, ⓒ
③ ⓑ, ⓒ
④ ⓐ, ⓑ, ⓒ

31. 다음 중 자료의 단위에 대한 설명으로 옳지 않은 것은?

① 니블(Nibble)은 4개의 Bit로 구성되어 $2^4(=16)$개의 정보를 표현할 수 있다.

② 레코드(Record)는 파일 구성의 최소 단위로, 아이템(Item) 혹은 항목이라 한다.

③ 워드(Word)는 바이트의 모임이며 컴퓨터 내부의 명령 처리 단위로 $\frac{1}{2}$ 워드는 2Byte이다.

④ 데이터베이스(Database)는 파일의 집합으로 중복을 제거한 통합된 상호 관련 있는 데이터의 집합이다.

32. 다음 중 '정보'가 정보로서 더 높은 가치를 유지할 수 있도록 하는 방법을 〈보기〉에서 모두 고른 것은?

보기

ㄱ. 가변적이고 손쉽게 얻을 수 있어야 한다.
ㄴ. 적시성과 독점성을 가져야 한다.
ㄷ. 정보 사용자의 요구와 목적에 부합하여야 한다.
ㄹ. 공개되지 않거나 덜 공개된 정보여야 한다.

① ㄱ, ㄴ　　② ㄷ, ㄹ
③ ㄱ, ㄴ, ㄷ　　④ ㄴ, ㄷ, ㄹ

33. Windows의 '바로 가기' 기능에 관한 설명으로 옳은 것을 모두 고르면?

ㄱ. 바로 가기 아이콘을 삭제하면 연관 프로그램도 함께 삭제된다.
ㄴ. 바로 가기 아이콘은 실행하는 실제 파일의 경로에 대한 정보를 저장하고 있다.
ㄷ. 바로 가기 아이콘을 저장한 위치는 변경할 수 있다.

① ㄱ　　② ㄱ, ㄴ
③ ㄱ, ㄷ　　④ ㄴ, ㄷ

34. AA 공사 권 대리가 한글 워드프로세서를 이용하여 보고용 자료를 만들고 있다. 다음 중 (가)~(마)에 대한 설명으로 옳지 않은 것은?

위탁낙찰명세서 보고용 ← (가)

위 탁 낙 찰 명 세 서 ← (나)

중도매인 번호 OO 19호　　보증금 70,000천 원 / 담보 40,000천 원

(단위 : 천 원)

위탁번호	위탁시(지역)	위탁 대표자	위탁 금액
20X1-01	충청북도	김 대표	150,000
20X1-02	광주광역시	이 대표	140,000
20X1-03	세종특별시	박 대표	152,000
20X1-04	강원도	최 대표	151,000
20X1-05	대구광역시	강 대표	150,000
합계			
금일 입금액 5,000			

← (다) 합계 행
← (라) 금일 입금액 행

AA 공사 ← (마)

① (가)는 [머리말/꼬리말]에서 '머리말'로 입력한 것이다.

② (나)와 (마)는 '가운데 정렬'을 사용하여 문단을 정렬하였고, '장평'을 둘 다 동일하게 적용하였다.

③ (다)는 '블록 계산식' 기능을 사용하여 합계를 구할 수 있다.

④ (라)는 '셀 합치기' 기능을 사용하여 만들 수 있다.

[35 ~ 36] 다음 자료를 보고 이어지는 질문에 답하시오.

> (A)에서 하나의 파일은 독립적이고 어떤 업무를 처리하는 데 필요한 모든 정보를 갖고 있다. (B)도 (C)의 집합이므로 (D)라고 볼 수도 있으나, 일반적으로 (D)라 함은 여러 개의 서로 연관된 (B)을 의미한다. 이런 여러 개의 (B)이 서로 연관되어 있으므로 사용자는 여러 개의 (B)에 있는 정보를 한번에 검색해 볼 수 있다. (D) 관리시스템은 (C)와 (B), 그들의 관계 등을 생성하고, 유지하고 검색할 수 있게 해 주는 소프트웨어이다. 반면에 (B) 관리시스템은 한번에 한 개의 (B)에 대해서 생성, 유지, 검색을 할 수 있는 소프트웨어다.

35. 자료의 (A), (B), (C), (D)에 들어갈 말로 올바르게 짝지어진 것은?

	(A)	(B)	(C)	(D)
①	데이터베이스	파일	데이터	파일베이스
②	데이터시스템	데이터	파일	파일시스템
③	파일시스템	파일	데이터	데이터베이스
④	파일베이스	데이터	파일	데이터시스템

36. (D)에 대한 설명으로 옳지 않은 것은?

① 결함이 없는 (C)를 유지하는 것을 돕고, 한 곳에서만 수정해도 모두가 최신의 (C)를 이용할 수 있다.

② (C)의 중복을 줄여 유지비용을 낮추어 준다.

③ 사용자에 대한 개별 권한 부여를 통해 본인의 보안등급을 정할 수 있어 (C)의 보안성을 유지할 수 있다.

④ 방대한 (C)를 가지고 있어 원하는 (C)를 찾는 것이 어렵다는 단점을 가진다.

37. ○○대학에서 행정 업무를 하고 있는 김 사원은 셀 서식의 사용자 지정 형식 기능을 활용하여 다음과 같이 서식을 지정하려 한다. 다음 중 셀 서식의 사용자 지정 형식으로 설정하기에 가장 적절하지 않은 것은?

(가) 접수번호	00000부터 시작해서 입력값이 1, 2, 3…일 때, 결과값이 00100, 00200, 00300…이 되도록 지정하세요.
(나) 학과명	학과 이름만 입력해도 뒤에 학과가 붙도록 지정하세요.
(다) 학번	15학번보다 높은 학번을 입력하면 '졸업', 15학번을 포함하여 낮은 학번이면 학번이 출력되도록 지정하세요.
(라) 기말 점수-중간 점수	짝수일 때는 파란색, 홀수일 때는 빨간색, 0일 때는 검정색 글씨로 지정하세요.

① (가)　　② (나)　　③ (다)　　④ (라)

38. 다음은 스프레드시트를 활용하여 특정 시간대의 지하철 이용객 현황을 정리한 자료이다. [C3] 셀에 함수식을 넣어 [C7] 셀까지 드래그 하였다면, [C3] 셀에 들어갈 함수식으로 올바른 것은?

	A	B	C
1	<서울 지하철 이용객 현황, 단위 : 명>		
2	노선	이용객	순위
3	1호선	158	2
4	2호선	170	1
5	3호선	140	4
6	4호선	145	3
7	5호선	135	5

① =ROUND(B3,B3 : B7,0)　　② =ROUND(B3,B3 : B7,1)

③ =RANK(B3,B3 : B7,1)　　④ =RANK(B3,B3 : B7,0)

39. 김 사원이 스프레드시트를 이용하여 '교통카드 판매현황' 자료를 만들고 있다. 다음 자료의 '평가' 항목을 〈처리조건〉에 따라 작업할 때, [F7] 셀에 입력해야 할 수식으로 옳은 것은?

	A	B	C	D	E	F
1	교통카드 판매현황					
2	정차역	담당자	구입량(매)	판매량(매)	판매비율(%)	평가
3	수원역	김 ○○	2,000	1,900	95	우수
4	인천역	홍 ○○	2,800	2,200	79	보통
5	천안역	최 ○○	1,500	1,380	92	우수
6	여주역	박 ○○	3,000	2,250	75	보통
7	춘천역	조 ○○	2,500	1,400	56	노력

〈처리조건〉

판매비율을 기준으로 80% 이상이면 '우수', 60% 이상이면 '보통', 60% 미만이면 '노력'으로 평가한다.

① =IF(E7>=80,"우수",IF(E7>=60,"보통","불합격"))

② =RANK(E7>=80, "우수", "보통", "노력")

③ =IF(E7>=80, "보통", "노력"))

④ =COUNTIF(E7<=80, "우수", "보통", "노력"))

[40 ~ 41] 다음은 ▲▲사의 부서별 정원과 퇴사자 수에 관한 엑셀 자료이다. 이어지는 질문에 답하시오.

	A	B	C	D	E	F	G
0							
1	구분	2021년		2022년		2023년	
2		정원	퇴사	정원	퇴사	정원	퇴사
3	가 부서	126	10	135	9	142	9
4	나 부서	40	4	40	3	40	2
5	다 부서	16	2	28	7	42	16
6	라 부서	32	13	68	9	55	15
7	합계	214	29	271	28	279	42

※ 각 셀의 위치는 가로의 알파벳과 세로의 숫자 조합으로 참조함.
예) [A3] 셀 : 가 부서, [C5] 셀 : 2

40. 다음 중 〈보기〉에서 옳은 내용을 모두 고른 것은?

보기

ㄱ. 나 부서의 퇴사자 수는 감소하고 있다.
ㄴ. 가 부서의 퇴사율*은 2023년이 가장 낮다.
ㄷ. 라 부서의 정원은 3년간 계속 늘어나고 있다.
* 한 해의 정원 대비 퇴사자 수의 비율

① ㄱ ② ㄱ, ㄴ
③ ㄴ, ㄷ ④ ㄱ, ㄴ, ㄷ

41. 라 부서의 2021년 대비 2023년 정원의 증가율(%)을 계산하기 위해 입력해야 할 수식은?

① =B6−F6/F6*100 ② =(B6−F6)/F6*100
③ =F6−B6/B6*100 ④ =(F6−B6)/B6*100

[42 ~ 43] 다음은 워드프로세서로 작성한 ○○사의 예산편성 자료이다. 이어지는 질문에 답하시오.

〈예산 편성 보고서〉

(단위 : 백만 원)

회계	구 분 항	구 분 목	2023년 예산(A)	2024년 예산(B)	증감 (B-A)
	총계		28,908	32,705	3,797
수도사업	소계		22,953	26,260	3,307
	직접 관리비	인건비	13,460	13,713	253
		경비	8,019	10,859	2,840
		자산	4	242	238
		예비비	-	-	-
	간접관리비		1,470	1,446	△24
전기사업	소계		5,955	6,445	㉠
	직접 관리비	인건비	3,259	3,171	△88
		경비	2,359	2,867	508
		자산	2	81	79
		예비비	-	-	-
	간접관리비		335	326	△9

42. 다음 중 위 자료를 이해한 내용으로 옳은 것은?

① 전기사업에서 2023년 예산 대비 2024년 예산 증가율은 경비 항목이 가장 크다.
② 두 사업 모두 직접 관리비에서 인건비가 차지하는 비중이 가장 높다.
③ 간접관리비는 전기사업 예산이 수도사업 예산보다 더 많다.
④ 2024년 예산을 2023년 예산과 비교하면 모든 항목에서 증가하였다.

43. 다음 중 위 자료의 ㉠에 들어갈 값으로 옳은 것은?

① 490
② △490
③ 499
④ △499

[44 ~ 45] 다음 □□사의 문서 번호에 관한 자료를 보고 이어지는 질문에 답하시오.

〈문서번호의 구성과 부여 방법〉

구분	①	②	③	④	⑤	⑥	⑦
내용	우선순위	기안부서	기안자	결재권자	공개여부	기안일시	수정여부

구분	내용	부여 방법
①	우선순위	긴급한 순으로 P0(긴급)부터 P9(일상) 사이의 값 입력
②	기안부서	기안자가 소속된 부서 코드 2자리 입력
③	기안자	사번에서 맨 뒤 4자리 입력
④	결재권자	최종 결재권자를 선택하여 입력 (이사장 : 0, 본부장 : 1, 실장 : 2, 팀장 : 3)
⑤	공개여부	공개여부 입력 (공개 : P, 비공개 : S)
⑥	기안일시	기안일시는 결재문서가 전자결재시스템에 최초로 제출된 시간. 총 10개 자리로, 연도, 월, 일, 24시 기준 시간, 분의 순서로 2자리씩 입력 예시) 2022-07-08 17 : 16 -〉 2207081716
⑦	수정여부	#[수정 횟수] 형식으로 [수정 횟수]에 해당하는 기안의 수정 횟수를 숫자로 입력 (처음 버전은 #0으로 입력)

〈부서별 코드〉

부서	A 부서	B 부서	C 부서	D 부서	E 부서	F 부서
코드	BS	WE	CS	RM	FS	TB

44. 김○○ 사원이 보고 있는 문서의 번호가 P1FS59312P2212181335#3일 때, 이에 대한 설명으로 옳지 않은 것은?

① 2022년 12월 18일 오후 1시 35분에 최초로 제출된 문서이다.

② 해당 문서는 수정된 버전이다.

③ 해당 문서는 E 부서 담당자가 작성하였다.

④ 해당 문서의 최종 결재권자는 본부장이다.

45. 〈보기〉의 경우에 알맞게 문서번호를 부여한 것은?

보기

B 부서 소속의 이 대리(사번 : 20193164)는 2022년 6월 28일 오전 10시부터 시작되는 행사의 기안을 3일 전 오후 4시 30분에 전자결재시스템에 제출하였다. 행사 준비 일정이 촉박해 긴급(PO)보다 3단계 낮은 우선순위를 설정하였으며 최종 결재권자는 이사장이다. 기안을 작성하는 과정에서 참석 인원 변동으로 6월 27일 오전 10시와 오후 2시에 기안의 내용을 수정하였다. 본 행사의 기안은 참석 인원의 개인 정보를 위해 비공개로 처리하였다.

① P2WE31641S2206251630#2

② P2WE31640S2206251630#0

③ P3WE31640S2206251630#1

④ P3WE31640S2206251630#2

46. 다음 중 기술능력을 향상시키기 위한 방법으로 가장 적절하지 않은 것은?

① A 씨는 퇴근 후 야간 및 주말의 업무와 관련된 대학원을 다니며 최신 기술을 배우고 있다.
② B 씨는 새로 입사한 곳에서 사수로부터 앞으로 맡게 될 직무에 대해 배우고 있다.
③ C 씨는 코로나19로 인해 집에서 온라인 강의로 코딩 공부를 하고 있다.
④ D 씨는 과다한 업무량으로 인해 이직 준비를 하고 있다.

47. 다음 기사에 나오는 기술능력의 특징에 대한 설명으로 가장 적절한 것은?

> **○○교통공사, 빅데이터 융합 '지하철 혼잡도 산출 서비스'… 철도 10대 기술상 수상**
>
> ○○교통공사는 △△텔레콤과 공동 개발한 '지하철 혼잡도 산출 모델'로 올해 철도 10대 기술상을 받았다. 이번에 수상을 안겨 준 '지하철 혼잡도 산출 모델'은 ○○교통공사의 교통카드 및 열차운행 정보와 △△텔레콤의 이동통신 빅데이터를 융합해 열차 · 칸 · 시간 · 경로별 혼잡도를 실시간으로 분석해 보여준다. 실시간 혼잡도 정보는 올해 7월부터 ○○교통공사의 공식 모바일앱을 통해 제공되고 있다.
>
> 작년 6월 시작한 혼잡도 시범 서비스 효과를 분석한 결과, 지하철 2호선(서울대입구역 ~ 교대역)의 시간대별 혼잡도 표준편차가 최대 30% 이상 줄어드는 등 승객 분산 효과가 있었다고 밝혔다. 향후 공사가 운영하는 1 ~ 8호선 전체로 실시간 혼잡도 안내 서비스를 확대할 계획이다.

① 기술을 활용한 제품의 매출과 이익 창출 잠재력이 큰 기술을 선택해야 한다.
② 현업에 적용하고자 하는 기술의 수명 주기를 고려해야 한다.
③ 각국 경제의 상호관계를 긴밀하게 하여 기술 제휴 등의 협력을 기반으로 국가 간의 장벽을 허물어 세계화를 추진시키고 있다.
④ 특정 전문분야의 기술을 상호 융합하여 생활에 편의를 제공한다.

48. 실패한 기술에 대한 설명으로 적절하지 않은 것은?

① 실패는 숨기지 말고 드러내어 함께 원인을 분석하고 같은 실수를 반복하지 않도록 한다.
② 프로젝트의 일부 진행된 부분만 성공했다고 해서 전체가 성공한 것은 아니다.
③ 기술적 실패는 인적, 물적 자원의 손상을 방지하기 위해 절대 일어나서는 안 된다.
④ 실패에는 필요한 실패와 일어나서는 안 될 실패가 있다.

49. 다음 중 4차 산업혁명의 주요 분야 및 기술에 대한 설명으로 적절하지 않은 것은?

① 농업 분야의 생산성 및 효율성을 높이고 작물의 품질 향상을 통해 농업을 고부가가치 산업으로 발전시키기 위한 시스템으로, 기후 변화와 농촌 인구 감소, 농가 소득 정체 등의 문제를 개선하고 농업의 경쟁력을 제고하는 것을 목적으로 한다.
② 2D 프린터는 디지털화된 파일이 전송되면 잉크를 종이 표면에 분사하여 앞뒤(x축)와 좌우(y축)로만 운동하지만, 이 기술은 상하(z축) 운동을 더하여 입력한 도면을 바탕으로 입체 물품을 만들어 낸다.
③ 분산 데이터 저장 기술의 한 형태로, 지속적으로 변경되는 데이터를 모든 참여 노드에 기록한 변경 리스트로서 분산 노드의 운영자에 의한 임의 조작이 불가능하도록 고안되었다.
④ 표준인터넷 프로토콜 집합(TCP/IP)을 사용해 개인, 학교, 기업, 정부 네트워크 등을 한정적 지역에서 전체 영역으로 유선, 무선, 광케이블 기술 등을 통해 연결하고 마크업 언어(HTML)나 전자우편을 지원하는 기반 기술 등을 통해 광대한 범위의 정보 자원과 서비스를 운반한다.

50. 다음 ○○기관의 연수자료 중 일부를 참고할 때, 기술에 대한 설명으로 적절하지 않은 것은?

> 기술이란 과학 이론을 실제로 적용하여 자연의 사물을 인간 생활에 유용하도록 가공하는 수단이나 사물을 잘 다루는 방법 또는 능력을 말한다. 다시 말해 기술은 물리적인 것뿐 아니라 사회적인 것으로서 지적인 도구를 특정한 목적에 맞게 사용하는 지식 체계이다. 이러한 기술은 인간이 주위 환경을 통제하여 자연을 실생활에 유용하게 만드는 실용성을 특징으로 한다.

① 기술은 자연물을 활용하여 필요한 물건으로 가공하는 능력이다.
② 기술은 특별한 재료와 기교로 느낌 있는 대상을 만들어 내는 능력이다.
③ 기술은 생산 활동에 필요한 모든 과정의 도구를 알고 활용하는 능력이다.
④ 기술은 특정 목적을 실현하기 위해 환경과 장비를 유용하게 다루는 능력이다.

51. 다음 〈보기〉에서 기술능력이 뛰어난 사람의 특징을 모두 고른 것은?

보기

ㄱ. 실질적으로 해결할 문제를 정확하게 인식한다.
ㄴ. 문제 해결을 위한 다양한 해결책을 개발하고 평가한다.
ㄷ. 주관적인 입장에서만 기술적 해결 방안을 평가하고 개선한다.
ㄹ. 문제 해결을 위해 필요한 자원을 선택하고 최적화된 지식을 활용한다.
ㅁ. 여러 가지 실무 상황에서 기술 체계와 도구 사용 방법을 배우고 익힌다.

① ㄱ, ㄴ
② ㄴ, ㄹ
③ ㄴ, ㄷ, ㄹ
④ ㄱ, ㄴ, ㄹ, ㅁ

52. 다음의 기술선택을 위한 절차에서 빈칸 (A) ~ (D)에 해당되는 내용을 순서대로 나열한 것은?

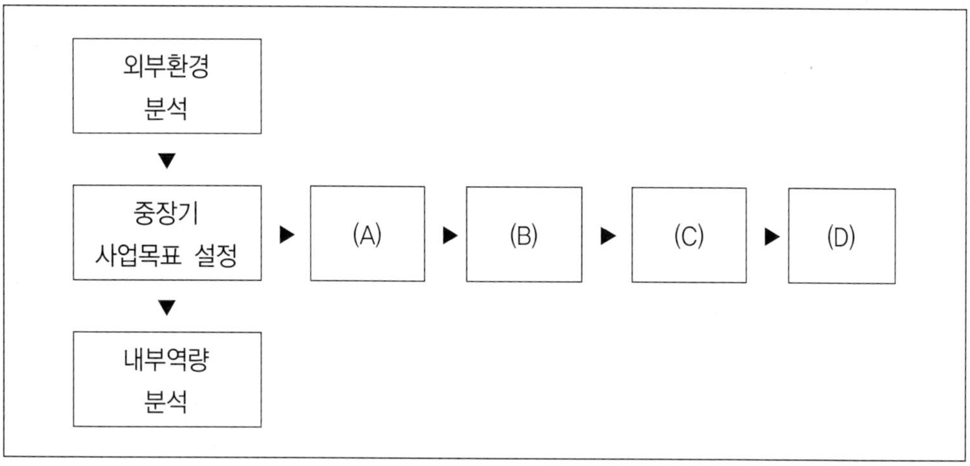

	(A)	(B)	(C)	(D)
①	사업전략 수립	기술전략 수립	요구기술 분석	핵심기술 선택
②	사업전략 수립	요구기술 분석	기술전략 수립	핵심기술 선택
③	요구기술 분석	사업전략 수립	기술전략 수립	핵심기술 선택
④	요구기술 분석	기술전략 수립	핵심기술 선택	사업전략 수립

53. 다음 글의 '스마트 냉장고'를 개발하기 위해 선택할 기술로 올바른 것은?

> AA 전자는 바쁜 도시인을 위해 스마트 냉장고를 개발하기로 하였다. 스마트 냉장고는 무선 주파수를 이용한 인식 방법을 사용하여 스스로 냉장고 내부를 검사해 식자재 목록을 작성한다. 그리고 집 밖에 있는 사용자가 스마트폰이나 PC로 식자재 목록을 확인하고 부족한 식자재를 인터넷 쇼핑몰에서 주문할 수 있도록 한다.

① 바코드(Bar Code)
② 무선 인식(RFID)
③ 화학 센서(Chemical Sensors)
④ 온도 감지(Temperature Sensors)

54. 다음 사례 중 4차 산업혁명 기술을 적용한 사례로 적절하지 않은 것은?

① A 빌딩 로비에는 AI 로봇이 상시 순회하며 방문자에게 음성인식 안내를 하고 있다.
② B 포털사이트는 사용자의 검색 기능을 수집해 맞춤형 배너 광고 서비스를 시행하고 있다.
③ C 가전 제조사는 TV, 냉장고, 에어컨, 공기청정기에 네트워크 통신 기술을 결합해 집 밖에서도 가전제품을 모니터링 할 수 있도록 제작하였다.
④ D 체육시설은 이용객 모두에게 운동 후 체지방 측정을 할 수 있도록 체성분 분석기를 개방된 곳에 배치하여 서비스를 제공하고 있다.

55. 다음 안전 점검 결과표를 보고 파악한 A ~ D 작업장에 대한 설명으로 옳은 것을 〈보기〉에서 모두 고르면?

〈○○공장 안전 점검 결과〉

작업장	점검 사항	점검 결과	
		예	아니오
A	작업 중 작업자에게 안전 · 보건 보호구 착용을 지시하는 표지판을 설치하였나?	☑	☐
B	프레스 사용 시 고장 등의 상황이 발생하면 자동으로 프레스가 정지되는 장치를 설치하였나?	☑	☐
C	작업 중 기계 설비에 작업자가 접촉하여 발생할 수 있는 사고를 예방하기 위해 필요한 방호 울타리를 설치하였나?	☐	☑
D	올바른 작업자의 작업 자세에 대한 안전교육을 실시하였나?	☑	☐

보기

ㄱ. A 작업장에 부착된 산업안전표지는 '경고 표지'이다.
ㄴ. B 작업장에는 페일 세이프(Fail safe) 기능을 가진 장치가 설치되어 있다.
ㄷ. C 작업장에는 격리형 방호장치를 설치하여야 한다.
ㄹ. D 작업장에서 교육을 통해 예방하려는 작업 환경 유해 요인은 생물학적 요인이다.

① ㄱ, ㄴ
② ㄴ, ㄷ
③ ㄷ, ㄹ
④ ㄱ, ㄴ, ㄹ

56. 다음은 ○○회사에서 개발한 제품들의 특징에 대한 사원들의 대화이다. 빈칸 A와 B에 들어갈 단어를 〈보기〉에서 골라 바르게 연결한 것은?

> 공 대리 : 올해 우리 회사에서는 갑, 을 제품을 개발하였습니다. 갑 제품은 창의적 기술 수준이 높은 발명품으로 산업적 이용이 가능한 진보적인 발명품이고, 을 제품은 기존 제품의 형상과 구조를 실용적으로 개선한 것입니다.
>
> 이 과장 : 이번에 이들 제품에 대한 산업재산권으로 갑 제품은 (A), 을 제품은 (B)을 등록할 수 있습니다.

보기

ㄱ. 상표권
ㄴ. 특허권
ㄷ. 디자인권
ㄹ. 실용신안권
ㅁ. 정보재산권

	A	B
①	ㄱ	ㅁ
②	ㄴ	ㄹ
③	ㄷ	ㄴ
④	ㄹ	ㄴ

57. 다음에서 설명하는 소재로 만들 제품으로 가장 적절한 것은?

> 형상기억합금이란 다른 모양으로 변형되어도 가열에 의해 다시 변형 전의 모양으로 되돌아오는 성질을 가진 합금이다. 예를 들면 곧게 뻗은 형상기억합금의 막대를 코일 모양으로 구부려 놓은 후 더운물에 넣으면 마치 이전의 모양을 기억하고 있던 것처럼 똑바로 펴진다.
>
> 이 합금의 또 다른 특징은 강한 복원력이다. 원래의 모양으로 돌아갈 때, 변형에 소요된 힘의 5배가량의 힘을 낸다.

① 고속열차 선로
② 치아 교정 치료기
③ 스테인리스 보온병
④ 전기 자동차 차체

58. 다음 4차 산업혁명에 대한 글에서 ㉠, ㉡에 들어갈 가장 알맞은 용어는?

> 제4차 산업혁명은 정보통신기술의 (㉠)(으)로 이루어 낸 혁명으로 18세기 초기 산업혁명 이후 네 번째로 중요한 산업이다. 제4차 산업혁명은 슈바프(K. Schwab)가 의장으로 있던 2016년 (㉡)에서 처음 주창되었다. 이 혁명은 사람, 사물, 공간을 초연결 · 초지능화하여 산업구조와 사회시스템을 혁신하고자 한다.

	㉠	㉡		㉠	㉡
①	융합	세계경제포럼	②	분리	세계은행
③	확장	세계무역기구	④	독점	G20

59. 다음의 제품 제조 단계별 업무 계획을 이해한 내용으로 적절하지 않은 것은?

단계	업무 계획
제품 설계	CRM 시스템을 활용하여 고객 맞춤형 제품을 설계한다.
부품 확보	재고 부품이 생산 소요량 이하이면 지정된 수량만큼 발주한다.
부품 조립	작업 절차를 간소화하여 생산성을 향상한다.
제품 검사	생산 제품 전체를 검사하여 출하 적합성을 판단한다.
제품 출하	제품의 효율적인 출고와 이력 관리를 위해 무선인식(RFID)을 사용한다.

① 정량발주모형에 따라 부품을 발주하려고 한다.
② 제품 출하에는 무선 식별 시스템을 도입하려고 한다.
③ 표본 검사 방식으로 출하 적합성을 판단하려고 한다.
④ 조립에는 생산합리화 원칙 중 '단순화'를 적용하려고 한다.

60. 다음은 산업혁명에 따른 발전 단계이다. (가) ~ (다) 시기에 대한 설명으로 옳은 것을 〈보기〉에서 모두 고르면?

제1차 산업혁명	(가) 제2차 산업혁명	(나) 제3차 산업혁명	(다) 제4차 산업혁명
증기 기관, 기계화	전기 에너지, 대량 생산	컴퓨터와 인터넷, 지식정보	빅데이터와 AI 등의 정보기술, 초연결

보기

ㄱ. (가) 제조업에서 서비스 산업으로의 탈공업화 현상이 가속화되었다.
ㄴ. (가) 시기는 (나), (다) 시기보다 '정보'가 중요한 사회적 재화로 인식되었다.
ㄷ. (나) 제품 설계, 생산, 주문 · 판매 등의 모든 공정이 컴퓨터 통합 생산(CIM) 시스템을 통해 자동화되었다.
ㄹ. (다) 사물인터넷(IoT)이 발달하여 실생활에 적용되었다.

① ㄱ, ㄷ
② ㄴ, ㄹ
③ ㄷ, ㄹ
④ ㄱ, ㄴ, ㄹ

고시넷 한국사회능력개발원 + 휴스테이션 NCS

영역별 출제비중

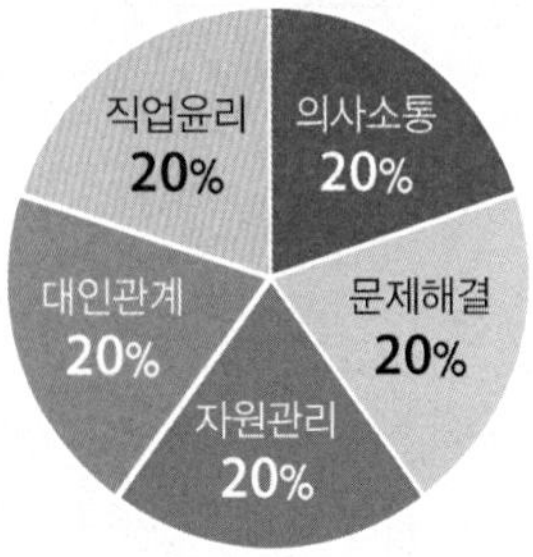

- ▶ 어휘 · 어법을 파악하는 문제
- ▶ 글의 내용을 이해하고 작성하는 문제
- ▶ 명제와 자료를 바탕으로 추론하는 문제
- ▶ 자원을 효과적으로 활용하는 문제
- ▶ 상황에 따른 대인관계상의 적절한 대처법을 이해하는 문제
- ▶ 윤리적인 직업생활을 이해하는 문제

휴스테이션형 의사소통능력에서는 어휘의 의미와 글의 세부 내용을 파악하는 문제와 어법과 효과적인 문서 작성법에 맞게 글을 작성하는 문제가 출제되었다. 문제해결능력에서는 제시된 여러 유형의 자료들을 바탕으로 결과를 추론 또는 도출하는 문제가 출제되었다. 자원관리능력에서는 상황에 맞게 다양한 자원들을 활용하는 문제가 출제되었다. 대인관계능력에서는 조직 내에서 발생할 수 있는 여러 상황을 판단하고 의사결정을 내리는 문제가 출제되었다. 직업윤리에서는 직업과 관련한 윤리적 태도를 이해하고 사례에 적용하는 문제가 출제되었다.

한사능 + 휴스테이션

4회 출제유형모의고사

영역	총 문항 수
의사소통능력	50문항
문제해결능력	
자원관리능력	
대인관계능력	
직업윤리	

NCS란? 산업 현장에서 직무를 수행하기 위해 요구되는 각종 지식, 기술, 태도 등의 내용을 국가가 체계화한 것을 의미한다.

기출예상문제

문항수 | 50문항
시험시간 | 60분

▶ 정답과 해설 35쪽

01. 모든 문서에는 그에 따른 문서 작성 원칙과 주의사항이 있다. 다음 글에 나타난 S 씨의 행동이 의미하는 것은?

> 자동차회사에 근무하는 S 씨는 최근 당황스러울 만큼 서툰 기획안을 보게 되었다. 신입사원 A 씨가 작성한 기획안이었는데. A 씨가 속한 팀의 팀장이 기획안을 한번 만들어 보라고 지시한 것이었다. 평소 글쓰기에 자신이 있는 편이 아니었던 A 씨는 겨우겨우 기획안을 작성하여 팀장님께 보여 드렸지만 여러 번 퇴짜를 맞았다. 결국 팀장은 S 씨에게 연락하여 신입사원이 기획서 작성에 어려움을 겪고 있으니 도와줄 수 없겠냐고 부탁해 왔다. 평소 글쓰기의 달인으로 불리던 S 씨는 A 씨가 작성한 기획안을 보게 되었다. S 씨는 어떻게 말을 해 줘야 할지 고민하다가 뜬금없이 노래를 부르기 시작했다. "'신데렐라는 어려서 부모님을 잃고요, 계모와 언니들에게 구박을 받았더래요…' 제가 이 노래를 왜 부른 것 같습니까?" A 씨는 S 씨가 자신을 놀리고 있다고 생각했지만, S 씨의 다음 말에 자신이 무슨 실수를 저질렀는지 곧바로 깨달았다. "만약에 이 노래를 이렇게 부르면 어떻게 될까요? '신데렐라는 언니들에게 구박을 받고요, 어려서 엄마 아빠를 모두 다 잃었더래요…' A 씨의 글이 지금 이런 식입니다."

① 형식에 충실한 문서의 작성
② 체계적인 문서의 작성
③ 객관적인 문서의 작성
④ 창의적인 문서의 작성
⑤ 정확성을 갖춘 문서의 작성

02. 다음 중 밑줄 친 단어의 표기가 옳은 것을 모두 고르면?

> 퇴근 후 집에 도착하자마자, 웬지 불길한 생각이 들어서 컴퓨터를 확인했다. 안 좋은 예감은 틀리지 않는다고 했던가? 며칠 동안 고생해서 작성한 보고서 파일이 훼손된 것이다. 내일까지 과장님께 보고해야 하는데, 어떡게 해야 할지 막막하기만 하다. 지금이라도 다시 작성하든지, 과장님께 사실대로 말씀드리던지 해야 하는데, 어떤 방법이 좋을지 판단이 서질 않는다. 그저 지금 나의 바램은 훼손된 파일이 잘 복구되었으면 좋겠다는 것이다.

① 며칠, 훼손, 말씀드리던지
② 웬지, 며칠, 작성하든지
③ 며칠, 훼손, 작성하든지
④ 훼손, 어떡게, 말씀드리던지
⑤ 웬지, 바램, 말씀드리던지

03. 다음 〈보기〉를 참고할 때 적절하지 않은 것은?

보기

제5항 'ㅑ, ㅒ, ㅕ, ㅖ, ㅘ, ㅙ, ㅛ, ㅝ, ㅞ, ㅠ, ㅢ'는 이중 모음으로 발음한다.
다만 1. 용언의 활용형에 나타나는 '져, 쪄, 쳐'는 [저, 쩌, 처]로 발음한다.
다만 2. '예, 례' 이외의 'ㅖ'는 [ㅔ]로도 발음한다.
다만 3. 자음을 첫소리로 가지고 있는 음절의 'ㅢ'는 [ㅣ]로 발음한다.
다만 4. 단어의 첫음절 이외의 '의'는 [ㅣ]로, 조사 '의'는 [ㅔ]로 발음함도 허용한다.

① '떡을 쪄 먹는다'에서 '쪄'는 '다만 1'에 따라 [쩌]로 발음하는군.
② '오골계'는 [오골계] 또는 '다만 2'에 따라 [오골게]로도 발음하는군.
③ '가정의 행복'에서 '가정의'는 '다만 3'에 따라 [가정이]로 발음하는군.
④ '민주주의'에서 '주의'는 [주의] 또는 '다만 4'에 따라 [주이]로 발음하는군.
⑤ '강의를 듣다'에서 '강의'는 '다만 4'에 따라 [강이]로 발음할 수 있군.

04. 다음의 직무설명서를 통해 알 수 있는 (가)～(라)의 세부직무로 적절한 것은?

<table>
<tr><th>대분류</th><th>중분류</th><th>소분류</th><th>세분류</th></tr>
<tr><td rowspan="4">경영 · 회계 · 사무</td><td>총무 · 인사</td><td>총무</td><td>총무</td></tr>
<tr><td rowspan="3">재무 · 회계</td><td>재무</td><td>예산</td></tr>
<tr><td rowspan="2">회계</td><td>회계 · 감사</td></tr>
<tr><td>세무</td></tr>
</table>

■ 세부 직무

- (가) : 기업 및 조직 내 · 외부에 있는 의사결정자들이 효율적인 의사결정을 할 수 있도록 유용한 정보를 제공하며, 제공된 회계정보의 적정성을 파악하는 직무
- (나) : 조직이 목표로 하는 경영성과를 효과적으로 달성하기 위한 미래의 경영활동을 계량화하는 것으로 일정기간 예상되는 수익과 비용을 편성하고 집행하며, 통제하는 직무
- (다) : 조직의 경영목표를 달성하기 위하여 자산의 효율적인 관리, 사업 추진에 필요한 구매 · 용역 계약 관리, 임직원에 대한 원활한 업무지원 및 복지지원, 대 · 내외적인 회사의 품격 유지를 위한 제반 업무를 수행하는 직무
- (라) : 기업의 활동을 위하여 주어진 세법범위 내에서 조세부담을 최소화시키는 조세 전략을 포함하고 정확한 과세소득과 과세표준 및 세액을 산출하여 과세당국에 신고 · 납부하는 직무

■ 직무 요건

- 지식
  - 회계 관련 법률 및 규정에 관한 지식
  - 예산수립절차/관리규정/운영지침에 관한 지식
  - 사업환경분석 기법에 관한 지식
  - 재무관리 기초에 관한 지식
- 기술
  - 거래 유형별 분류 및 전표작성 기술
  - 재무제표 및 재무분석 기술
  - 보고서 및 비즈니스 문서 작성 기술
  - 예산/회계/세무 관련 프로그램 활용 기술
- 역량
  - 세밀한 일처리 : 신중하고 꼼꼼하게 검토/확인하여 정확하고 치밀하게 업무를 수행
  - 정보수집 및 활용 : 주어진 상황에서 필요한 정보를 효과적으로 수집하고, 이를 적절히 활용하여 문제를 해결
  - 분석력 : 상황, 문제 등을 구성하는 체제와 규칙을 정확하게 이해하고 적용

	(가)	(나)	(다)	(라)
①	총무	예산	회계 · 감사	세무
②	세무	예산	총무	회계 · 감사
③	회계 · 감사	예산	총무	세무
④	회계 · 감사	세무	총무	예산
⑤	회계 · 감사	총무	세무	예산

05. 다음 글의 밑줄 친 부분과 같은 의미로 단어가 쓰인 것은?

> 당나라 중기의 관료이자 학자인 조광(趙匡)은 '선거의(選擧議)'라는 글에서 과거제도의 10가지 폐단을 지적하였는데, 세 가지 정도로 요약할 수 있다.
>
> "하나, 과거시험이 나라를 다스릴 수 있는 능력은 따지지 않으니 배우는 것은 쓸모가 없고 쓸모 있는 것은 배우지 않아, 관리들 가운데 맡은 직무를 감당하는 자가 적다. 둘, 지식인들은 고관들을 찾아다니며 끌어줄 것을 청하고, 자기와 같은 무리를 비방함으로써 앞자리를 <u>다툰다</u>. 셋, 매년 초가을에 장안으로 길을 떠나서 늦봄에야 돌아오고 제대로 쉬지도 못한 가운데 또 금방 가을이 다가온다. 그러니 제대로 된 공부는 하지도 못하고 천박한 재주만 더 부리게 된다. 가난한 자들은 여비조차 감당할 수 없다."

① 그는 친구와 <u>다투다</u> 갑자기 의식을 잃고 병원 응급실로 실려갔다.
② 늘 친구와 1, 2위를 <u>다투다</u> 보니 어느새 실력이 늘었다.
③ 형사는 범인 검거를 위해 분초를 <u>다투며</u> 증거를 수집했다.
④ 그들은 <u>다투다</u> 결론을 짓지 못하여 결국 제비를 뽑았다.
⑤ 그와 동료들은 촌각을 <u>다투는</u> 급박한 상황에 처하게 되었다.

06. 다음 인터뷰를 읽은 후의 반응으로 적절하지 않은 것은?

A : 우선 간단한 자기소개 부탁드립니다.

B : 저는 □□공사에서 홍보처 팀장을 맡고 있는 ○○○입니다. 입사한 지는 오래되었지만 홍보 업무는 올해 2월부터 맡아 얼마 되지 않았습니다. 이전에는 주로 사업부서에서 근무했죠.

A : □□공사 홍보처에 근무하게 된 계기는 무엇인지요?

B : 제가 사업파트에 근무하면서 사업에 관한 간단한 홍보 업무도 함께 진행했죠. 그때 홍보의 중요성과 재미를 느꼈습니다.

A : 주 업무는 어떤 것이 있나요?

B : □□공사를 국민에게 널리 알리는 일을 하고 있습니다. 주 업무로는 우리 공사의 홍보자문위원 및 홍보대사 위촉 및 운영, 각종 행사 기획, 중고생 체험학습 및 대학생 야외실습 기획 및 운영, 국회 업무 등을 맡고 있어요. 뿐만 아니라 본사 사옥 내에 있는 홍보관 기획 및 운영과 □□인터넷 방송과 운영에도 참여하고 있죠.

A : 다른 팀과 차별화되는 홍보처만의 특징은 어떤 것이 있을까요?

B : 사업파트는 해당 업무에 대한 내용에 대해 정확하게 알고 추진하면 되지만, 홍보는 공사에서 추진하는 모든 업무를 속속들이 알아야 한다는 게 가장 큰 차이점이라고 할 수 있죠. 그리고 중고등학교 체험학습 진행을 하고 나면 가끔 학교로 와서 전체 학생들을 대상으로 강의를 해달라는 요청이 있을 때가 있어요. 우리 공사의 전반적인 사항을 알지 못한다면 추진하기 어려운 일이죠. 이처럼 공사 업무 이외에도 국민에게 유익한 정보를 다양한 경로를 통해 홍보하고 소통할 수 있다는 게 홍보처만의 가장 큰 특징이라 할 수 있을 것 같아요.

A : 가장 기억에 남는 에피소드는 무엇이 있나요?

B : 올해 10월에 울산에 있는 고등학교에서 우리 공사로 체험학습을 왔어요. 공간정보과 학생들이었는데 행사를 약 3시간 정도 진행하는 내내 눈빛이 반짝거리더라고요. 체험학습 이후에도 SNS를 통해 현재까지 메시지를 주고받고 있고요. 이런 학생들을 만나면 저 역시 학생들에게 고마워요. 제가 미약하나마 학생들에게 미래에 대한 새로운 희망을 준 것 같은 성취감을 느끼게 해 주거든요.

A : 체험 학습은 어떤 내용으로 진행이 되나요?

B : 기본적으로 우리 공사에 대한 소개, 홍보관 및 □□인터넷방송국 견학, 국토공간정보에 관한 소개를 통해 미래 직업에 대해 살펴봐요. 그 후에 학교마다 관심분야를 조사하여 진행하죠. 예를 들어 △△고등학교는 요즘 핫 이슈인 드론에 관심이 있다고 하더라고요. 그래서 드론으로 사업을 추진하는 부서와 협의해서 행사를 진행했죠. 그리고 원할 경우 NCS(국가직무능력표준)기반 인재채용에 관한 내용을 소개해요. 요즘은 대학교 야외학습을 많이 추진하고 있는데 학교에서 원하는 것을 미리 조사 · 협의해서 기획하여 진행하고 있어요.

① 이 인터뷰는 직무 인터뷰군.
② B는 질문에 맞는 구체적인 예시를 통해 대답을 하는군.
③ 타 사업부서와 홍보처는 생각보다 인사이동이 없군.
④ A는 B에게 다양한 질문을 하며 구체적인 대답을 하도록 하고 있군.
⑤ 중학생이라면 □□공사 견학이 가능하군.

07. **〈자료 1〉은 미국의 심리학자 키슬러(Donald J. Kiesler)가 분류한 대인관계 방식의 유형이다. 〈자료 2〉의 곽 부장이 해당하는 유형으로 가장 적절한 것은?**

〈자료 1〉

유형	대인관계 방식
지배형	자신감이 있으며, 추진력이 있다. 고집이 세고, 지배적이다. 자기주장이 강하다.
실리형	꾀가 많다. 자기 자랑을 잘하며 자존심이 강하다. 치밀하다.
냉담형	강인하고 냉소적이다. 독하며 무뚝뚝하다. 따뜻함이 부족하다.
고립형	쾌활하지 않으며 붙임성이 없다. 비사교적이고 고립되어 있다. 재치가 없다.
복종형	마음이 약하다. 수줍음이 많으며 온순하다. 조심성이 많고 추진력이 부족하다.

〈자료 2〉

곽 부장은 다소 깐깐하고 꼼꼼한 업무 스타일과 결재 성향 탓에 상사로 두었을 때 부하 직원들이 업무적으로 스트레스를 많이 받는 스타일이다. 하지만 대체적으로 업무에 대해서 엄하고 꼼꼼한 상사 밑에서 일 잘하는 직원이 양산되듯, 그에게서 '힘들게' 일을 배운 직원들은 업무적으로 안정적인 궤도에 빨리 오른다. 꼼꼼하고 세심한 업무 처리 탓에 직장 내에서 신뢰를 가지고 있긴 하지만 지나치게 깐깐한 결재 성향 탓에 곽 부장 밑에 있던 직원들의 스트레스가 쌓여 가고 있다. 게다가 곽 부장과는 직접적으로 의견 교환이 되지 않고, 불만이 팀 외부로 새나가는 일도 많았다. 그로 인해 "저 사람 밑에서 더 이상은 일 못 하겠다."라며 사표를 던진 부하 직원도 많다.

① 실리형 ② 지배형 ③ 냉담형
④ 고립형 ⑤ 복종형

[08 ~ 09] 다음은 A 기관 교육프로그램에 대한 안내문이다. 이어지는 질문에 답하시오.

〈202X 여름 생태체험 프로그램 안내〉

• 여름새와의 하천 여행 1
  – 일시 : 10월 매주 토요일 12 : 00 ~ 14 : 00
  – 운영장소 : XX천에 위치한 생태학교
  – 대상 : 초등학생부터 성인까지 누구나
  – 참고사항 : 점심 도시락 제공

• 여름새와의 하천 여행 2
  – 일시 : 11월 매주 일요일 10 : 00 ~ 12 : 00
  – 운영장소 : XX천에 위치한 생태학교
  – 대상 : 초등학생(단, 부모 중 한 명 동반으로만 신청 가능)
  – 참가비용 : 1,000원/1인

※ 모든 프로그램은 선착순 모집이며 조기에 마감될 수 있습니다. 자세한 내용은 A 기관 홈페이지 공지사항을 참고해 주세요.

08. 〈보기〉는 A 기관의 홈페이지 게시판의 질문이다. 이 중 안내문을 통해 답변할 수 있는 질문을 모두 고른 것은?

보기

㉠ '여름새와의 하천 여행 2'의 참가비용은 얼마인가요?
㉡ '여름새와의 하천 여행 1'의 모집 정원은 몇 명인가요?
㉢ '여름새와의 하천 여행 1'에서는 점심 식사를 제공하나요?
㉣ '여름새와의 하천 여행 2'의 모집 기간은 언제부터 언제까지인가요?
㉤ '여름새와의 하천 여행 1'과 '여름새와의 하천 여행 2'는 모두 선착순 모집인가요?

① ㉠, ㉡　② ㉡, ㉢　③ ㉣, ㉤
④ ㉠, ㉢, ㉤　⑤ ㉡, ㉢, ㉤

09. 다음은 안내문의 밑줄 친 부분을 수정하기 위한 회의의 일부이다. 빈칸에 들어갈 내용으로 가장 적절한 것은?

김 사원 : 초등학생 연령에 해당하지만 학교를 다니지 않는 아동들도 프로그램에 참가할 수 있도록 수정해야 합니다.
이 사원 : 부모님 말고 다른 보호자와 함께 오는 경우도 허용해야 합니다.
박 사원 : 두 명의 아동과 한 명의 보호자가 오는 경우는 허용되지 않는다고 명시해야 합니다.
정 사원 : 그렇다면 모두의 의견을 반영하여 '(　　　　　　　　　　)'이라고 수정합시다.

① 초등학생 1인과 보호자 1인이 짝을 이루어서 신청
② 초등학생 1인과 부모님 1인이 짝을 이루어서 신청
③ 만 6세부터 만 11세까지의 아동과 보호자가 함께 신청
④ 만 6세부터 만 11세까지의 아동 1인과 부모님 1인이 짝을 이루어서 신청
⑤ 만 6세부터 만 11세까지의 아동 1인과 보호자 1인이 짝을 이루어서 신청

10. 다음 밑줄 친 ㉠ ~ ㉤에서 설명하고 있는 퇴고의 방법으로 적절하지 않은 것은?

퇴고의 중요성은 백 번 천 번 강조해도 지나치지 않는다. 습작이란 퇴고의 기술을 익히는 행위인지도 모른다. 그렇다고 ㉠ 퇴고가 외면을 화려하게 만들기 위한 덧칠이 되어서는 안 된다. 진실을 은폐하기 위한 위장술이 되어서도 안 된다. 퇴고를 글쓰기의 마지막 마무리 단계라고 생각하면 오산이다. 퇴고는 틀린 문장을 바로잡거나 밋밋한 문장을 수려하게 다듬고 고치는 일에 그치지 않는다. ㉡ 퇴고는 글쓰기의 처음이면서 중간이면서 마지막이면서 그 모든 것이다.

시라고 해서 우연에 기댄 착상과 표현을 시의 전부라고 여기면 바보다. 처음에 번갯불처럼 떠오른 생각만이 시적 진실이라고 오해하지 마라. 퇴고가 시적 진실을 훼손하거나 은폐한다고 제발 바보 같은 생각 좀 하지 마라. 처음에 떠오른 '시상' 혹은 '영감'이라는 것은 식물로 치면 씨앗에 불과하다. 그 씨앗을 땅에 심고 물을 주면서 싹이 트기를 기다리는 일, 햇볕이 잘 들게 하고 거름을 주는 일, 가지가 쑥쑥 자라게 하고 푸른 잎사귀를 무성하게 매달게 하는 일, 그다음에 열매를 맺게 하는 일... 그 모두를 퇴고라고 생각하라.

내가 쓴 시에 내가 취하고 감동해서 가까스로 펜을 내려놓고 잠자리에 들 때가 있다. 습작기에 자주 경험했던 일이다. 한 편의 시를 멋지게 완성하고 뿌듯한 마음으로 잠든 것까지는 좋았는데 그 이튿날 일어나서 밤늦게까지 쓴 그 시를 다시 읽어 보았을 때의 낭패감! 시가 적힌 노트를 찢어 버리고 싶고, 혹여 누가 볼세라 태워 버리고 싶은 마음이 불같이 일어날 때의 그 화끈거림! 나 자신의 재주 없음과 무지에 대한 자책!

(중략)

당신도 시를 고치는 일을 두려워하지 마라. 밥 먹듯이 고치고, 그렇게 고치는 일을 즐겨라. 다만 서두르지는 마라. ㉢ 설익은 시를 무작정 고치려고 대들지 말고 가능하면 시가 뜸이 들 때까지 기다려라. 석 달이고 삼 년이고 기다려라. 그리고 시를 ㉣ 어느 정도 완성했다고 생각하는 그 순간, 주변에 있는 사람에게 시를 보여 줘라. 시에 대해서 잘 아는 전문가가 아니어도 좋다. 농부도 좋고 축구선수도 좋다. 그들을 스승이라고 생각하고 잠재적 독자인 그들의 말씀에 귀를 기울여라. 이규보도 "다른 사람의 시에 드러난 결점을 말해 주는 일은 부모가 자식의 흠을 지적해 주는 일과 같다."라고 했다. 누군가 결점을 말해 주면 다 들어라. 그러고 나서 또 고쳐라.

"절망하여 글을 쓴 뒤, 희망을 갖고 고친다."라고 한 이는 소설가 한승원이다. 니체는 "피로써 쓴 글"을 좋아한다고 했고, 〈혼불〉의 작가 최명희는 "원고를 쓸 때면 손가락으로 바위를 뚫어 글씨를 새기는 것만 같다."라고 말했다. 시를 고치는 일은 옷감에 바느질을 하는 일이다. ㉤ 끊임없이 고치되, 그 바느질 자국이 도드라지지 않게 하라. 꿰맨 자국이 보이지 않는 천의무봉의 시는 퇴고에서 나온다는 것을 명심하라.

① ㉠ : 그럴듯하고 번지르르하게 표현하기 위해 퇴고를 이용하면 안 된다.
② ㉡ : 퇴고는 글쓰기의 전체적인 과정에서 계속적으로 해야 한다.
③ ㉢ : 퇴고를 함에 있어 너무 서두르거나 급하게 고치지는 않아야 한다.
④ ㉣ : 독자를 고려하여 퇴고해야 한다.
⑤ ㉤ : 새로운 단어나 문장을 추가하여 퇴고해야 한다.

11. 다음은 S 공사의 신입사원 채용에서 각 전형별 점수 조정 방법과 5명의 채점 결과를 정리한 표이다. 이를 바탕으로 서류, 필기, 면접 점수의 합이 100점 미만인 경우 최종 합격자가 될 수 없다고 할 때, 최종 합격자가 될 수 있는 지원자를 모두 고른 것은?

〈점수 조정 방법〉

구분	점수 반영 비율
서류전형	취득점수 × 0.2
필기전형	취득점수 × 0.4
면접전형	취득점수 × 0.6

〈신입사원 선발 채점표〉

구분	은화	정철	석규	태수	혜영
서류전형	90점	78점	80점	78점	80점
필기전형	81점	88점	83점	87점	90점
면접전형	89점	85점	90점	80점	79점

① 은화, 정철, 석규 ② 은화, 정철, 태수 ③ 은화, 정철, 혜영
④ 은화, 석규, 혜영 ⑤ 석규, 태수, 혜영

12. 오즈번이 고안한 브레인스토밍(Brain Storming)은 창의적인 사고를 위한 자유연상방법으로, 집단의 효과를 살려 아이디어의 연쇄반응을 일으켜 자유분방한 아이디어를 내고자 하는 그룹 발산기법이다. 다음 중 브레인스토밍의 진행방법으로 적절하지 않은 것은?

① 직급에 상관없이 누구나 자유롭게 발언하도록 하며, 모든 발언은 기록한다.
② 아이디어가 많을수록 좋은 아이디어가 나올 가능성이 커지므로 질보다 양을 중시한다.
③ 자유분방한 아이디어 도출을 위해 구성원이 제시한 의견에 대해 자유롭게 비판한다.
④ 다양한 분야의 사람들 5 ~ 8명 정도로 구성하며 서로의 얼굴이 보이도록 앉는다.
⑤ 구성원들의 다양한 의견을 도출할 수 있는 사람을 회의의 리더로 선출한다.

13. 〈보기〉 중 두 가지 전제를 추가하면 캐스팅 담당자의 결론이 명확해진다고 할 때, 그 전제로 적절한 것은?

> 드라마 〈○○○〉 주연을 캐스팅하는 담당자 H는 주연 후보로 수민, 시은, 세은, 재이 4명을 최종 선정하였다. 캐스팅 담당자 H는 이 후보들 중 적어도 재이는 주연으로 캐스팅될 것이라고 결론을 이야기 했다. 그 이유는 수민이와 시은 중 적어도 한 명은 주연으로 합류하는데, 만약 수민이가 캐스팅되지 않는다면 재이가 캐스팅되어 합류하기 때문이라는 것이다.

보기

㉠ 수민이가 주연으로 캐스팅된다.
㉡ 세은이가 주연으로 캐스팅된다.
㉢ 세은이가 주연으로 캐스팅되면, 수민이는 주연으로 캐스팅되지 않는다.
㉣ 세은과 시은 둘 다 주연으로 캐스팅되지 않는다.

① ㉠, ㉡　　② ㉠, ㉣　　③ ㉡, ㉢
④ ㉡, ㉣　　⑤ ㉢, ㉣

14. 다음 명제가 모두 참일 때, 옳은 것은?

> • 빨간색을 좋아하지 않는 사람은 상상력이 풍부하지 않다.
> • 파란색을 좋아하는 사람은 상상력이 풍부하다.

① 상상력이 풍부한 사람은 파란색을 좋아한다.
② 빨간색을 좋아하는 사람은 상상력이 풍부하다.
③ 빨간색을 좋아하는 사람은 파란색을 좋아한다.
④ 상상력이 풍부하지 않은 사람은 빨간색을 좋아하지 않는다.
⑤ 파란색을 좋아하는 사람은 빨간색을 좋아한다.

15. 지혜, 희경, 현우, 수정, 정현은 A ~ F 기술위원회의 위원이고 소속은 다음 표와 같다. 자신이 속한 기술위원회의 회의는 반드시 참석해야 하며, 각 회의는 1시간씩 진행된다. 이를 바탕으로 회의 시간을 계획하려고 할 때, 최소 몇 시간이 필요한가? (단, 휴식시간과 이동시간은 고려하지 않는다)

구분	지혜	희경	현우	수정	정현
A	○		○		○
B	○	○			
C			○	○	
D		○		○	
E				○	○
F			○		○

※ ○ : 해당 기술위원회 위원임을 표시함.

① 2시간 ② 3시간 ③ 4시간
④ 5시간 ⑤ 6시간

[16 ~ 17] 다음은 ▲▲기관의 전문가 활용경비 지급 기준이다. 이어지는 질문에 답하시오.

• 전문가 자격기준 및 활동비 지급 기준

구분	자격기준(소속기관의 직급)	강사료	
		1시간	1일 최대 금액
A급	부교수, 정교수, 책임급연구원 이상	400,000원	1,000,000원
B급	조교수, 선임급연구원	300,000원	800,000원
C급	원급연구원	200,000원	600,000원

• 여비 지급 기준

구분	일비	숙박비(1박 기준)
A급	30,000원	70,000원
B급	20,000원	60,000원
C급	10,000원	50,000원

※ 교통비는 대중교통 왕복 1회를 기준으로 제공하며, 숙박을 하지 않더라도 동일한 금액 지급

※ 1박 이상의 일정인 경우, 실제 숙박을 한 경우에 한하여 숙박비 지급

16. 다음은 ▲▲기관에서 메타버스 강의를 위해서 전문가를 섭외하기 위한 계획이다. 전문가 활용 경비 지급 기준에 따라 섭외 전문가가 받을 수 있는 전문가 활용비는?

> • 일정 : 202X. 1. 23 ~ 1. 25.(1박 2일)
> • 시간 : 10 : 30 ~ 16 : 30(1일 5시간, 2일 10시간)
> • 강사 : 대한 대학교 정보통신학과 조교수 4년차(승진 X)
> • 여비 지급 기준을 위한 기타 사항 : 교통비 편도 25,000원, 숙박

① 1,725,000원　② 1,750,000원　③ 1,810,000원
④ 1,835,000원　⑤ 1,850,000원

17. 다음은 ▲▲기관의 전문가활용내역에 관한 내용이다. 제시된 강사 중 두 번째로 적은 금액을 받는 전문가는?

강사	직급	기간	숙박	교통비(편도)	강사료 지급 금액
(가)	내부 책임연구원	1박 2일	○	25,000원	1일 최대 금액
(나)	외부 원급연구원	2박 3일	○	50,000원	1일 최대 금액의 80%
(다)	정교수	1박 2일	X	45,000원	1일 최대 금액의 90%
(라)	부교수	1박 2일	○	30,000원	1일 최대 금액의 80%

① (가)　② (나)　③ (다)
④ (라)　⑤ (가), (나)

[18 ~ 19] 다음은 ○○공사의 청년 창업지원 매장 운영자 모집 관련 공고문이다. 이어지는 질문에 답하시오.

〈청년 창업지원 매장 운영자 모집 공고〉

• 사업목적
 – 정부의 청년 창업 일자리 창출 정책에 따라 청년 창업자 발굴 및 육성
 – 독창적인 아이템의 사업화 지원으로 사옥 내 상업시설의 새로운 모델 창조

• 운영방법 : 제휴운영 방식
 – 전문역량을 갖춘 파트너사와 계약을 체결하고 매출액에 대하여 약정된 종합 원가를 지불하는 방식(백화점 수수료 매장 형태와 유사)

• 선정방법 : 당사의 평가위원회에서 평가하여 선정
 – 인근 입점업체 판매품목(권장업종)을 고려하여 선정할 수 있음.

• 자격기준
 – 지원자격
  1. 공고일 기준 만 19세 이상 39세 이하
  2. 공고일 기준 사업자등록을 하지 않은 예비창업자 또는 창업 후 3년 이하인 「중소기업기본법」 제2조 제2항에 따른 소기업을 영위하는 자(단, 대표자 연령조건을 충족해야 함)
  3. 계약 체결 후 7일 이내 일반과세 사업자등록이 가능하고 시설투자 가능자
  4. 프랜차이즈 미가맹 사업자로, 고유의 브랜드 및 레시피로 운영 가능한 자
 – 자격제한
  1. □□기관 청년창업 지원매장 운영자로 선정된 자
  2. □□기관 부정당업체로 지정된 업체(자)
  3. 기존 계약자(공고일 기준)
   ① 우리사 편의점 및 자판기 관련 계약 중이거나 과거 계약 이력이 있는 자
   ② 상설 및 단기 전문점 운영 중이거나 과거 계약 이력이 있는 자
  4. 공고일 현재 상업시설 운영 중인 자로 점포 수 확대를 목적으로 지원하는 자

18. 다음 중 공고문을 작성하기 전에 논의되었을 내용으로 적절하지 않은 것은?

① 당사와 기존 계약자인 경우는 선정이 불가능함을 밝힌다.
② 청년 세대의 일자리 창출을 목표로 한다는 점을 밝힌다.
③ 미성년자이거나 만 40세 이상은 신청이 불가능함을 밝힌다.
④ 평가위원회에서 인근 입점 업체를 고려하여 선정한다는 점을 밝힌다.
⑤ 프랜차이즈 가맹 사업자도 신청 가능함을 밝힌다.

19. 다음은 공고문 게시 후 접수된 문의사항이다. 이를 반영한 공고문 수정 사항으로 가장 적절한 것은?

〈문의사항〉
청년창업 지원매장 운영자로 선정되면 구체적으로 어떤 것을 지원받을 수 있나요?

① 신청 기한을 공고문에 명시한다.
② 선정 시 지원 사항을 공고문에 명시한다.
③ 신청 방법을 공고문에 명시한다.
④ 평가위원회의 평가 항목을 공고문에 명시한다.
⑤ 지원자가 지켜야 하는 의무 사항을 공고문에 명시한다.

20. 다음은 갑 기관의 신입사원 연수 자료이다. 신입사원이 연수 내용을 바탕으로 회의를 준비하고자 할 때, 적용할 내용으로 적절한 것은?

브레인스토밍은 집단의 효과를 살려서 아이디어의 연쇄반응을 일으켜 자유분방한 아이디어를 내고자 하는 것으로, 진행 방법은 다음과 같다.

진행방법	세부내용
(가)	논의하고자 하는 주제는 구체적이고 명확하게 주어질수록 많은 아이디어가 도출될 수 있다. 예를 들어 '현장 사고를 줄이는 방법'이라는 주제보다는 '구성원 전원에게 안전헬맷을 착용시키는 방법'이라는 주제가 주어졌을 때 좋은 아이디어가 나오기 쉽다.
(나)	구성원의 얼굴을 볼 수 있도록 사각형이나 타원형으로 책상을 배치해야 하고, 칠판에 모조지를 붙이거나, 책상위에 큰 용지를 붙여서 아이디어가 떠오를 때마다 적을 수 있도록 하는 것이 바람직하다.
(다)	구성원들이 다양한 의견을 제시할 수 있는 편안한 분위기를 만들 수 있고 직급에 관계없이 분위기를 잘 조성할 수 있는 사람을 리더로 선출해야 한다. 리더는 사전에 주제를 잘 분석하고 다양한 아이디어를 산출할 수 있게 하는 방법들을 연구해야 한다.
(라)	브레인스토밍을 위한 인원은 5 ~ 8명 정도가 적당하며, 주제에 대한 전문가를 절반 이하로 구성하고, 그 밖에 다양한 분야의 사람들을 참석시키는 것이 다양한 의견을 도출하는 지름길이다.
(마)	브레인스토밍 시에는 누구나 무슨 말이라도 할 수 있도록 해야 하며, 발언 내용은 요약해서 잘 기록하여 내용을 구조화할 수 있어야 한다.
(바)	제시된 아이디어는 비판해서는 안 되며, 다양한 아이디어 중 독자성과 실현가능성을 고려해 결합한 뒤 최적의 방안을 찾아야 한다.

① 자유롭게 창의적인 발상을 위해 발언 내용은 구조화하지 않는다.
② 구성원은 주제에 대한 전문가 5 ~ 8명으로 구성해야 한다.
③ 구성원들의 아이디어는 과반수 이상이 동의한 내용에 대해서만 기록한다.
④ 독자성과 실현가능성을 고려하여 아이디어에 대해 자유로운 비판을 해야 한다
⑤ 리더는 직급에 관계없이 딱딱하지 않은 분위기를 조성할 사람으로 선출해야 한다.

21. 다음 사례에서 시사하고 있는 내용이 아닌 것은?

> 최근 K사는 올해 2분기 실적발표 콘퍼런스콜을 통해 자사의 비용절감 노력에 대해 진지하게 소개했다. 비용통제 활동을 '마른수건 짜내기'에 비유한 것이다. 얼핏 부정적인 느낌을 주지만 반드시 그런 것만은 아니다. K사뿐 아니라 L사 등 기간통신 사업자들도 비용절감과 효율적인 비용구조 개선을 통해 사업 고도화에 박차를 가하고 있다.
>
> 사업자들은 1회성 이벤트가 아니라 비용절감 노력을 고유의 '경영 노하우'로 뿌리내리게 할 참이다. 중요한 것은 이런 흐름이 해외 통신 사업자에게서도 나타나는 거대한 경영 트렌드라는 사실이다.
>
> 이와 같은 활동에 대해 D 증권사 연구원은 "세계적으로 통신 사업자들은 비용절감을 통한 순이익, 자사주 매입 후 소각, 배당률 인상 등의 활동을 공통적으로 전개하고 있다."라며, "각 사업자는 매출을 획기적으로 늘릴 수 없기 때문에 비용통제는 연말 회사의 성적표를 좌우하게 될 것"이라고 말했다.

① 현대사회에서 자원이 얼마나 중요하고 왜 관리해야 하는지를 보여주고 있다.

② 자원을 잘 관리하는 것이 경쟁력을 확보하는 방법이다.

③ 기업이 활용할 수 있는 자원이 무한하기 때문에 이를 적당히 관리하면 순이익 상승이 가능하다.

④ 적은 비용으로 최대한의 성과를 창출하는 것을 목표로 하고 있으며, 이를 위해 경영체제를 혁신하고 있다.

⑤ 목표 달성을 위해 자원을 효율적으로 사용하는 것이 필요하다.

22. 다음은 시간계획에 대한 설명이다. 빈칸에 들어갈 적절한 단어를 〈보기〉에서 찾아 순서대로 나열한 것은?

> 시간계획은 시간이라는 자원을 최대한 활용하기 위하여 가장 많이 (   )되는 일에 가장 많은 시간을 (   )하고, 최단 시간에 최선의 (   )을/를 달성하는 것을 의미한다.

보기

㉠ 사용 ㉡ 분배 ㉢ 목적 ㉣ 허용 ㉤ 반복 ㉥ 목표 ㉦ 책정

① ㉠, ㉡, ㉥
② ㉡, ㉣, ㉢
③ ㉣, ㉦, ㉢
④ ㉤, ㉡, ㉥
⑤ ㉤, ㉠, ㉦

23. 영업팀의 업무 수행 원칙은 작업수행시간이 짧은 순서대로 수행하는 것이다. 이에 관하여 업무개선팀에서는 대기시간과 실제 작업 수행시간을 고려하여 우선순위를 부여해 업무를 처리할 것을 권고하였다. 〈우선순위점수 계산 방법〉은 다음과 같으며, 수치가 높을수록 우선순위가 올라간다고 할 때, 다음 중 우선순위가 가장 높은 작업은?

〈우선순위점수 계산 방법〉

$$\frac{\text{대기시간} + \text{작업수행시간}}{\text{작업수행시간}}$$

〈수행해야 할 작업〉

작업	대기시간	작업수행시간
원가 검토	5일	5일
견적서 검토	12일	4일
공장 출장	15일	20일
견적원가 작성	30일	25일

① 원가 검토
② 견적서 검토
③ 공장 출장
④ 견적원가 작성
⑤ 원가 검토, 견적원가 작성

24. 다음 중 물적자원을 효과적으로 관리하는 방법으로 옳은 것은 모두 몇 개인가?

㉠ 자주 쓰는 물건을 가져다 쓰기 쉬운 위치로 옮긴다.
㉡ 품목 간의 유사성은 고려하지 않아도 된다.
㉢ 물품의 특성을 고려하여 보관 장소를 선정한다.
㉣ 입 · 출하가 잦은 물품이라도 출입구 가까이에 보관하는 것은 좋지 않다.

① 0개
② 1개
③ 2개
④ 3개
⑤ 4개

25. 다음은 A 벤처기업의 스마트워크 시스템 운영 사례이다. A 벤처기업이 운영하려는 인적자원 관리의 형태로 가장 적절한 것은?

> 〈스마트워크 운영 사례〉
>
> A 벤처기업은 전 직원을 대상으로 원격근무제를 시행했다. 최근엔 LA 본사 직원 20명을 포함해 전 세계 50개국, 약 550명의 직원 모두 원격근무를 하고 있다. 이들은 직무에 상관없이 자신의 거주지에서 탄력근무가 가능하고, 근무시간은 스스로 정하여 회사에는 그 결과만 보여준다. 휴가도 규정 없이 자신이 원하는 만큼 사용할 수 있다. 이 회사는 직원 간의 협업 및 의사소통 도구로 활용되는 P2P, 실시간 대화 도구 '슬랙', 영상 채팅 프로그램 '줌'을 이용해 효율적인 원격근무를 지원하고 있다.

① 직업의 전문화　② 직업의 세분화　③ 다양한 근로 형태
④ 다양한 기업 형태　⑤ 직업의 표준화

26. 갑 운송사에서 A 마을과 B 마을을 연결하는 버스를 다음과 같이 운행하고자 할 때, 필요한 최소 버스 수(㉠)와 최소 운전기사 수(㉡)가 올바르게 짝지어진 것은? (단, 승하차 및 버스 정지 시간은 고려하지 않는다)

> • 두 마을을 오가는 평균 왕복 시간은 2시간이다.
> • 배차는 항상 15분 간격으로 유지된다.
> • 운전기사의 휴식시간은 1회 왕복 후 30분이다.
> • 모든 버스는 'A 마을 → B 마을 → A 마을'의 경로로 이동하며, 이를 1회 왕복으로 한다.

	㉠	㉡
①	6대	8명
②	8대	10명
③	10대	14명
④	12대	14명
⑤	14대	16명

27. 다음 글을 참고할 때, 〈보기〉의 조 대리에게 가장 적절한 유연근무제 유형은?

> 유연근무제는 획일화된 공무원의 근무형태를 개인, 업무, 기관별 특성에 맞게 다양화하여 일과 삶의 균형을 꾀하고 공직 생산성을 향상하는 것을 목적으로 한다. 유연근무제는 시간제 근무, 탄력근무제, 원격근무제로 나눌 수 있다.
>
> 시간제근무는 다른 유연근무제와 달리 주 40시간보다 짧은 시간을 근무하는 것이다. 수시로 신청할 수 있으며 보수 및 연가는 근무시간에 비례하여 적용한다.
>
> 탄력근무제는 네 가지 유형이 있다. 시차출퇴근형은 1일 8시간 근무체제를 유지하면서 출퇴근시간을 자율적으로 조정할 수 있으며 7 : 00 ~ 10 : 00에 30분 단위로 출근시간을 스스로 조정하여 8시간 근무 후 퇴근한다. 근무시간선택형은 주 5일 근무를 준수해야 하지만 1일 8시간을 반드시 근무해야 하는 것은 아니다. 근무 가능 시간대는 6 : 00 ~ 24 : 00이며 1일 최대 근무시간은 12시간이다. 집약근무형은 1일 8시간 근무체제에 구애받지 않으며, 주 3.5 ~ 4일만을 근무한다. 근무 가능 시간대는 6 : 00 ~ 24 : 00이며 1일 최대 근무시간은 12시간이다. 이 경우 정액급식비 등 출퇴근을 전제로 지급되는 수당은 출근하는 일수만큼만 지급한다. 재량근무형은 출퇴근 의무 없이 프로젝트 수행으로 주 40시간의 근무를 인정하는 형태이며 기관과 개인이 협의하여 수시로 산정한다.
>
> 원격근무제에는 재택근무형과 스마트워크근무형이 있는데, 시행 1주일 전까지 신청하면 된다. 재택근무형은 사무실이 아닌 자택에서 근무하는 것이며, 초과근무는 불인정된다. 스마트워크근무형은 자택 인근의 스마트워크센터 등의 별도 사무실에서 근무하며, 초과근무를 위해서는 사전에 부서장의 승인이 필요하다.

보기

> 공무원인 조 대리는 유연근무제를 신청하고자 한다. 조 대리는 자신의 부서 사무실에 출근하여 다른 직원들과 어울리며 일하는 것을 선호하며, 주 40시간의 근무시간은 유지할 예정이다. 이틀은 아침 7시에 출근하여 12시간씩 근무하고, 나머지 사흘은 5 ~ 6시간의 근무를 하고 일찍 퇴근하려는 계획을 세웠다.

① 근무시간선택형　② 시차출퇴근형　③ 시간제근무
④ 집약근무형　⑤ 재택근무형

28. 김 사원은 물품을 관리하기 위해 다음과 같은 물품출납 및 운용카드를 활용하려고 한다. 이 문서를 활용했을 때 얻을 수 있는 장점으로 옳지 않은 것은?

물품출납 및 운용카드 20X2년 05월 15일 작성				물품출납원		물품관리관	
물품번호	1234-012	품명	자전거				
		내용연수	3년			단위	대
거래일자	취득일자	정리구분 /번호	수량	단가 (원)	금액 (원)	재고수량, 금액(원) 운용수량, 금액(원)	
20X1. 07. 18.	20X1. 07. 18.	자체구입 100	1	50,000	50,000	1 0	50,000 0
20X1. 07. 19	20X1. 07. 19.	출금 100	1	50,000	50,000	0 1	0 50,000
20X1. 08. 06	20X1. 08. 06	자체구입 전101	1	70,000	70,000	1 1	70,000 70,000
20X1. 08. 07.	20X1. 08. 07.	출금 전201	1	70,000	70,000	0 2	0 140,000
20X2. 01. 11.	20X2. 01. 11.	반납	1	50,000	50,000	1 1	50,000 90,000

① 보유하고 있는 물품의 분실 위험을 줄일 수 있다.

② 보유하고 있는 물품의 상태를 확인하고 활용하기 용이하다.

③ 물품출납의 상태를 계속해서 체크함으로써 효과적으로 관리할 수 있다.

④ 물품의 상태를 지속적으로 확인하고 작성해야 하기 때문에 물품 관리 업무가 줄어든다.

⑤ 보유하고 있는 물품의 현황을 근거로 활용 계획을 용이하게 수립할 수 있게 한다.

[29 ~ 30] 다음 글을 읽고 이어지는 질문에 답하시오.

이웃 나라와 볼펜 교역을 하기 전 '갑' 국의 볼펜 가격은 100원이었다. 이웃 나라인 '을' 국은 90원, '병' 국은 80원의 가격에 동일한 품질의 볼펜을 얼마든지 공급할 수 있다. '갑' 국은 볼펜 교역을 위해 다음 세 가지 방식을 고려하고 있다.

〈교역 방식〉

(가) '갑' 국은 수입되는 볼펜 가격의 20%를 관세로 부과한다.

(나) '갑' 국은 '을' 국과 자유무역협정을 체결하여 양국 간 볼펜에 대한 관세를 면제한다. '병' 국으로부터 수입하는 볼펜에는 20%의 관세를 부과한다.

(다) '갑' 국은 '병' 국과 자유무역협정을 체결하여 양국 간 볼펜에 대한 관세를 면제한다. '을' 국으로부터 수입하는 볼펜에는 20%의 관세를 부과한다.

※ 단, 모든 소비자는 최저가의 볼펜만을 사려는 경향이 있으며, 수요는 가격에 비례하여 증감한다.

29. 다음 중 (가)에 대한 설명으로 옳지 않은 것은?

① '갑' 국은 '병' 국으로부터만 볼펜을 수입할 것이다.
② '갑' 국의 볼펜 소비는 증가할 것이다.
③ '갑' 국의 볼펜 가격은 96원으로 하락할 것이다.
④ 수입되는 볼펜 1개당 16원의 관세가 부과될 것이다.
⑤ '갑' 국은 '병' 국에게 볼펜 1개당 96원을 지불할 것이다.

30. 다음 중 위의 내용에 비추어 적절하지 않은 것은?

① (가)에서 (나)로 변화하면 '갑' 국의 볼펜 가격은 하락할 것이다.
② (가)에서 (다)로 변화하면 '갑' 국의 볼펜 가격은 하락할 것이다.
③ (다)에서 '갑' 국은 '병' 국에게 볼펜 1개당 80원을 지불할 것이다.
④ 소비자의 경향으로 볼 때 (나)와 (다)에서 '갑' 국의 관세 수입은 차이가 없을 것이다.
⑤ (나)는 (다)보다 '갑' 국 소비자에게 유리할 것이다.

31. 다음 글을 참고할 때 대인관계의 부정적 정서 중 하나인 '대인불안'의 특징이 아닌 것은?

> 정서는 대인관계의 핵심 요소이다. 자신의 감정을 잘 알고 다른 사람의 감정을 잘 이해할 수 있는 능력을 대인관계의 핵심으로 볼 수 있다. 자신의 감정과 타인의 감정을 잘 이해하는 능력은 자신의 감정을 잘 알고 감정을 구분해서 감정에 따른 적절한 행동을 할 수 있는 능력과 다른 사람이 원하는 것을 잘 아는 능력을 의미하며 대인관계를 잘 한다는 것은 자신과 다른 사람의 감정을 잘 다룬다는 것이다. 즉 자신과 타인의 감정을 이해하고 잘 다룰 수 있을 때 다른 사람과 부드럽게 상호관계를 맺을 수 있음을 의미하는 것이다. 많은 학자들은 오랜 기간 동안 이루어진 임상경험에서 알게 된 환자들의 가장 주된 호소가 바로 대인관계 문제와 부정적 정서라는 사실을 강조하고 있고 많은 임상가들이 이에 동의하고 있다.
>
> 부적응적인 대인관계 패턴은 부정적인 정서를 포함하고 있다. 대인관계를 통하여 경험할 수 있는 부정적 정서는 매우 다양하다. 불안, 수치심, 슬픔, 죄책감, 공포, 경멸, 분노, 우울, 외로움 등의 인간이 살아가면서 느낄 수 있는 부정적 정서의 대부분이 대인관계와 관련이 있다는 것은 직관적, 경험적으로도 분명해 보인다.

① 자신이 무가치하고 열등하다는 생각에 사로잡힌다.

② 타인들의 주목을 받는 사회적 상황에서 발생하게 된다.

③ 강렬한 정서적 반응을 유발한다.

④ 타인들의 평가에 대해 지나치게 염려하게 된다.

⑤ 일상적인 사회적 반응의 붕괴와 같은 행동적 징후가 나타난다.

32. 다음은 팀장이 변혁적 리더십을 통해 팀 분위기를 개선한 사례이다. 밑줄 친 ㉠에 해당하는 설명으로 적절한 것은?

> ㉠ <u>이전의 팀 분위기</u>와는 달리 최근 우리 팀은 활기가 넘친다. 최근 달라진 팀장이 긍정적인 영향을 주고 있기 때문이다. 팀장은 우리 팀이 올해 도달해야 할 목표를 뚜렷하게 제시했다. 그리고 팀원들의 개별 면담을 시도했다. 각자에게 맞는 경력 개발 목표를 수립하는 것을 열정적으로 코칭해 주었다. 무엇보다 팀원들이 하는 행동에 대해 진심으로 칭찬을 아끼지 않으며 우리의 사기를 북돋아 주었다.

① 팀원들 간에 토론 문화가 활성화되어 있었을 것이다.

② 팀원 각자가 풍부한 경험을 가진 소규모 팀이었을 것이다.

③ 분위기가 정체돼 변화가 요구되는 팀이었을 것이다.

④ 혁신적 팀원들이 자발적으로 꾸려가는 팀이었을 것이다.

⑤ 통제가 없어 방만하게 운영되는 팀이었을 것이다.

33. 다음 갈등의 사례들 중 그 유형이 같은 것끼리 짝지어진 것은?

(가) 김 대리는 박 과장과 공동으로 프로젝트를 수행하고 있지만, 박 과장이 외국에서 살다 와서 그런지 협동심이 부족하고 개인주의가 너무 강해서 자꾸 충돌이 생긴다.
(나) 자금 담당인 곽 대리는 재고를 줄여 비용을 절감해 자금 부족을 해결하자고 주장하는 반면, 구매 담당인 박 대리는 재고를 줄이는 것은 근시안적인 처방이며 오히려 간접비를 줄여야 한다고 주장한다.
(다) 이 과장은 어제 자신의 거래처에서 향응을 제공받았다는 소문이 돌았다는 것을 알게 되었다. 확인해 보니, 소문의 진원지는 최 과장이었다. 그러나 막상 최 과장은 그런 적이 없다고 호소한다.
(라) 팀 단합대회를 계획 중인데, 오 대리는 한적한 바닷가 주변에 숙소를 잡자고 하는 반면 한 과장은 인근 산에 숙소를 잡기를 원한다.

① (가), (나)　② (가), (라)　③ (나), (다)
④ (나), (라)　⑤ (다), (라)

34. 다음 글을 참고할 때 직장에서 가장 선호하는 직원의 사례로 적절한 것은?

현재 재직 중인 직장인을 대상으로 설문조사를 한 결과, 앞으로 동료를 선택할 수 있다면 평소 업무 수행 태도와 성격(76.0%), 예의(63.6%), 뛰어난 성과 및 역량(54.1%), 넓은 인간관계(53.6%) 순으로 고려할 것 이라는 응답이 나타났다. 특징적인 점은 직장 내에서 가장 선호하는 유형으로 성실성과 예의를 꼽았는데, 반대로 직장 동료로 가장 선호하지 않는 유형으로 예의가 없는 사람(67.5%)을 언급한 비율이 가장 높았다는 것이다. 직장에서 함께 일하고 관계를 맺고 싶은 동료는 업무 능력도 중요하지만 무엇보다 예의 등의 '기본적인 태도'를 갖춘 사람이라는 것을 다시 한 번 확인해볼 수 있는 결과였다.

※ 제시된 설문은 모두 복수 응답이 가능한 설문이었다.

① 김 사원은 분석적 능력이 뛰어나서 남들이 예측하지 못하는 부분까지도 세세하게 알고 있다.
② 정 사원은 재미있는 얘기를 자주하여 경직된 사무실 분위기를 풀어주는 동료이다.
③ 박 대리는 시간을 정확하게 준수하여 남들에게 절대 피해를 끼치지 않으려고 노력한다.
④ 최 대리는 사람들에게 항상 존댓말을 사용하며 상대방을 배려하는 태도로 의견을 구한다.
⑤ 황 부장은 담당한 프로젝트를 크게 성공시키고 회사의 대표 프랜차이즈를 만들어 냈다.

35. 다음 TF 팀의 회의 내용을 바탕으로 팀장이 할 의사결정으로 가장 적절한 것은?

> 팀장 : 오늘부터 TF 팀이 본격 가동됩니다. 먼저 우리 팀의 행동 원칙을 정해야 할 것 같습니다. 다들 의견을 말씀해 주세요.
>
> 팀원 A : 제일 중요한 것은 '시간 엄수'라고 봅니다. 여러 사람이 함께 참여하는 것이니까, 서로 시간을 잘 지켜야 할 것 같습니다.
>
> 팀원 B : 그건 기본적인 것이라고 생각합니다. 우리가 팀이기 때문에 좋은 성과를 내기 위해서는 '의견 경청'이 더욱 중요하다고 봅니다.
>
> 팀원 C : 우리가 정말 팀이라면 '전체가 책임지는 것을 전제로 목표를 명확하게 공유'해야 합니다. 개인의 책임을 따지게 되면 매우 비효율적일 뿐만 아니라 공동의 목표를 달성하는 데도 시간이 오래 걸리게 될 것입니다.
>
> 팀원 D : 저는 '확신이 없다면 물어보고 확인, 또 확인하자'라는 행동 원칙을 제안합니다.

① 팀원 A의 의견에 문제가 있으므로, 행동 원칙으로 삼지 않는다.
② 팀원 B의 의견에 문제가 있으므로, 행동 원칙으로 삼지 않는다.
③ 팀원 C의 의견에 문제가 있으므로, 행동 원칙으로 삼지 않는다.
④ 팀원 D의 의견에 문제가 있으므로, 행동 원칙으로 삼지 않는다.
⑤ 전원의 의견에 문제가 없으므로, 모든 의견을 행동 원칙으로 삼는다.

36. 다음 사례에 나타난 리더십의 개념으로 가장 적절한 것은?

> 미국의 고급 백화점 노드스트롬(Nordstrom) 직원들에겐 복잡한 매뉴얼이 없으며 스스로의 판단으로 무엇이든 교환하거나 환불해줄 수 있고, 한 달에 200달러 한도 내에서 고객에게 친절을 베풀기 위한 것이라면 뭐든지 할 수 있는 권한도 있다. 리츠칼튼(Ritz Carlton) 호텔 직원들도 고객의 불편을 감지하는 즉시 문제해결을 위해 아무 과정도 거치지 않고 바로 그 자리에서 스스로 판단해 최고 2,000달러를 지출할 권한을 갖고 있다. 또 미국의 인터넷 신발 판매업체인 자포스(Zappos)에는 콜센터나 고객센터라는 명칭 대신 '콘택트센터(Contact Center)'라 부르는 부서가 있는데, 이 부서에서 일하는 직원들에게도 매뉴얼이 없다. 고객을 대하는 직원이 인간 대 인간으로 고객과 마주하며, 사람과 상황에 따라 서비스의 내용이 달라지기 때문이라는 이유에서다. 그래서 자포스는 어느 고객의 전화를 무려 8시간 동안 받아준 기록을 세우기도 했으며, 이는 널리 알려져 자포스의 인기를 높이는 데에 크게 기여했다.

① 변혁적 리더십　② 독재자형 리더십　③ 임파워먼트
④ 역량강화법　⑤ 코칭

[37 ~ 38] 다음 글을 읽고 이어지는 질문에 답하시오.

올해 초 영국의 한 연구소에서 직장인 정신 건강에 영향을 미치는 요인 중 직장 상사의 비율이 가장 높다는 설문조사 결과를 발표했다. 영국의 UKG 노동인구연구소(The Workforce Institute at UKG)는 10개국의 3,400명 직장인을 대상으로 업무 스트레스, 직장이 정신 건강에 미치는 영향, 일에 대한 감정 등에 대한 설문을 진행했고 그 결과, 69%의 직장인이 정신 건강에 가장 큰 영향을 미치는 사람으로 직장 상사를 뽑았다고 한다. 특히 직장 상사에게 받는 압박과 같은 부정적인 정신 환경인 화목하지 못한 가정생활(61%), 일상(54%), 인간관계(42%) 순으로 직장인에게 좋지 않은 영향을 끼친다는 결과를 공개했다.

심지어 직장 상사 항목에 응답한 사람 중 38%가 '거의' 또는 '절대' 직장 상사와 관계 개선을 위한 대화를 나누지 않는다고 답변했다. 그 이유는 스스로 해결할 수 있어야 해서(20%), 상사가 신경을 쓰지 않아서(16%), 상사가 너무 바빠서(13%) 순이었다.

직장 결정에 관한 질문에서는 응답자 80% 이상이 고액의 연봉보다 정신 건강을 지킬 수 있는 직장을 선호한다고 답했다. 매니저 이상 직급의 직장 상사 중 70%도 같은 답변을 했다. 자릭 카너드 영국 노동인구연구소 박사는 "불안정한 글로벌 상황으로 인해 생기는 불안감이 직장인들의 에너지를 더 소비하게 하고 이는 업무 성과, 혁신, 사내 문화에 영향을 미친다."라며 "회사는 직원들이 필요로 하는 자원을 제공하며 안정감을 느낄 수 있도록 조치를 취해야 한다."라고 말했다.

37. 윗글을 참고했을 때, 직장 상사와 관계 개선을 위한 대화를 하지 않는 이유에 해당하는 사례로 적절하지 않은 것은?

① 모든 문제는 본인이 하는 것에 달려 있어. 문제가 생겼을 때 다른 사람에게 의지하지 않고 본인이 해결하기 위해 노력해야 해.

② 우리 부장님은 본인으로 인해 부서 내에서 어떤 일이 발생하고 있는지 잘 모르는 것 같아. 그래서 나도 관심을 두지 않기로 했어.

③ 우리 차장님과 대화하면 문제가 더 꼬이는 느낌이야. 도대체 내 말을 이해하지 못하신다니까.

④ 우연히 다음 주 상무님 일정을 보게 되었는데, 어떻게 그걸 다 소화하시는지 모르겠어. 정말 바쁘시더라. 잠깐 시간을 내달라는 얘기를 못하겠어.

⑤ 우리 팀장님의 프로 정신은 참 좋은데, 한번씩 업무 외 이야기로 넘어간다 싶으면 칼 같이 "업무 이야기로 돌아가죠."라고 하니 대꾸를 못 하겠어.

38. 다음 중 자릭 카너드 박사가 제안한 내용을 구현한 기관은?

① A 기관은 직원에 대한 징계 절차를 명확하게 개정하였다.
② B 기관은 직원의 주택 자금 지원 정책을 개선하여 지원 규모를 확대하였다.
③ C 기관은 재무 여건을 고려하여 직원 채용 규모를 확정하기로 하였다.
④ D 기관은 기관 비전을 미래 지향적으로 개정하였다.
⑤ E 기관은 부서 관리의 효율을 위해 부서 통폐합을 추진하였다.

39. 다음 조하리의 창(Johari's window)에서 〈보기〉의 경우에 해당하는 영역은?

	자신은 안다	자신은 모른다
타인은 안다	열린 창 (open)	보이지 않는 창 (blind)
타인은 모른다	숨겨진 창 (hidden)	미지의 창 (unknown)

보기

타잔은 인간이었지만 스스로를 원숭이라고 생각했다. 인간으로서의 생활을 경험하지 못한 채 원숭이와 함께 자랐기 때문이다.

① 보이지 않는 창　② 숨겨진 창　③ 미지의 창
④ 열린 창　⑤ 어느 영역에도 속하지 않는다.

40. 다음 글의 '소모임'을 통해 기대하는 내용이 반영된 예시는?

> 최근 많은 직장맘들이 독서 소모임을 결성하고 있는 추세다. 그들은 대략 2주 혹은 한 달에 한 번 미리 선정한 책을 읽고 와서 육아와 교육에 관한 최신 정보를 교류하고 공감대를 형성한다. 이런 모임은 독서를 통해 지식을 습득하는 것 이상의 중요한 의미가 있다. 뚜렷한 목적과 형태를 갖춘 이 모임이 혼자 감내해야 했던 시간과 노력의 한계를 뛰어넘어 그 이상의 효익과 가치를 발휘할 수 있도록 하기 때문이다. 혼자 책을 읽으면 탁상공론에 빠지기 쉽지만 여러 사람이 모여 토론을 벌이면 실제 사례에 접목해 참고할 수 있고 서로에게 힘이 되어줄 수 있다. 책 속에서 얻는 정보와 지식도 중요하지만, 우리에게 더 필요한 것은 따뜻한 감정이 느껴지는 정서적 지지, 피드백, 격려다.

① A는 대학교 동기들과 매주 토요일마다 영화평론회를 열고 있다. 매주 선정된 영화를 시청하고 각자의 감상을 공유한다. A는 평론회에 참여하면서 영화를 감상하는 폭이 넓어진 것을 느낀다.

② B는 매 저녁마다 부모님과 다양한 주제로 대화를 나눈다. 주로 B가 생소한 경제, 사회, 문화에 관한 현안을 다루며 부모님으로부터 대안을 듣는 편이다. B는 이 대화를 통해 시사상식이 풍부해지는 것을 느낀다.

③ 세 번째로 도전한 시험에서 탈락한 C는 세 번의 실패로 인해 진로를 새롭게 찾아야 하는 것은 아닌지 고민하게 되었다. 그런데 먼저 시험에 합격한 친구가 연락을 해왔고 C가 그동안 해온 노력에 대해 얘기하며 C를 지지해주고 힘내라고 용기를 복돋아 주었다.

④ D는 그의 대학원 지도교수와 논문에 대해 한 달 동안 같은 주제로 논의하고 있다. D가 아직 검증이 덜 되었지만 본인이 관심을 가지고 있는 연구방법론을 적용하고자 하자 지도교수는 검증된 기존의 연구방법론을 적용하도록 조언했다.

⑤ ○○기관 필기시험에 합격한 E는 일주일 뒤 면접을 위해 SNS를 통해 면접 스터디 그룹에 들어가게 되었다. 그 곳에서는 ○○기관 현직 근무자가 재능기부로 만든 면접 설명자료와 예상 질문 목록을 받을 수 있었다.

41. 다음 [사례 1]과 [사례 2]의 두 사람이 갖추어야 할 직업윤리를 옳게 연결한 것은?

> [사례 1] 식당을 운영하는 K 씨는 최근 전기요금은 물론 각종 공과금까지 올라 부담이 크다. 그래서 한 푼이라도 아끼고자 음식물 쓰레기를 갈아서 몰래 하수도에 버렸다.
> [사례 2] 건설사에 근무하는 P 대리는 상사로부터 매일 퇴근 전에 현장에 들러서 공사 진행 상황과 각종 건설 자재 · 공구 등의 정리 · 정돈 상태를 직접 꼼꼼하게 확인하라는 지시를 받았지만, 이전에 현장에 나가서 눈으로 상황을 대충 훑어보고 보고했을 때 아무 일도 없었기에 오늘도 대충 훑어보고 있다.

	[사례 1]	[사례 2]
①	성실성	정직성
②	성실성	준법성
③	준법성	봉사성
④	준법성	성실성
⑤	봉사성	준법성

42. 다음 사례의 A에게 친구가 제시할 대처 방안으로 적절하지 않은 것은?

> 전역을 한 지 얼마 되지 않아 취업을 하게 된 A는 그 기쁨도 잠시, 직장 스트레스에 시달리고 있다. 사수인 D로부터 원하지 않는 신체적 접촉과 음란한 농담을 하루도 빠짐없이 겪고 있기 때문이다. D는 A의 몸이 좋다며 가슴, 엉덩이와 같은 부위를 툭 치고 찌르는 행위를 반복적으로 했으며, A의 외모에 대한 성적인 발언도 수시로 일삼았다. 군 복무를 할 때에도 동성끼리의 신체적 접촉, 성적인 농담을 접하였던 A는 동성 간에도 성희롱이 일어날 수 있다는 사실을 충분히 인지하지 못했다. 그래서 입사 초기부터 지금까지 반년을 넘게 참아 왔지만, 상황이 나아지지 않자 고민이 길어지고 있다. 업무에 집중을 할 수 없는 상태에까지 이르게 된 A는 앞으로 어떻게 이를 헤쳐 나가야 할지 비슷한 경험이 있었던 친구에게 물어보기로 했다.

① 신뢰할 수 있는 선임 직원에게 도움을 요청해 봐.
② 직접적으로 당사자에게 거부 의사를 밝히고 중지하라고 항의해야 해.
③ 직장 내부의 고충 처리 상담 부서는 도움이 되지 않아.
④ 성희롱에 대한 증거 자료를 수집해서 공식적으로 처리할 수 있도록 준비하는 게 좋아.
⑤ 나도 직장 외부의 성폭력 상담 기관에 도움을 요청한 적이 있어.

[43 ~ 44] 다음은 '공공기관의 도덕적 해이'에 관한 내용이다. 이어지는 질문에 답하시오.

도덕적 해이(Moral Hazard)란 상대방의 행동을 관측할 수 없을 때 바람직하지 않은 행위를 하는 것을 말한다.

공공기관은 도덕적 해이의 유혹에 빠지기 쉽다. 조직 활동에서는 개인적 이익을 앞세우기보다는 조직의 목적에 충실해야 한다는 윤리적 책무가 최고의 덕목이 되어야 한다. 하지만 공적업무를 빙자해서 개인적인 이익을 꾀하는 공공기관의 '차공제사'(借公濟私, 직권을 남용하여 사복을 채운다는 뜻) 행위가 자주 언론에 등장한다. 조직에서 대놓고 비리를 저지르는 경우는 드물며 조직 활동 중에 교묘하게 개인적 일탈행위를 끼워 넣는 경우가 대부분이다. 따라서 공공기관의 도덕적 해이가 무엇인지, 도덕적 해이에 어떤 요인들이 영향을 주는지 구체적으로 이해할 필요가 있다. 흔히 관료들의 사익추구 행태로 정의되는 도덕적 해이는 정보의 비대칭적 상황에서 도덕적으로 충분한 주의를 기울이지 않는 행위를 지칭한다.

도덕적 해이는 사익추구, 방만경영, 국가의존, 무사안일 등의 4가지 요인과 요인별로 7가지의 세부 항목으로 구성된다. 4가지 요인의 총합이 곧 도덕적 해이 수준이 되는 것이다. 이 도덕적 해이는 몇 가지 특징이 있다.

43. 다음 도덕적 해이의 요인 중 '무사안일'의 태도와 가장 유사한 유형은?

① A는 근무 중 사적인 용무를 보기 위해 자주 외출한다.
② B는 부서 내에서 골치 아픈 일이 생기면 절대 나서지 않는다.
③ C는 팀원들에게 예산 절감보다는 지출 완료에 역점을 두라고 한다.
④ D는 공공기관은 중앙정부의 부당한 간섭도 당연히 따라야 한다고 생각한다.
⑤ E는 개인의 성과에 도움이 되지 않는 부서 간 협업에는 관심을 두지 않는다.

44. 다음 중 도덕적 해이의 특징에 대한 설명으로 옳지 않은 것은?

① 업무를 충실히 수행하지 않는 행위를 의미하는 것으로 적발과 입증이 어렵다.
② 사적 영역에서 도덕적 의무를 다하지 않는 도덕적 일탈행위도 포함된다.
③ 사익을 추구하지 않더라도 효율적인 운영을 위해 최선을 다하지 않는 업무 태도도 포함된다.
④ 실적이 기대되더라도 위험이 따르는 새로운 업무에는 관심을 두지 않으려는 소극적인 행동방식을 취한다.
⑤ 결정을 내리고 책임지기보다는 상급 기관에 결정을 미루고 이를 기계적으로 따라가는 행동방식을 취한다.

[45 ~ 46] 다음 글을 읽고 이어지는 질문에 답하시오.

> 어려서부터 아버지를 따라 화초 가꾸는 일에 재능을 보이던 강 씨는 원예에 큰 취미를 갖고 있다. 강 씨는 온 집 안에 각양각색의 화초를 키우며, 계절별로 대표적인 화초를 선정해 동호회 모임에 나가 소개하기도 한다.
>
> 윤 씨는 유명 커피 전문점에서 바리스타 일을 한다. 이탈리아에서 학창 시절을 보낸 윤 씨는 커피 맛에 관해서는 타의 추종을 불허할 정도로 감별력이 뛰어나며 커피 제조 기술 관련 서적도 출간한 바 있다. ㉠ 그는 자신의 일이 아무나 할 수 있는 것이 아니라고 여기며 스스로의 능력에 큰 자부심을 갖고 있다.
>
> 얼마 전 동네 편의점에서 아르바이트 일을 시작하게 된 한 씨는 대학교 졸업 후 오랜 기간 취업문을 두드렸지만 자신을 고용해 주는 회사가 없어 사회에 불만이 많다. 하지만 편의점 아르바이트 일을 시작하면서 사회에 대한 인식이 바뀌게 되었다. 비록 언제까지 아르바이트를 계속할 수 있을지 알 순 없지만 일정한 수입도 올릴 수 있는 현재의 일을 열심히 해 보고자 한다.
>
> 중년의 나이로 다니던 직장을 그만둔 정 씨는 어느 기업체 대표이사의 출퇴근 차량 운전기사 일을 한다. 직장에서 귀빈을 태우고 이리저리 운전을 한 경험이 많아 운전기사 일이 어렵진 않다. 정 씨의 운전이 마음에 든 대표이사는 그가 스스로 그만두지 않는 한 끝까지 정 씨를 운전기사로 두겠다고 약속해 주었지만 생각했던 것보다 보수가 적어 얼마나 더 이 일을 수행할지 고민하고 있다.

45. 다음 중 위의 강 씨, 윤 씨, 한 씨, 정 씨 네 명의 인물 중 '직업인'이라고 할 수 있는 사람을 모두 고른 것은?

① 강 씨, 윤 씨　② 윤 씨, 한 씨　③ 윤 씨, 정 씨
④ 정 씨, 한 씨　⑤ 강 씨, 한 씨, 정 씨

46. 다음 중 윗글의 ㉠에 관한 직업윤리의 덕목으로 알맞은 것은?

① 책임의식　② 직분의식　③ 소명의식
④ 천직의식　⑤ 전문가의식

[47 ~ 48] 다음은 콜버그(Kohlberg)의 도덕성 발달이론 관련 자료이다. 이어지는 질문에 답하시오.

콜버그(Kohlberg)는 인간의 도덕성 발달과정에 관심을 두고, ㉠ 인간의 도덕적 판단의 구조는 스스로 선택한 행동에 대한 추론으로 이루어진다고 보았다. 그의 이론에 따르면 도덕적 판단은 도덕적 행위를 결정하는 가장 중요한 요인으로 ㉡ 도덕적 발달수준이 높으면 높을수록 도덕적으로 더 높은 수준에서 행동을 선택할 가능성이 높아진다. 사회적 관습이나 인습을 획득하느냐에 대한 여부를 기준으로 하여 인습 이전 수준, 인습 수준, 인습 이후 수준의 세 수준으로 도덕 발달 단계를 구분하였다.

〈콜버그의 도덕성 발달 단계〉

수준 및 단계		기본 특성	도덕적 행위의 동기 및 태도
㉢ 인습 이전 수준	1단계	복종과 처벌 지향	
	2단계	상대적 쾌락주의	(가)
㉣ 인습 수준	3단계	착한 어린이 지향	
	4단계	사회 질서와 권위 지향	
㉤ 인습 이후 수준	5단계	민주적 법률의 수용	
	6단계	보편적 원리 지향	

47. 윗글의 밑줄 친 ㉠ ~ ㉤에 관한 설명으로 가장 올바르지 않은 것은?

① ㉠은 콜버그의 주장에 따르면 올바른 설명이다.
② ㉡은 콜버그의 주장에 따르면 올바른 설명이다.
③ ㉢의 수준에 있는 아동은 내적 요인에 따라 어떠한 행위를 할지 결정한다.
④ ㉣의 수준에 있는 아동은 타인 또는 사회 속에서 규정된 기준에 따라 도덕적 판단을 한다.
⑤ ㉤의 수준에서는 사회적 계약, 보편적 윤리 등의 보다 높은 수준의 원칙에 따라 행동한다.

48. 윗글의 (가)에 들어갈 적절한 내용을 고른 것은?

① 개인을 존중하는 보편적 인간 가치에 대한 희생의 신념

② 인생의 가치는 가족의 애정과 연민에 기초

③ 반환되는 이익이나 보상을 받는 데 목표

④ 공명정대한 의견의 존중과 유지에 동조

⑤ 벌을 피하기 위해 규율에만 복종

49. 다음은 김새벽 씨의 사례이다. 밑줄 친 ㉠ ~ ㉤ 중 직장예절로 적절하지 않은 것은?

> 김새벽 씨는 AA 광고회사에서 근무하고 있는 3년차 마케터이다. 김새벽 씨는 오전에 거래처 클라이언트와 대면 회의가 있어 부사수와 함께 클라이언트의 사무실에 방문하였다. ㉠ 약속 시간인 10시보다 조금 먼저 도착하여 응접실에서 대기하였다. 김새벽 씨는 ㉡ 개인적인 사정으로 기분이 좋지 않았지만 클라이언트 측 담당자에게 정중하게 인사를 건넸다. 서로 인사를 나눈 후, 김새벽 씨는 ㉢ 왼손잡이지만 오른손으로 상대의 손을 너무 꽉 잡지 않은 채로 악수하며 밝은 표정을 지었다. ㉣ 부사수가 상대 담당자보다 어리고 직급도 낮기 때문에 먼저 명함을 건네면서 서로 명함 교환을 하였다. ㉤ 김새벽 씨는 담당자의 명함 디자인이 깔끔하고 예쁘다고 생각하며 후에 명함을 바로 지갑에 넣었다.

① ㉠ ② ㉡ ③ ㉢

④ ㉣ ⑤ ㉤

50. 다음은 갑질 근절을 위한 가이드라인의 일부이다. 〈보기〉 중 갑질에 해당하는 사례를 모두 고른 것은?

〈주요 유형별 갑질 판단 기준〉

– 법령 등 위반
법령, 규칙, 조례 등을 위반하여 자기 또는 타인의 부당한 이익을 추구하거나 불이익을 주었는지 여부

– 사적 이익 요구
우월적 지위를 이용하여 금품 또는 향응 제공 등을 강요 · 유도하는지 여부, 사적으로 이익을 추구하였는지 여부

– 부당한 인사
특정인의 채용 · 승진 · 인사 등을 배려하기 위해 유 · 불리한 업무를 지시하였는지 여부

– 비인격적 대우
외모와 신체를 비하하는 발언, 욕설 · 폭언 · 폭행 등 비인격적인 언행을 하였는지 여부

– 기관 이기주의
발주기관 부담비용을 시공사에게 부담시키는 등 부당하게 기관의 이익을 추구하였는지 여부

– 업무 불이익
정당한 이유 없이 불필요한 휴일근무 · 근무시간 외 업무지시, 부당한 업무 배제 등을 하였는지 여부

– 부당한 민원 응대
정당한 사유 없이 민원접수를 거부하거나, 고의로 지연처리 등을 하였는지 여부

– 기타
의사에 반한 모임 참여를 강요하였는지, 부당한 차별 행위를 하였는지 여부 등

보기

㉠ 법령 등 위반 : △△사의 계약 담당자 A가 상대 협력사의 부탁으로 해당 사업자에게 유리하도록 내부 평가 규정의 일부 내용을 임의로 변경하여 해당 사업자가 낙찰 받을 수 있게 하였다.

㉡ 사적 이익 요구 : 복리후생 조건으로 연 1회 주어지는 호텔 숙박권을 공기업 임원 B가 연 5회 이상 가족, 친지와 부당하게 사용하였다.

㉢ 비인격적 대우 : 팀장인 C가 직원 D의 업무상 실수를 발견하고 이에 대한 개선 사항을 팀원들과의 식사 자리에서 공유하였다.

㉣ 업무 불이익 : 부장 E가 사원 F에게 근무 시간 내에 도저히 완료할 수 없는 분량의 업무를 분장하고, 일의 마감이 많이 남았음에도 해당 업무를 모두 처리하기 전까지 퇴근하지 못하도록 지시하였다.

㉤ 기타 : ○○공사 과장 G가 신입사원 H에게 사내 자전거 모임에 참석할 것인지 물어보고 H가 이를 승낙하자 정말 참여하고 싶은지 여러 번 물어보았다.

① ㉠, ㉡, ㉣ ② ㉠, ㉢, ㉣ ③ ㉡, ㉢, ㉣

④ ㉡, ㉣, ㉤ ⑤ ㉢, ㉣, ㉤

고시넷 한국사회능력개발원 + 휴스테이션 NCS

영역별 출제비중

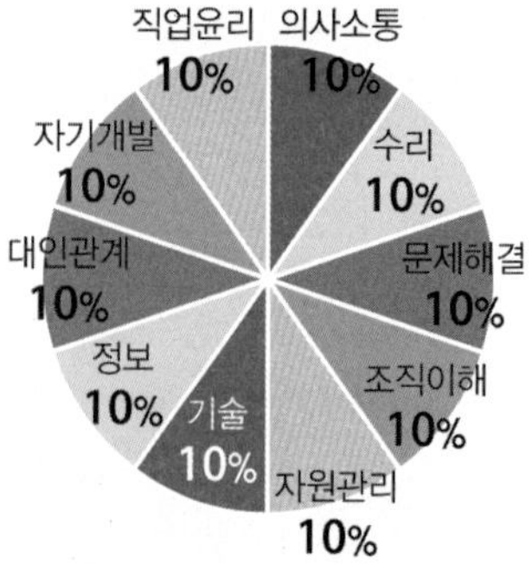

- ▶ 글의 세부 내용을 파악하는 문제
- ▶ 조건에 따라 수치를 계산하는 문제
- ▶ 조건과 자료를 바탕으로 결과를 도출하는 문제
- ▶ 조직 특성, 자기개발, 직업윤리 정신 등의 개념을 적용하는 문제
- ▶ 자원과 기술을 요구에 맞추어 선정하고 관리하는 문제

휴스테이션형 의사소통능력에서는 글의 세부 내용을 이해하는 문제가 출제되었다. 수리능력에서는 기초적인 연산식을 계산하고 제시된 자료를 바탕으로 수치를 분석하는 문제가 출제되었다. 문제해결능력에서는 조건에 맞는 결론을 도출하는 문제가 출제되었다. 조직이해능력에서는 조직을 이해하고 관리하는 방법에 대한 이론 응용 문제가 출제되었다. 자원관리능력에서는 물적, 인적, 예산 등의 자원을 활용하는 문제가 출제되었다. 기술능력에서는 기술의 개념과 활용을 이해하는 문제가 출제되었다. 정보능력에서는 정보를 분석하고 순서도에 따라 정보를 도출하는 문제가 출제되었다. 대인관계능력에서는 조직 내 발생하는 협상, 갈등관리, 리더십 등의 개념을 활용한 문제가 출제되었다. 자기개발능력에서는 경력관리와 관련된 문제가 주로 출제되었다. 직업윤리에서는 직장 내의 사례를 윤리적 관점에서 판단하는 문제와 기업의 사회적 책임에 관한 문제가 출제되었다.

한사능 + 휴스테이션

5회 출제유형모의고사

영역		총 문항 수
의사소통능력	수리능력	40문항
문제해결능력	조직이해능력	
자원관리능력	기술능력	
정보능력	대인관계능력	
자기개발능력	직업윤리	

NCS란? 산업 현장에서 직무를 수행하기 위해 요구되는 각종 지식, 기술, 태도 등의 내용을 국가가 체계화한 것을 의미한다.

기출예상문제

문항수 | 40문항
시험시간 | 40분

▸ 정답과 해설 44쪽

[01 ~ 02] 다음은 보행사고 감소를 위한 추진전략에 대한 내용이다. 이어지는 질문에 답하시오.

도로에서 사람과 재화의 이동은 사회적, 경제적, 정치적으로 필수 불가결하지만, 이러한 이동은 교통사고로 이어질 수 있다. 따라서 자동차의 주행경로 등에 보행자가 노출되면 보행사고로 이어질 가능성이 높아지므로 직접적인 노출을 감소시켜야 한다.

보행자가 지장물이나 불법주정차 차량 등에 가려져 운전자가 보행자를 인식하지 못하여 많은 사고가 발생하기도 한다. 따라서 보행자의 시인성을 확보하기 위해 시설을 개선하는 것이 필요하다. 또한 보행자가 다니는 길에서 보행사고를 감소시키기 위하여 보행활성화를 유도하는 것도 효과적이다. 보행자가 많으면 운전자에게 보행자가 계속 눈에 띄기 때문에 운전자는 조심하여 서행 운전하게 된다. 이러한 경우 운전자가 주변을 볼 수 있는 시야가 넓어지기 때문에 돌발 상황에 쉽게 대처할 수 있게 된다.

보행자 사고의 심각도에 결정적 역할을 하는 것은 바로 차량 운행 '속도'이다. 따라서 보행사고 심각도를 감소시키기 위해서는 차량 속도 저감기법을 적극적으로 고려해야 한다. 충돌속도가 45km/h 이상인 경우에는 생존 가능성이 50% 이하이고, 30km/h 이하인 경우에는 생존 가능성이 90% 이상이다. 또한 주택가, 이면도로 등 일상생활과 밀접한 생활도로에서의 차량 주행 속도를 낮추는 방법도 고려해야 한다.

보행자 보호의 중요성에 대한 사회적 경각심이 높아짐에 따라 보행사고 위험요인을 고려한 ㉠ 타겟/타깃형 집중단속을 강화하고 있다. 그러나 자동차 운전자들의 보행자에 대한 배려나 보호의지, 안전의식 등을 교육 · 홍보를 통해 개선해 나가는 것이 더욱 중요하다. 보행자의 경우에는 도로 위에서 자신을 위주로 상황을 판단하는 경향이 높기 때문에 멀리서 자동차가 다가오면 "자동차가 오기 전에 길을 건널 수 있다" 또는 "자동차가 알아서 속도를 줄이겠지" 등의 오판을 하게 된다. 이러한 문제를 해결하기 위해 어린이부터 어른까지 모든 보행자가 안전한 보행습관을 몸에 익힐 수 있도록 범국민 문화캠페인을 전개하는 것이 필요하다. 안전한 도로는 운전자와 보행자 모두 법규를 지켰을 때 만들어지는 것이다.

01. 다음 중 윗글에서 언급한 '보행사고 감소를 위한 추진전략'으로 가장 적절하지 않은 것은?

① 보행활성화를 유도하여 운전자의 시야를 넓혀 준다.
② 자동차 주행경로에는 가급적 보행자가 다니지 않도록 한다.
③ 보행자 및 운전자의 안전의식을 개선해 나간다.
④ 주택가, 이면도로 등 생활도로에서의 자동차 운행 속도를 줄인다.
⑤ 운전자가 보행자를 인식할 수 있도록 도로에 설치된 시설물을 제거한다.

02. 윗글의 밑줄 친 ㉠에서 올바른 외래어 표기를 고른 후, 나머지 외래어도 모두 바르게 표기된 것을 고르면?

① 타깃(target) – 레모네이드(lemonade), 로브스터(lobster), 스트로(straw), 플루트(flute)
② 타깃(target) – 레몬에이드(lemonade), 랍스터(lobster), 스트로우(straw), 플룻(flute)
③ 타겟(target) – 레몬에이드(lemonade), 로브스터(lobster), 스트로우(straw), 플루트(flute)
④ 타겟(target) – 레몬에이드(lemonade), 로브스터(lobster), 스트로(straw), 플룻(flute)
⑤ 타겟(target) – 레모네이드(lemonade), 랍스터(lobster), 스트로우(straw), 플루트(flute)

[03 ~ 04] 다음은 한 연구논문의 요약본이다. 이어지는 질문에 답하시오.

도시철도 차량은 높은 수송력을 가지고 정시성 및 높은 수준의 주행 안정성을 확보하여 승객을 운송하는 대표적인 대중교통 시스템으로서, 인구가 밀집한 도시는 물론 외곽지역과도 연결시켜주는 중요한 교통수단이 되어 국민의 편익에 많은 기여를 하고 있다. 그러나 최근에는 열차의 탈선 및 충돌 등 국 · 내외 대규모 철도차량 사고가 증가하고 있으며, 사고의 파급력도 어떤 교통수단보다도 크게 나타나고 있다.

사고발생 시 일어나는 인적 · 물적 피해는 안전관리기준 강화 및 이용자의 안전 욕구 수준을 크게 증가시켰다. 따라서 철도차량 제작 시 불안전한 요인들이 운영자 및 이용자(고객)들에게 노출되지 않도록 안전에 대한 내용들을 사전 예측 · 판단하여 위험요소를 제거하거나 허용범위 안에서 관리되어야 할 필요성이 대두되었다. 이러한 이유로 도시철도 차량 제작은 성능 기반 제작에서 안전 기반 제작으로 전환되고 있다.

안전 기반 도시철도 차량시스템의 설계 및 제작은 기본적으로 안전 요구조건의 선정과 단계별 분석을 통한 위험원 선정 및 저감 방안 수립, 검증 및 확인, 마지막으로 폐기 단계를 거치게 된다. 위험원의 식별은 설계 및 제작, 시운전 단계까지의 모든 단계에서 진행되며, 시스템 상세 설계 전 사전위험분석을 통해 안전 설계의 기본 방향을 설정한다. 사전위험분석은 시스템 안전 프로그램에서 정의하는 안전 관련 항목과 잠재적 사고 위험을 내재한 설비나 기능을 위주로 평가를 진행한다.

본 연구에서는 영향, 감전, 실족, 유독 물질, 질식, 열 소모, 폭발, 탈선, 화상, 고립, 상처의 11가지 고수준 위험원 리스트를 식별하여 사전위험분석을 실시하였다. 사전위험분석을 위한 대상 시스템은 표준규격의 대형 전동차를 적용하였으며, 가장 많이 운행되고 있는 DC 1,500V 전동차를 대상으로 진행하였다. 위험도 평가기준은 준정량적 방법으로 설치하였고, 발생빈도를 동종 시스템의 운행 경험을 통해 운행주기별 고장 발생 빈도로 별도 정의하였으며, 심각도는 가장 많이 적용하고 있는 항목을 적용하여 위험도 매트릭스를 작성하였다.

도시철도 차량시스템에 적용되는 사전위험분석을 실시한 결과, 차량분야 109개의 위험원이 도출되었으며, 이 중 31개는 허용 불가능한 위험원으로 분류되었다. 정리된 위험원은 경감 및 사고대책을 실시하여 위험도를 관리범위 내로 낮추었으며, 몇 개 위험원의 경우는 세부설계 과정에서 분석되는 시스템 위험 분석(SHA ; System Hazard Analysis)에서도 같은 종류의 위험원으로 구분하여 관리토록 하였다.

이러한 연구 활동을 통하여 표준규격 전동차의 안전 요구사항을 도출하고 상세설계 전에 위험원을 제거할 수 있었다. 잔존하는 위험원은 상세설계 단계에서 추적 관리를 통해 위험원 경감대책을 다시 적용하여 경감할 필요가 있다. 본 연구에서 수행된 일반론적 접근 방법은 시스템 위험분석, 하부 시스템 위험분석(SSHA ; Sub System Hazard Analysis), 인터페이스 위험분석(IHA ; Interface Hazard Analysis)의 분석을 위한 기반이 될 것이다.

03. 다음 중 윗글의 내용을 함축적으로 표현한 제목으로 가장 적절한 것은?

① 도시철도 사고 방지를 위한 차량시스템 개선 방안
② 도시철도 차량시스템의 사전위험분석에 관한 연구
③ 도시철도 차량시스템의 성능 기반 제작에 관한 연구
④ 도시철도 차량의 주행 안정성 강화에 관한 연구
⑤ 도시철도 안전성 확보를 위한 사전위험분석의 결과

04. 다음 중 윗글을 통해 획득할 수 있는 정보가 아닌 것은?

① 연구의 방법 및 결과
② 연구의 배경 및 필요성
③ 연구의 목적 및 절차
④ 연구의 의의 및 한계
⑤ 연구의 결론 및 제언

05. 다음 식을 계산한 값은?

$$1 \cdot 2 + 3 \cdot 2^2 + 5 \cdot 2^3 + \cdots + 17 + 2^9 + 19 + 2^{10}$$

① $15 \cdot 2^{11} + 6$
② $17 \cdot 2^{11} + 6$
③ $19 \cdot 2^{11} + 6$
④ $15 \cdot 2^{12} + 6$
⑤ $17 \cdot 2^{12} + 6$

[06 ~ 07] 다음은 지하철 거리비례용 정기권 운임에 관한 자료이다. 이어지는 질문에 답하시오.

- 거리비례용 종류별 정기권 운임
  - 교통카드 기준 운임을 기준으로 1 ~ 18단계로 나뉘어 가격이 정해진다.
  - 정기권 운임은 '종류별 교통카드 기준 운임×44(회)'의 가격에 15%를 할인한 금액을 10원 단위에서 반올림하여 정한다.
  - 단, 1,600원 이내 구간은 1,400(원)×44(회)가 적용된다.

〈지하철 거리비례용 종류별 정기권 운임표〉

(단위 : 원)

종류별	교통카드 기준 운임	정기권 운임	이전 단계와의 운임 차이
1단계	1,600	61,600	–
2단계	1,700	(　　)	(　　)
3단계	1,800	(　　)	(　　)
4단계	1,900	(　　)	(　　)
5단계	2,000	(　　)	(　　)
6단계	2,100	(　　)	(　　)
7단계	2,200	(　　)	(　　)
8단계	2,300	(　　)	(　　)
9단계	2,400	(　　)	(　　)
10단계	2,500	(　　)	(　　)
11단계	2,600	(　　)	(　　)
12단계	2,700	(　　)	(　　)
13단계	2,800	(　　)	(　　)
14단계	2,900	(　　)	(　　)
15단계	3,000	(　　)	(　　)
16단계	3,100	(　　)	(　　)
17단계	3,200	(　　)	(　　)
18단계	3,300	(　　)	(　　)

06. 다음 중 14단계 정기권 운임은?

① 106,500원　② 107,000원　③ 107,500원
④ 108,000원　⑤ 108,500원

07. 2 ~ 18단계 중에서 이전 단계와의 정기권 운임 차이가 3,800원인 단계의 개수는?

① 5개　② 6개　③ 7개
④ 8개　⑤ 9개

08. 지원이는 친구들과 함께 다음과 같은 퍼즐을 풀고 있다. 각 기호는 일정한 값을 의미하며, 퍼즐 오른쪽에 있는 숫자는 가로줄의 합, 아래쪽에 있는 숫자는 세로줄의 합을 의미한다. 퍼즐을 풀어 십자(✧)와 별(☆) 값의 합을 구하면?

☆	□	☆	○	△	=20
○	✧	△	□	○	=33
□	△	○	☆	✧	=26
□	□	□	✧	△	=23
☆	△	✧	○	□	=26
=21	=22	=26	=32	=27	

✧	십자
☆	별
△	삼각형
□	사각형
○	원

① 10　② 11　③ 12
④ 13　⑤ 14

09. 올해 하반기 A 기업 경력직 채용에 지원한 다은, 지현, 선호는 임원면접을 치렀다. 면접위원들은 상, 중, 하로 점수를 주었고, '상'을 2개 이상 받으면 자동합격, '하'를 3개 이상 받으면 자동탈락이다. 면접 결과가 다음과 같을 때, 가장 적절한 것은?

〈면접위원별 면접 결과〉

사장 : 면접 대상자별로 다른 점수를 주었음.

회장 : 다은에게 준 점수는 '상', 지현에게는 사장보다 낮은 점수를 주었고, 선호에게는 사장과 같은 점수를 주었음.

이사 : 모든 면접 대상자에 회장이 준 점수보다 낮은 점수를 주었음.

인사팀장 : 지현에게 회장과 같은 점수를 주었고, '상'을 준 면접 대상자는 한 명임.

※ 이 외의 면접위원은 없음.

① 다은이는 자동탈락될 수 없다.
② 사장이 가장 낮은 점수를 준 사람은 선호이다.
③ 지현에게 가장 낮은 점수를 준 면접위원은 인사팀장이다.
④ 회장이 선호에게 인사팀장보다 낮은 점수를 주었다면, 다은이는 자동합격이다.
⑤ 이사와 인사팀장이 다은에게 준 점수가 같다면, 면접 대상자들은 '상'을 각각 하나씩 받았다.

10. 금연구역에서 흡연하는 사람을 찾아내기 위해 고심하던 마을 주민들은 용의자로 의심되는 다섯 명의 주민 라온, 민찬, 도윤, 단우, 지안을 불렀고, 그들은 다음과 같이 진술했다. 두 명은 거짓만, 세 명은 진실만을 말하고 있고 한 명이 범인일 때, 금연구역에서 흡연하는 범인은 누구인가?

라온 : 금연구역에서 흡연하는 것은 나와 지안만 보았다. 민찬의 말은 모두 참이다.

도윤 : 단우는 금연구역에서 흡연하지 않았다. 지안의 말은 참말이다.

민찬 : 금연구역에서 흡연한 것은 단우이다. 단우가 금연구역에서 흡연하는 것을 지안이가 보았다.

단우 : 금연구역에서 흡연하는 것을 본 주민이 있다. 민찬은 금연구역에서 흡연하지 않았다.

지안 : 나와 라온은 금연구역에서 흡연하지 않았다. 나는 금연구역에서 흡연하는 사람을 아무도 보지 못했다.

① 라온 ② 민찬 ③ 도윤
④ 단우 ⑤ 지안

11. ○○기업은 최근 고객지원팀 직원들의 고객정보 입력 실수가 잦아 항의문의가 계속 들어오자 다음과 같이 징계규정을 개정하였다. 고객지원팀 직원 4명의 이번 달 오류 건수를 참고할 때, 징계를 받게 될 직원과 그 내용이 적절하게 연결된 것은?

〈직원 징계 규정 개정안〉

단말기 정보 입력과 관련한 직원의 일반적인 혹은 중대한 오류가 있을 경우, 다음과 같이 벌점을 부과하고 이를 월별로 집계하여 해당 벌점에 따라 징계한다.

1. 최종 징계는 중대한 오류 건수가 일반적인 오류와 중대한 오류 건수를 합한 값의 20% 이상인 직원에게 다음 '3. 벌점 구간에 따른 징계 내용'에 따라 행해진다.
2. 일반적인 오류는 입력 오류 건당 20점, 중대한 오류는 건당 30점의 벌점을 부과한다. 단, 2020 ~ 2023년 사이에 우수직원 수상 경력이 있는 직원은 벌점 총합에서 100점을 차감한다.
3. 벌점 구간에 따른 징계 내용

벌점 구간	징계 내용
800점 미만	징계 대상 제외
800점 이상 ~ 850점 미만	견책
850점 이상 ~ 900점 미만	10% 감봉
900점 이상	20% 감봉

〈이번 달 고객지원팀 단말기 정보 입력 오류 현황〉

성명	일반적인 오류(건)	중대한 오류(건)	우수직원 수상 내역
유 부장	30	8	수상내역 없음.
한 과장	40	5	2021년 우수직원
박 대리	26	15	2023년 우수직원
황 사원	30	12	2020년 우수직원

① 유 부장, 견책
② 한 과장, 10% 감봉
③ 박 대리, 20% 감봉
④ 황 사원, 징계 대상 제외
⑤ 황 사원, 20% 감봉

12. 다음은 승차권 예약발권시스템에 대한 기사 내용이다. 제시된 유의사항을 참고하여 설정한 비밀번호로 적절한 것은?

〈△△항공 예약발권시스템 등 개편〉

△△항공은 차세대 고객서비스 시스템을 도입한다고 XX월 XX일에 발표하였다. 차세대 고객서비스 시스템 도입은 업무 효율성 및 고객서비스의 질을 향상하기 위해 이루어졌다. △△항공은 차세대 고객서비스 시스템 변경의 가장 큰 목적을 업무효율성 및 고객서비스의 질 향상이라고 설명했다. 모든 시스템의 사용자 환경을 누구든 손쉽고 빠르게 다룰 수 있도록 했다는 것이다. 또 기존의 시스템 환경 대비 손쉽게 운임 및 서비스 상품 관리를 운영할 수 있어 시장상황에 맞춘 빠른 대응도 가능하다. △△항공 관계자는 "프로그램의 손쉬운 운용은 고객 접점에 있는 대고객 서비스에도 높은 만족도를 기대할 수 있다"라고 설명했다. 주요 내용은 가장 이용 빈도가 높은 승차권 예매 및 부가상품의 구매 편의성을 높이는 데 중점을 두었다. 예약 조회 시, 복잡한 절차를 줄이고 불필요한 단계를 건너뛰는 것이 가능해 전체 예약 진행속도가 빨라졌고, 최초 1회 카드 또는 계좌 정보만 입력하면 간편하게 비밀번호로만 결제할 수 있는 빠른 결제시스템을 도입하였다.

〈비밀번호 설정 시 유의사항〉

1. 동일하거나 연속되는 문자 또는 숫자의 3자 이상 사용금지
   ex) 1234...., aaa.... 등
2. 사용자 ID가 포함된 비밀번호 사용 금지
3. 인적 사항이 포함된 비밀번호 사용 금지
   ex) 생년월일(YYYYMMDD, YYMMDD), 전화번호, 이름, 주민등록번호 등
4. 문자 및 숫자만으로 이루어진 비밀번호 사용 금지(문자, 숫자, 특수문자 조합만 가능)
   사용가능한 특수문자 : !, @, #, $, %, ^, &, *

① 똑같은 문자만 아니면 되니까 jklm581!로 해도 되겠구나.

② 난 비밀번호를 잘 까먹으니까 내 생일을 넣어서 *971215@로 하는 것이 외우기에 편하겠지.

③ 처음으로 설정하는 비밀번호니까 1number!으로 하겠어.

④ 내 ID는 나한테 소중한 좌우명이야. 그러니 ID와 똑같은 비밀번호로 설정할래.

⑤ 외우기 쉽게 비밀번호를 appple1234#으로 해야겠어.

13. 다음은 □□공사의 SWOT 분석 결과이다. (ㄱ)과 (ㄴ)에서 설명하는 SWOT의 요인을 각각 바르게 연결한 것은?

(ㄱ) 코로나19로 인해 철도 여객이 반 토막 나면서 □□공사의 고민이 깊어지고 있다. 국토교통부 철도통계에 따르면, 가장 최근인 지난 5월 기준 일반철도 수송인원은 787만 명으로 지난해 같은 기간 1,302만 명을 실어 날랐던 것에 비해 거의 반 토막 난 상태다. 어린이날, 어버이날 등 각종 기념일이 많은 5월은 □□공사의 성수기 중 하나다. 지난해까지만 해도 □□공사가 매월 실어 나르는 철도 여객은 일반철도 기준으로 1,000만 명을 하회한 적이 없다. 하지만 올해의 경우 코로나19가 본격 확산한 2월부터 철도 여객이 4개월 연속 1,000만 명을 밑돌고 있다.

(ㄴ) □□공사는 사물인터넷(IoT) 기술을 활용하여 레일 온도를 실시간으로 원격 측정할 수 있는 기술개발에 나섰다. □□공사는 실시간 모니터링 시스템으로 안전과 효율성을 동시에 잡을 계획이다. IoT를 활용한 차량 · 시설물 모니터링은 □□공사가 추진하는 '스마트 유지보수 시스템'의 첫 번째 시범사업이다. □□공사 직원들은 지금까지 여름철 폭염 속에 선로를 따라 걸으며 레일 온도를 수시로 점검해 왔는데, 철(鐵)로 이뤄진 철도의 레일은 기온이 급격히 올라가면 휘어져 열차 운행 장애나 사고의 원인이 되었다. □□공사 ○○○사장은 "4차 산업혁명에 대비해 IoT를 통한 과학적인 유지보수 시스템을 구축하겠다."라며 "빅데이터 기술과 연계하여 안전하고 효율적인 철도를 만들 것"이라고 말했다.

	(ㄱ)	(ㄴ)
①	강점	기회
②	약점	기회
③	위협	약점
④	위협	기회
⑤	위협	강점

[14 ~ 15] 다음은 조직변화의 요소와 조직변화의 유형 분류에 관한 내용이다. 이어지는 질문에 답하시오.

포스트 코로나 시대인 현재, 민간조직에서 공공조직에 이르기까지 모든 조직은 여전히 역동적이고 변화하는 환경에 직면해 있다. 이러한 상황에서 조직은 생존을 위해 환경 변화를 수용해야 한다. 조직의 변화는 다양한 측면에서 요구되는데, 사실 어떤 형태의 압력이 조직의 변화를 일으키는 가장 중요한 요소가 될 것인지를 논하는 것은 쉽지 않다. 변화의 속도가 점점 빨라지고 압력 요소들이 복잡한 상호관계 속에서 작용하고 있기 때문이다. 우리가 흔히 조직이 변화한다고 할 때, 조직을 구성하는 요소가 많은 것만큼이나 조직변화가 뜻하는 실질적인 내용들 역시 다양한 모습을 띠고 있다. (가) <u>조직변화의 요소는 조직구조, 조직문화, 기술, 조직의 정책, 조직윤리 등이 있으며, 이를 크게 두 가지로 나누어 볼 수 있다. 우선 비교적 가시적으로 파악하기 쉬운 하드웨어적 요소의 변화가 있으며, 이와는 반대로 가시적, 직접적으로 파악하기 어려운 소프트웨어적인 요소의 변화를 생각해 볼 수 있다.</u>

조직변화는 조직 내 · 외적인 변화의 압력을 고려하여 한 개체로서의 조직의 생존력을 높이려는 것으로써 개인이나 집단의 변화까지도 포함한다. 한국 조직의 경우, 사기업에서 정부조직에 이르기까지 커다란 변화 또는 변혁의 물결을 경험했다. IMF 경제위기와 2009년의 세계적 금융위기를 극복하면서 변화의 필요성에 대한 인식이 일반화된 것이다. 그리하여 변화의 형태와 속도가 과거와 많이 달라져 있는데, 형식적인 변화가 아니라 인력을 대폭 줄이고 조직을 경량화하며, 전략적 방향을 바로잡는 실질적인 변화가 한국 기업에서 일어나고 있다. 아웃소싱과 M&A가 일반화되면서 소유구조나 경영방식에도 커다란 변화가 일어나고 있다. 변화의 속도도 빨라져 다변적 FTA와 중국의 도약, 그리고 정보통신혁명의 거센 물결은 기업의 환경을 바꾸고 있으며, 기업을 비롯한 조직의 경영자들에게 빠르고 깊은 변화를 추구하도록 요구하고 있다.

조직변화의 유형과 관련하여 가장 대표적인 분류방식으로는 변화의 속도에 따라 점진적인 조직변화와 급진적인 조직변화로 분류할 수 있다. 점진적인 조직변화는 서서히 조직의 문화를 변경시키며, 지속적인 개선과 발전을 통한 점진적인 변화를 꾀하는 방식이다. 반면, 매우 혁신적이고 한편으로는 강제적인 성격의 개혁을 통한 급진적인 조직변화의 방식이 있다. 조직이 운영되는 것을 지속적으로 감시하고 전략과 구조에 대한 점진적인 조정을 할 수 없을 때는 급진적인 조직변화를 추진하게 된다. (나) <u>조직변화의 유형을 조직변화의 형태에 따라 분류할 수도 있는데, 이것은 '조직에 의해 계획되었는가? 혹은 계획되지 않은 것인가?', '조직 외부에서 온 원인인가? 혹은 조직 내부에서 온 원인인가?'로 구분할 수 있다.</u>

14. 다음 중 밑줄 친 (가)에서 제시한 5개의 조직변화의 요소를 하드웨어적 요소와 소프트웨어적 요소를 기준으로 옳게 분류한 것은?

	하드웨어적 요소	소프트웨어적 요소
①	기술, 조직윤리, 조직의 정책	조직구조, 조직문화
②	조직구조, 조직문화	기술, 조직의 정책, 조직윤리
③	조직구조, 기술, 조직의 정책	조직문화, 조직윤리
④	조직의 정책, 조직윤리	조직구조, 기술, 조직문화
⑤	조직문화, 조직윤리	조직구조, 기술, 조직의 정책

15. 다음은 조직변화의 유형을 밑줄 친 (나)에서 제시한 기준에 따라 분류한 표이다. ㉠～㉣에 대한 설명으로 적절하지 않은 것은?

구분	계획된 변화	계획되지 않은 변화
조직 내부에서 온 원인	㉠	㉡
조직 외부에서 온 원인	㉢	㉣

① ㉠은 조직 내부의 계획이나 전략적인 의도에 의한 것으로, 관리시스템을 변화시키거나 조직의 상품 혹은 서비스를 변화시키는 것 등이 대표적인 예시이다.

② ㉡은 조직의 낮은 성과나 성, 연령, 학력과 같은 인구통계학적 변화에 조직이 어쩔 수 없이 적응하기 위해 발생하는 조직변화이다.

③ ㉢의 예로 정부의 법규 변화와 같은 정부의 규제, 경제적 경쟁의 변화 등이 있다.

④ ㉢은 조직이 스스로 도모하여 외부의 신기술이나 새로운 커뮤니케이션 수단 등을 수용함으로써 변화하는 것이다.

⑤ ㉣에서 발생하는 변화는 조직이 통제할 수 없기 때문에 조직은 그에 적응하기 위해 노력해야 한다.

16. ○○기업 경영혁신팀은 조직 내 품질관리를 위하여 관리적 차원이나 관리혁신의 차원에서 방법을 모색하고 있다. 다음 중 품질관리와 품질혁신의 방법에 대한 설명으로 옳지 않은 것은?

① 관리적 차원으로는 품질개선 사이클, 품질분임조가 있고, 혁신의 차원으로는 리엔지니어링, 식스시그마 혁신, 전사적 품질관리(TQM)가 있다.

② 품질분임조(quality circle)는 조직이 구성원에게 품질에 관한 사고를 가지도록 유도하는 것으로, 동일한 직장에서 품질경영 활동을 자주적으로 행동하는 소집단을 말한다.

③ 리엔지니어링(reengineering)은 정보기술을 활용해 기존의 과정을 재설계하려는 것으로 과정재설계라고하여 고위관리층이 주도한다.

④ 식스시그마(six sigma) 품질혁신은 고객의 관점에서 사고해 결함이 발생할 가능성을 사전에 제거하고 프로세스의 질을 개선하려는 전사적 관리혁신 방법이다.

⑤ 품질개선 사이클은 조직의 과정, 산출물, 서비스의 계속적 개선을 위한 수량적 방법의 이용과 종업원의 참여를 통해 고객의 욕구와 기대를 만족시키는 총체적이고 종합적인 접근을 의미한다.

17. 다음 〈보기〉 중 물적자원관리의 중요성을 적절하게 인식한 것을 모두 고르면?

보기

가. 사용하고 남은 전선류 및 기자재들을 함부로 버리는 일이 없도록 폐자재 처리 매뉴얼을 준수하고 있는지 자재 창고 담당자에게 문의하여 확인해 둔다.

나. 전력 수요가 많지 않은 시기에도 언제 닥칠지 모르는 재난 상황에 대비해 항상 예비전력 보관을 잘하고 있는지 챙겨 본다.

다. 장기 보관 시 소장 가치 상승이 예상되므로 자원으로 활용하기보다 가급적 가치 제고를 통한 자산 증가를 유도한다.

라. 확보 즉시 소모해야 하는 자재가 아니라면 항상 최소 재고분을 보유하여 비상 상황과 고객의 요구에 대응할 수 있도록 준비해 둔다.

① 나, 다　　② 나, 라　　③ 가, 다, 라

④ 가, 나, 라　　⑤ 가, 나, 다, 라

18. ○○공사 하반기 채용시험에 4명의 합격 예정자가 선발되었다. 각 인원별 점수가 다음과 같을 때, 가중치를 적용한 환산점수 총합이 가장 높은 2명의 합격자 중 1위를 영업팀, 2위를 관리팀에 배치하려고 한다. 영업팀과 관리팀에 배치될 인원을 알맞게 짝지은 것은?

(단위 : 점)

구분	이름	각 분야별 점수			
		직무능력평가	컴퓨터활용능력	영어회화	면접
1	전지현	83	75	79	87
2	김종인	81	77	86	81
3	박종필	85	71	82	85
4	조해영	79	87	92	90

〈분야별 가중치 적용 방법〉

- 직무능력평가×1.45
- 컴퓨터활용능력×1.25
- 영어회화×1.2
- 면접×1.1

	영업팀	관리팀
①	김종인	박종필
②	조해영	김종인
③	전지현	조해영
④	박종필	김종인
⑤	조해영	박종필

19. 총무부 최 사원은 워크숍에 필요한 직원 50명의 단체복을 주문하기 위하여 제품별 가격표를 검토하고 있다. 품목 및 업체선정 우선순위와 직원 선호도, 제품 가격을 고려하여 최종 선정할 때, 최 사원이 선정한 업체와 품목은?

〈제품별 가격표〉

품목	직원 선호도 순위	A 업체	B 업체
라운드넥 티셔츠	3	12,000원	13,000원
칼라넥 티셔츠	2	14,000원	17,500원
집업 점퍼	1	22,000원	20,000원
플리스 점퍼	4	25,000원	22,000원

※ B 업체의 경우 상품과 관계없이 30점 이상 구매 시 전체 지급금액의 10%가 할인된다.

〈품목 및 업체선정 우선순위〉

- 직원 선호도를 최우선으로 선정하나, 다음 순위 선호도 품목의 구매 시 금액 총합이 우선 품목 대비 20% 이상 저렴한 경우 다음 순위 품목을 선정한다.
- 동일한 품목에서 구매금액 총합이 더 저렴한 업체를 선정한다.

① A 업체 – 라운드넥 티셔츠
② A 업체 – 칼라넥 티셔츠
③ B 업체 – 집업 점퍼
④ B 업체 – 플리스 점퍼
⑤ B 업체 – 라운드넥 티셔츠

20. 다음은 최적 원가회계 시스템을 설계할 때 나타나는 정보시스템의 정확성과 원가와의 관계를 나타낸 그래프이다. 각각의 곡선 A, B, C가 의미하는 지표는?

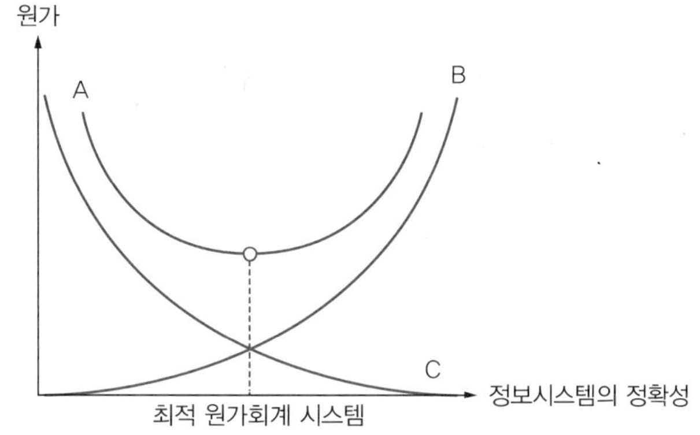

	A	B	C
①	총원가	정보시스템의 설계 · 수법 · 유지 원가	부적절한 경로시스템으로 인한 의사결정 손실
②	총원가	부적절한 경로시스템으로 인한 의사결정 손실	정보시스템의 설계 · 수법 · 유지 원가
③	정보시스템의 설계 · 수법 · 유지 원가	총원가	부적절한 경로시스템으로 인한 의사결정 손실
④	정보시스템의 설계 · 수법 · 유지 원가	부적절한 경로시스템으로 인한 의사결정 손실	총원가
⑤	부적절한 경로시스템으로 인한 의사결정 손실	정보시스템의 설계 · 수법 · 유지 원가	총원가

21. 다음은 건설교통부에서 첨단 기술 변화를 반영한 생활물류 서비스 산업 발전 계획 자료의 일부이다. 빈칸 ㉠ ~ ㉢에 해당하는 기술이 적절하게 연결된 것은?

> – 물류산업은 (㉠), 로봇, 자율주행 트럭 등 신규 스마트 이동 수단을 통해 물류시장 전반의 스마트화를 가속화한다.
> – 송장 · 인수증 등 물류정보의 전자화, (㉡) 기술을 활용한 화물 상태 관리 및 도난방지 등 공급망 무결성 확보 등을 통한 초연결시대에 부응한다.
> – 물류산업 전 과정에 AI 기술을 이용하여 분류 자동화와 배송 최적화를 수행하며, (㉢) 기술을 이용하여 물류의 수요를 예측하는 등 4차 산업혁명 핵심기술을 적용하여 디지털화를 진행한다.

	㉠	㉡	㉢
①	드론	빅데이터	IoT
②	드론	IoT	빅데이터
③	빅데이터	IoT	드론
④	빅데이터	드론	IoT
⑤	IoT	드론	빅데이터

22. 다음 글에서 토지 관리를 위한 지속가능한 기술의 선정 및 적용 사항으로 언급되지 않은 것은?

> A. 사실세계 혹은 가상공간 내 접속하거나 통제할 수 있는 최대 접속 수를 의미하는 것으로 이러한 경우에 이것은 기술적용의 기초가 되며, 인공구조물의 최적 공간규모 또는 활동의 질을 보장할 수 있는 최소 공간규모를 나타낸다.
> B. 현재의 세대가 토지라는 활동의 장에서 향유하고 있는 편익을 다음 세대도 향유할 수 있도록 하는 지속가능요인이 상호작용을 유도하고 있는지를 판단하는 것이다. 삶의 터전이 되고 시각적으로 인지 가능한 토지요인의 보전 · 관리뿐만 아니라 바람, 대기 등의 보이지 않는 요인들도 보호 · 관리하는 생태공간을 이루기 위한 것이다.
> C. 도시화와 산업화에 기인하는 것으로 도시적 토지이용 및 관리는 꾸준히 증가하는 반면 친환경적 토지이용 및 관리는 지속적으로 줄어드는 경향을 나타내고 있으며 이것은 생태적인 토지 관리를 지향하는 기준을 의미한다.
> D. 도시적 용도의 토지부족, 높은 개발압력, 개발의 외연적 확산 등으로 인하여 토지 관리의 지속성을 저해하는 근본 원인으로 작용하며, 이는 토지 관리의 효율성 즉 투입 대비 산출을 바라볼 수 있는 기준으로 볼 수 있다.

① 물리적 수용능력
② 토지 관리의 생태성
③ 토지 관리의 효율성
④ 토지 관리의 형평성
⑤ 토지 관리의 지속성

23. **다음은 어느 컴퓨터 운영 체제의 매뉴얼 중 일부이다. 이와 같은 매뉴얼 작성 시 유의할 점으로 적절하지 않은 것은?**

〈Linux 시스템 관리자 매뉴얼〉

NAME
  ifconfig－네트워크 인터페이스 구성
SYNOPSIS
  ifconfig [－v] [－a] [－s] [interface]
  ifconfig [－v] interface [aftype] options | address ...
NOTE
  ifconfig는 커널 상주 네트워크 인터페이스를 구성하는 데 사용됩니다.
  부팅 시 필요에 따라 인터페이스를 설정하는 데 사용됩니다.
  그 후, 일반적으로 디버깅하거나 시스템 조정이 필요한 경우에만 필요합니다.
OPTIONS
  －a : 작동 중단된 경우에도 현재 사용 가능한 모든 인터페이스 표시
  －s : 짧은 목록 표시(예 : netstat －i)
  －v : 일부 오류 조건에 대해 더 자세히 설명

① 최대한 자세한 설명을 수록하여 사용자가 여러 번 읽은 후 이해하게끔 해야 한다.
② 정보의 위치를 쉽게 찾을 수 있도록 구성하고, 짧고 의미 있는 제목으로 작성해야 한다.
③ 수동태보다 능동태, 추상적 명사보다는 행위동사를 사용하여 명확하게 표현해야 한다.
④ 육하원칙을 기반으로 사용자가 답을 얻을 수 있도록 작성해야 한다.
⑤ 추측성 기능 설명은 사용자에게 사고를 유발시킬 수 있으므로 지양해야 한다.

24. 다음 경영혁신기업에 대한 설명으로 적절하지 않은 것은?

> ○○공사는 2000년, 21세기 글로벌 디지털 환경에서 경쟁력을 확보하고 생존하기 위한 방안으로 6시그마를 도입하기 시작했다. 즉, 6시그마를 통해 총체적 고객 만족과 고객 중심 지향적인 프로세스 개선을 통한 선진 일류 철도의 성장 기반을 마련하기 위해서 그동안 추진해 온 혁신 활동을 보다 구체적이고 성과 지향적으로 변신시키고자 한 것이다.
>
> ○○공사는 1994년 이래 고객 만족 경영과 철도 설비의 품질 관리(TPM ; Total Productive Maintenance) 활동을 추진해 이미지를 크게 개선했다. 그러나 경영의 효율화와 철도 수입 증대의 연결 미흡 등에 따른 수익성 개선 과제, 철도청의 공사화 등 경영 여건 변화를 반영할 필요가 생겼다. 이에 ○○공사는 민간 경영 체제의 도입과 책임 경영의 구현 그리고 서비스 혁신을 위해서 6시그마를 도입하게 된 것이다.
>
> 추진 내용을 보면 공사 직원의 의식, 관행, 제도와 시설을 고객 위주로 전환하기 위해 6시그마의 3P 전략인 사람의 혁신(People Innovation), 경영 방식의 혁신(Process Innovation), 상품의 혁신(Product Innovation)을 중심으로 기존의 고객 만족 활동과 총체적 품질 관리(TPM) 활동을 KMS(지식 관리 시스템) 기반 위에서 전개했다.
>
> ○○공사는 6시그마 추진을 통해 2003년 말 기준으로 278건에 1,309억 원의 개선 효과를 보았다. 또한 수송량 증가에 따른 직원 1인당 매출액이 2000년 대비 연평균 12% 증가했으며, 이외에도 고객 만족도 향상, 이미지 개선, 프로세스 개선, 생산성 향상, 시간 단축, 서비스 개선, 내부 직원의 근무 만족도와 복리 후생 만족도 향상 등 많은 부분에서 유 · 무형의 추진 성과를 보았다.

① 6시그마의 단계별 추진 과정은 정의－측정－분석－개선－관리이다.

② 품질 수준을 정량적으로 평가하고 문제해결 과정과 전문가 양성 등의 효율적인 품질문화를 조성하며, 품질혁신과 고객 만족을 달성하기 위해 전사적으로 추진하는 21세기형 기업경영 전략이다.

③ 회사 내 모든 부서의 업무에 적용할 수 있으며 각자 상황에 알맞은 고유한 방법론을 개발하고 적용하여 정량적 기법과 통계학적 기법으로 향상시킬 수 있다.

④ 다품종 소량생산 혹은 변종변량 생산체계의 시대에 잘 팔리는 제품만 만드는 '철저한 낭비 제거'를 통해 기업의 이윤을 확보하고자 하는 방식이다.

⑤ 품질수준이 6σ를 달성하여 불량률을 3.4PPM(Parts Per Million, 제품 백만 개당 불량품 수), 또는 결함발생 수 3.4DPMO(Defects Per Million Opportunities) 이하로 하고자 하는 기업의 품질경영전략이다.

25. 다음 글의 빈칸에 들어갈 단어를 순서대로 나열한 것은?

> 데이터 피라미드 또는 지식 피라미드라고 불리는 DIKW 피라미드는 데이터(D), 정보(I), 지식(K), 지혜(W)의 상관관계를 설명하는 데 유용하다. 데이터는 관찰이나 조사에서 얻은 사실을 말하는데 컴퓨터가 처리할 수 있는 문자, 숫자, 소리, 그림 따위의 형태로 된 자료를 말한다. 정보는 관찰이나 측정을 통해 얻은 데이터를 기초로 의사결정이나 문제해결을 위한 메시지 또는 의미를 담고 있는 지식이나 자료를 뜻한다. 이러한 정보가 사람 마음에 내재화되어 사물과 상황을 이해하고, 행동을 유발하는 실제적 · 경험적 인식을 지식이라고 한다. 지혜는 궁극적인 사물의 이치를 깨닫고 바른 판단을 하고 올바른 행동을 하게 하는 마음의 작용을 의미한다. 데이터가 모여 정보가 되고, 정보가 내재화되어 지식이 되며, 지식이 재구조화되어 지혜가 된다고 하여 이를 계층적 피라미드로 설명한다.
>
> 최근 (　　)과(와) (　　) 사이에 지능(Intelligence)을 넣어 설명하려는 논의가 있는데 이를 DIKIW 모델이라고 부른다. 지능은 문제 해결 및 인지적 반응을 나타내는 개체의 총체적 능력이다. 심리학에서는 한 개인이 문제에 대해 합리적으로 사고하고 해결하는 인지적인 능력과 학습 능력을 포괄하는 총체적인 능력이라고 정의된다. 제3차 인공지능 붐 시대를 맞아 인간 개인뿐만 아니라 기계인 컴퓨터가 인간과 유사한 지능을 갖추게 된 상황에서 이 모델이 지식의 체계를 더 명료하게 설명하고 있다고 볼 수 있다.

① 데이터, 정보　② 데이터, 지식　③ 정보, 지식
④ 지식, 지혜　⑤ 정보, 지혜

[26 ~ 27] 다음 명령체계에 대한 자료를 보고 이어지는 질문에 답하시오.

〈순서도 구성 요소〉

기호	기능
	프로세스의 실행 순서를 나타낸다.
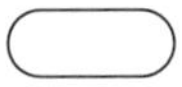	프로그램의 시작과 끝을 나타낸다.
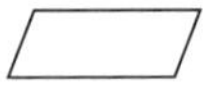	데이터의 입력을 나타낸다.
	데이터의 출력을 나타낸다.
	프로그램이 실행되는 두 가지 경로 중에 하나를 결정하는 조건부 실행을 나타낸다.
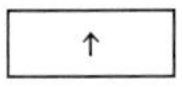 ↑	입력된 데이터에서 오름차순으로 정렬한 데이터를 생성하여 반환하는 프로세스를 나타낸다.
 max	입력된 데이터에서 최댓값을 반환하는 프로세스를 나타낸다.
 〈#〉	입력된 데이터에서 앞쪽부터 #번째 값을 추출해주는 프로세스를 나타낸다. (예) [10,20,30,40]에서 〈2〉는 "20"이다.
mod(a,b)	a를 b로 나눈 나머지를 나타낸다. (예) mod(5,2)=1

〈순서도〉

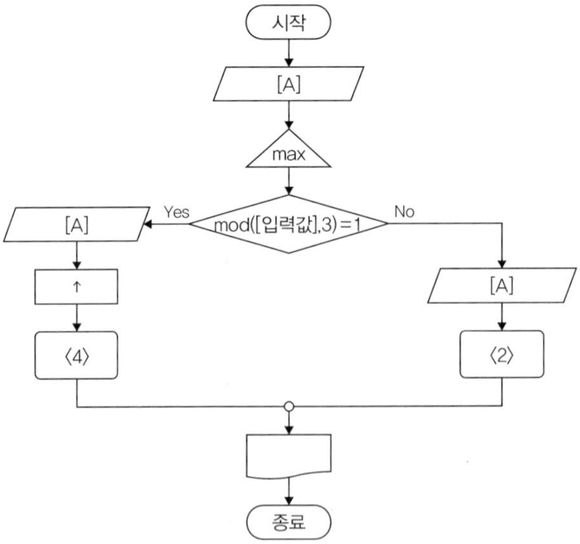

26. 다음 중 〈순서도〉의 [A]에 입력했을 때 순서도 출력 결과가 가장 큰 것은?

① [A]=[8, 21, 20, 25, 23]
② [A]=[22, 23, 11, 14, 21]
③ [A]=[17, 23, 25, 19, 28]
④ [A]=[24, 22, 25, 10, 19]
⑤ [A]=[11, 20, 16, 27, 26]

27. 다음 중 오름차순으로 정렬하는 프로세스를 내림차순으로 정렬하는 프로세스로 변경하고 [A]에 [9, 11, 34, 22, 15]를 입력했을 때, 출력 결과로 옳은 것은?

① 9　② 11　③ 15
④ 22　⑤ 34

28. 다음 정보분석에 대한 내용으로 ㉠, ㉡에 들어갈 말이 바르게 짝지어진 것은?

> 정보분석이란 여러 정보를 상호 관련지어 새로운 정보를 생성해 내는 활동이다. 정보를 분석함으로서 한 개의 정보가 가진 불분명한 사항을 다른 정보가 명백히 할 수 있으며, 서로 상반되거나 큰 차이가 있는 정보의 내용을 판단해서 새로운 해석을 할 수도 있다.
> 그러나 좋은 데이터(자료)가 있다고 해서 항상 훌륭한 분석이 되는 것은 아니다. 훌륭한 분석이란 하나의 메커니즘을 그려낼 수 있고, 동향, 미래를 예측할 수 있는 것이어야 한다. 반드시 고도의 수학적 기법을 요구하는 것만은 아니다.
> 한편 1차 정보를 분석하고 압축 및 가공한 후에는 2차 정보를 작성하게 된다. 먼저 1차 정보가 포함하는 내용을 몇 개의 설정된 카테고리로 분석하여 각 카테고리의 상관관계를 확정하고 1차 정보가 포함하는 주요 개념을 대표하는 용어(key word)를 추출하여 이를 간결하게 (㉠) 및 (㉡)하여야 한다.

	㉠	㉡
①	객관화	구조화
②	객관화	단일화
③	서열화	구조화
④	서열화	단일화
⑤	암호화	구조화

29. 다음은 '인간관계에 영향을 미치는 심리적 요인'에 관한 내용이다. 밑줄 친 ㉠에 대하여 〈보기〉 A ~ C가 의미하는 것을 옳게 연결한 것은?

> 현대사회에서 많은 사람들이 물질적 풍요 속에 살아가고 있지만 산업화, 기계화로 인한 인간소외에서 벗어나지 못하고 있다. 인간관계 자체도 적막한 경우가 많으며, 가족의 고유기능인 애정 기능이 약해짐에 따라 가족 내 인간관계도 악화되고 있다.
>
> 인간은 '인간관계' 그 자체라고 할 수 있다. 즉, 사람은 이러한 인간관계 때문에 비로소 사람인 것이다. 따라서 바람직한 인간관계를 형성하는 것은 매우 중요하며 이를 위해서는 먼저 인간관계에 영향을 미치고 있는 심리적 요인들을 이해할 필요가 있다. 다음 〈그림〉은 '인간관계의 심리학적 설명 모형'이다.
>
> 〈그림〉 인간관계의 심리학적 설명 모형
>
> 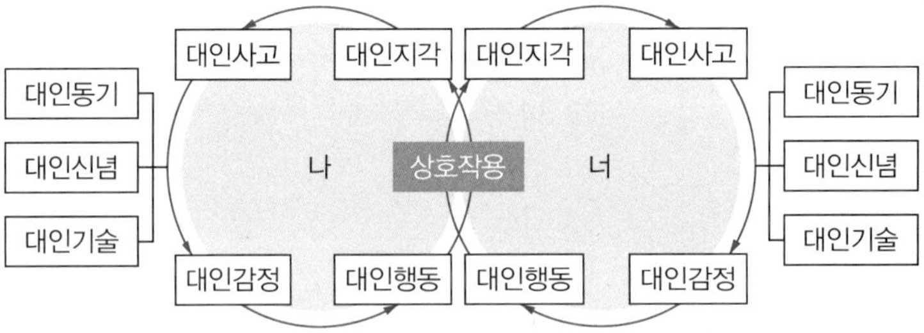
>
>
> 위의 모형은 관계 형성의 주체가 지니는 ㉠ <u>각자의 심리적 요인인 대인동기, 대인신념, 대인기술</u>을 바탕으로 상대방과 상호작용할 때의 심리적 요인인 대인지각, 대인사고, 대인감정, 대인행동에 따라 상대방을 판단하는데, 그 결과 인간관계가 지속될 수도 단절될 수도 있다는 것을 보여주고 있다. 즉 인간관계의 형성 및 유지, 단절을 결정하는 것은 각자의 심리적 요인을 바탕으로 한 상호작용에서 발생되는 심리적 요인이 결합하여 나타나는 것이다.

보기

A. 인간관계를 성공적으로 이끌어갈 수 있는 사교적 능력
B. 다른 사람과 관계를 맺고자 하는 내면적 욕구
C. 인간과 인간관계에 대해 가지고 있는 지적인 이해와 믿음

	A	B	C
①	대인기술	대인신념	대인동기
②	대인기술	대인동기	대인신념
③	대인동기	대인신념	대인기술
④	대인동기	대인기술	대인신념
⑤	대인신념	대인동기	대인기술

30. 신입사원 오리엔테이션에 참가한 직원들은 강의자인 경영본부장과 질의응답의 시간을 가졌다. 다음 중 리더십의 유형에 관한 경영본부장의 응답 내용으로 올바르지 않은 것은?

A 사원 : 민주주의에 근접한 유형의 리더 체제하에서는 중요한 업무의 최종 결정권이 직원들 모두에게 있는 것인가요?
본부장 : ① 그렇지는 않습니다. 비록 민주주의에 근접한 유형의 리더일지라도 업무의 최종 결정권은 리더에게 있습니다.
A 사원 : 리더와 구성원 간의 구분이 약하고 리더가 조직의 한 구성원이 되기도 하는 유형의 리더십을 무엇이라고 합니까?
본부장 : ② 파트너십 유형의 리더를 말하는군요.
B 사원 : 변혁적 리더에게서 찾아볼 수 있는 특징은 어떤 것이 있나요?
본부장 : ③ 변혁적 리더는 조직의 더 나은 방향으로 성장시키기 위해서 당장의 업무성과에 대한 칭찬을 아낄 줄 알아야 합니다.
B 사원 : 독재자형 리더에게는 단점만 있는 것일까요?
본부장 : ④ 아닙니다. 독재자형의 리더는 통제가 없이 방치되어 있는 집단에서 효과적으로 집단을 이끌어 갈 리더의 유형입니다.
C 사원 : 파트너십 유형과 변혁적 유형의 리더는 어떻게 다른가요?
본부장 : ⑤ 파트너십 유형의 리더는 집단의 모든 구성원들이 의사결정 및 팀의 방향을 설정하는 데 참여한다는 생각을 가지고 있지요. 변혁적 유형의 리더는 카리스마를 가지고 조직의 명확한 비전을 제시하며, 구성원들에게 그 비전을 쉽게 전달할 수 있습니다.

31. 다음 글에서 제시한 (1) ~ (5)에 따라 분배적 협상과 통합적 협상의 특성을 바르게 비교한 것은?

> 협상은 둘 이상의 당사자들이 공통의 이익이 충돌하는 상황에서 합의에 도달하기 위해 공동으로 의사결정 하는 일련의 과정이다. 협상력을 결정하는 4가지 요소는 최초요구(Primary Request), 정보(Information), 힘(Power), 시간(Time)이다. 따라서 성공적인 협상전략을 수립할 때는 협상력을 결정하는 4가지 요소를 고려할 필요가 있다.
>
> 협상의 유형은 크게 분배적 협상과 통합적 협상으로 구분할 수 있다. 분배적 협상은 협상에서 분배해야 할 가치가 고정되어 있으므로, 가능한 한 많이 차지하는 것을 목적으로 하는 협상 유형이다. 이러한 이유로 협상 테이블에 앉은 상대방을 협상의 대상이 아니라 반드시 이겨야 하는 상대로 간주하게 되고, 그 결과 모든 협상의 결과를 승자 또는 패자로 구분하게 된다. 이에 반해 통합적 협상은 협상 당사자들이 자신들의 이해관계를 통합할 수 있는 합의를 도출함으로써 서로 극대화된 이익을 얻기 위해 협력하는 방법을 찾는 협상 유형이다. 즉 협상의 목적이 새로운 가치창출과 자기 몫 챙기기를 동시에 가능하도록 하는 것이다. 분배적 협상과 통합적 협상은 (1) 협상전략, (2) 승패방식, (3) 이득(Pie)증식, (4) 정보공유, (5) 토론성격 등의 비교 요소에 따라 매우 대조적이다.

①

비교 요소	분배적 협상	통합적 협상
(1) 협상전략	유화전략	회피전략
(2) 승패방식	I win-You lose	I lose-You lose
(3) 이득(Pie)증식	고정된 파이 나누기	고정된 파이 나누기
(4) 정보공유	공개적 정보	은밀한 정보
(5) 토론성격	입장 토론	실질적 이해관계 토론

②

비교 요소	분배적 협상	통합적 협상
(1) 협상전략	유화전략	문제해결전략
(2) 승패방식	I win-You lose	I lose-You lose
(3) 이득(Pie)증식	고정된 파이 나누기	파이 자체의 증대
(4) 정보공유	공개적 정보	은밀한 정보
(5) 토론성격	입장 토론	실질적 이해관계 토론

③

비교 요소	분배적 협상	통합적 협상
(1) 협상전략	경쟁전략	문제해결전략
(2) 승패방식	I win-You lose	I win-You win
(3) 이득(Pie)증식	고정된 파이 나누기	파이 자체의 증대
(4) 정보공유	은밀한 정보	공개적 정보
(5) 토론성격	입장 토론	실질적 이해관계 토론

④

비교 요소	분배적 협상	통합적 협상
(1) 협상전략	회피전략	강압전략
(2) 승패방식	I lose-You lose	I win-You lose
(3) 이득(Pie)증식	고정된 파이 나누기	파이 자체의 증대
(4) 정보공유	은밀한 정보	공개적 정보
(5) 토론성격	실질적 이해관계 토론	입장 토론

⑤

비교 요소	분배적 협상	통합적 협상
(1) 협상전략	강압전략	문제해결전략
(2) 승패방식	I win-You lose	I win-You win
(3) 이득(Pie)증식	파이 자체의 증대	고정된 파이 나누기
(4) 정보공유	공개적 정보	은밀한 정보
(5) 토론성격	입장 토론	실질적 이해관계 토론

32. 다음은 조직 내 갈등과 직무성과의 관계에 관한 그래프이다. 조직 내 갈등이 조직과 직무에 미치는 영향에 대한 설명으로 옳지 않은 것은?

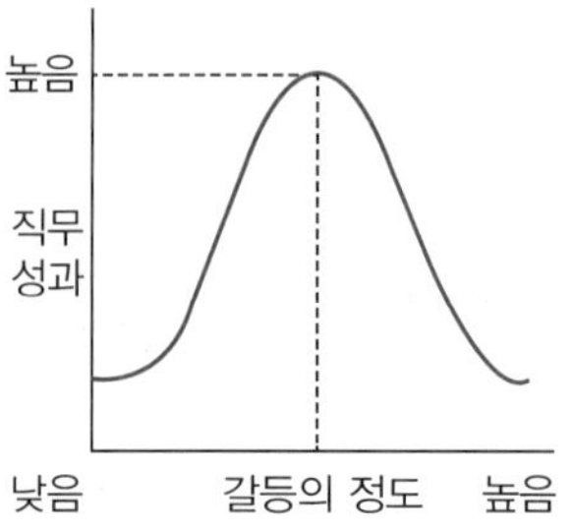

① 갈등 수준이 전혀 없거나 낮을 때에는 환경변화에 대한 적응력이 상승하고 의욕과 만족도는 증대된다.

② 지나친 갈등은 조직 내의 권력 획득을 위한 정치적인 분쟁, 팀워크의 상실, 이직 등을 유발한다.

③ 갈등이 적정한 수준일 때 조직의 직무성과가 가장 높아지며, 조직 내부적으로 문제해결 능력이 발휘된다.

④ 갈등이나 의견의 불일치는 본래부터 좋거나 나쁜 것이 아님을 인식하는 것이 필요하다.

⑤ 갈등수준이 너무 높으면 조직 내부적으로 혼란과 분열이 생기고 조직에 비협조적이 된다. 그 결과 조직성과는 낮아지며 갈등은 역기능을 한다.

33. 다음 중 직원 갑과 을의 대화 흐름상 (가)에 들어갈 발언으로 적절하지 않은 것은?

직원 갑 : 을 씨, 요즘 너무 피곤해 보이던데, 무슨 일 있으세요?
직원 을 : 이번에 승진할 수 있을 줄 알았는데 못했어요. 저만 빼고 다들 성공하는 삶을 사는 것 같아서 점점 자신감이 사라져요. 그래서 일도 손에 안 잡히고 무기력하게 보내고 있어요.
직원 갑 : 실망이 크겠어요. (가   )

① 다음 승진까지 차근차근 구체적인 목표를 세워 보는 건 어때요?

② 오히려 지금 상황을 기회로 삼아 부족했던 점을 보완해 보는 건 어때요?

③ 그럼 이번에는 같은 부서 동료들 모두가 일하는 방식대로 해 보는 건 어때요?

④ 당장은 힘들어도 참고 인내하면 더 큰 결실을 보게 된다는 말이 있듯이, 조금 더 인내해 봐요.

⑤ 다음 승진 기회를 새로운 목표로 삼고 긍정적인 마음으로 왜 이번에는 되지 않았는지 분석하다 보면 극복할 수 있을 거예요.

34. 다음의 자료를 읽고 직무 스트레스 원인 중 '업무구조'와 관련된 상황으로 가장 적절한 것은?

미국 국립산업안전보건연구소(NIOSH)는 직무 스트레스(Job Stress)를 '업무상 요구 사항이 근로자의 능력이나 자원, 바람(요구)과 일치하지 않을 때 생기는 유해한 신체적, 정서적 반응'이라고 정의 내린 바 있습니다.

직무 스트레스는 작업장의 물리적 환경의 불량함, 직무요구, 업무구조, 조직 내부의 갈등, 조직 외부의 문제 등의 원인으로 직무불만족이나 부정적 자기이미지 등의 심리학적 영향과 수면장애, 약물남용 등의 행동적 변화, 이어 혈압 상승이나 면역기능 저하 등의 신체적 변화를 발생시킨다. 아래 그림은 직무 스트레스 각 요인 간의 관계를 보여준다.

직무 스트레스 결과는 스트레스 중제 요인에 따라 달라진다. 따라서 직무 스트레스 관리를 위해서는 원인을 명확하게 파악한 후, 이를 관리할 수 있는 중재요인이 무엇인지 확인하고 문제해결에 도움이 되는 요인을 적극적으로 활용해야 한다.

〈직무 스트레스 각 요인 간의 관계〉

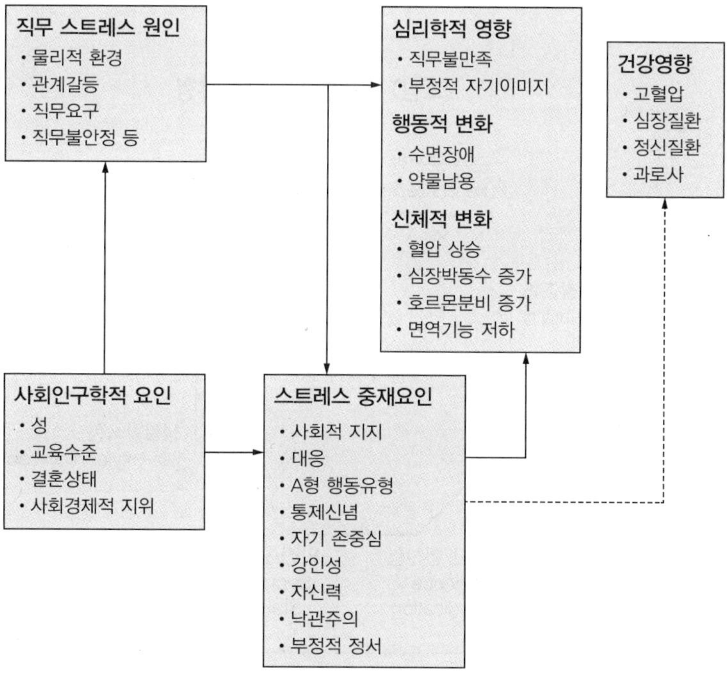

① 팬데믹으로 인해 국가적 경제 위기에 처한 상황

② 과도한 소음에 노출된 비좁은 작업 공간에서 일하는 상황

③ 직장 동료 간의 갈등으로 인해 의사소통이 원활하지 않은 상황

④ 업무조직의 변화가 잦고 직무의 재량권이 낮은 업무를 부여받은 상황

⑤ 장시간 노동이나 연장 근무, 자주 바뀌는 업무시간 등이 반복되는 상황

35. [지문 A]는 경력 지향성을 8가지 유형으로 분류한 '경력 닻 유형'에 관한 내용이다. MZ세대가 선호하는 일자리를 조사한 결과를 정리한 [지문 B]를 읽고 '일과 삶의 균형이 맞춰지는 일자리'를 선호하는 유형과 유사한 '경력 닻 유형'은 어느 것인가?

[지문 A]

샤인(Schein)은 MIT 슬론 경영대학원 졸업생 440명을 대상으로 실시한 패널조사를 통해 개인이 경력 관련 의사결정을 하는 데 있어서 일정한 경향을 보이는 것과, 그러한 일정한 경향은 직무 관련 경험이 축적될수록 더욱 명확해진다는 것을 발견하였다. 조사 대상자들은 자신들의 경력과 관련하여 특정한 경향을 보인다는 것을 의식하지 못하였지만, 그 경향을 특정한 개념으로 제시하였을 때는 쉽게 인식할 수 있을 정도로의 내재화가 이루어지고 있었다.

이 연구에 따르면 개인이 조직에 들어간 시점부터 조직과 개인은 상호 관찰을 시작하면서 서로에 대한 정보를 얻게 된다. 더욱 중요한 것은 개인이 직무와 관련한 경험을 계속하게 되면서 직무와 관련한 자아 이미지를 발견하게 되고 그 이미지를 점차 확고히 한다는 것이다. 샤인은 이러한 경향을 '경력 닻(Career Anchors)'이라고 명명하고, 다음의 8가지 '경력 닻 유형'을 제시하였다.

〈그림〉 8가지 경력 닻 유형

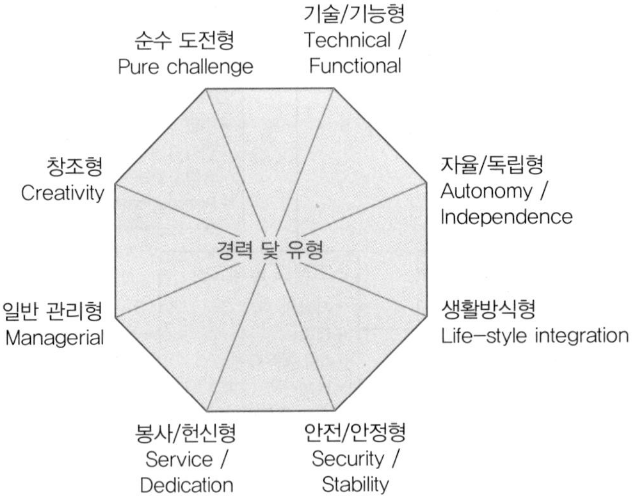

[지문 B]

한국경영자총협회(이하 경총)가 이른바 'MZ세대'로 불리는 1984 ~ 2003년 출생자 1천 명을 대상으로 일자리 인지 조사를 한 결과, 이들 세대는 워라벨을 중시하는 동시에 수도권에 있는 연봉 3천만 원대 직업을 '괜찮은 일자리'로 생각하는 것으로 나타났다.

경총에 따르면 괜찮은 일자리의 판단기준을 묻는 말에 응답자의 66.5%(복수응답)가 '일과 삶의 균형이 맞춰지는 일자리'라고 답했다. 이어 '공정한 보상이 이뤄지는 일자리'(25.9%) 순이었다. 이에 반해 '정년 보장 등 오래 일할 수 있는 일자리'를 꼽은 비율은 14.0%에 그쳤다.

경총 고용정책팀장은 "이번 조사를 통해 워라벨과 실리를 추구하는 동시에 공정에 민감한 MZ세대의 특징을 엿볼 수 있었다"라며 "한 직장에서만 일하고 돈을 벌어 생계를 유지하는 전통적 일자리의 개념이 변했다는 점도 확인했다"라고 말했다.

① 순수 도전형 ② 자율/독립형 ③ 일반 관리형
④ 생활방식형 ⑤ 안전/안정형

36. 다음 중 A 기업에 입사한 직원 갑의 경력은 어느 단계인가?

직원 갑은 A 기업에 입사한 신입사원이다. 첫째 날에는 기업 소개 및 기업 이념과 사내 규정들을, 둘째 날에는 팀 소개와 팀별 업무에 대한 설명을 들었다. 마지막 날에는 앞으로 맡게 될 업무를 소개받고 인수인계를 받았다.

또한, 직원 갑은 팀원들과 함께 점심을 먹으며 팀과 사내 분위기를 파악하고 적응하기 위해 노력하고 있다. 퇴근길에는 사내에서 자신의 입지를 다지기 위한 방법과 승진에 대해 고민을 하고 있다.

① 직업 선택 ② 조직 입사 ③ 경력 초기
④ 경력 중기 ⑤ 경력 말기

37. 다음 인터뷰에서 H 씨가 보여준 직업윤리의 덕목으로 가장 적절한 것은?

> 기자 : 오늘은 ○○구청 공무원으로 202X년 1분기 '적극행정 우수 공무원'에 선정되어 시상식에서 표창을 받으신 H 씨를 만나보겠습니다. ○○구청에서 적극행정 우수 공무원이 선발된 것은 이번이 처음인데요. ○○지역 신문사에서는 이를 기념하여 H 씨를 인터뷰 하고자 합니다. 15년간 공무원으로서 책임감 있게 근무하였던 H 씨, 안녕하세요.
>
> H 씨 : 감사합니다. 기자님. 오늘 하루 동안 시상식에 참여하여 표창을 받고 사진도 찍다 보니 정신이 좀 없네요. (웃음)
>
> 기자 : 네, 정말로 그러시겠습니다. 이렇게 시간 내어 주셔서 감사드리고 편하게 말씀해 주시면 됩니다. 꽤 오랜 시간 공무원으로서 근무하시고 오늘은 이렇게 우수 공무원으로까지 선정이 되셨는데, 공무원이라는 직업과 일이 개인적으로 적성과 흥미에 잘 맞으셨을 거라고 생각이 됩니다. 어떻게 생각하시나요?
>
> H 씨 : 사실 공무원으로서 일하는 것이 잘 맞는지에 대해 별다른 생각이나 고민이 있지는 않았고, 그저 일을 하며 살아오다 보니 여기까지 왔던 것 같습니다. (전원 웃음)
>
> 기자 : 하지만 제 생각에는 단순히 맡은 일만 하며 공직 생활을 하셨다면 이처럼 우수한 성과를 내기 어려우셨을 것 같습니다. 공무원으로서 어려운 순간도 있었을 텐데, 그럴 때는 어떻게 극복하였는지 말씀해 주실 수 있나요?
>
> H 씨 : 어... 우선 제가 맡아서 하고 있는 업무가 조금이나마 지역 사회의 발전에 좋은 영향을 미치고 중요한 일이라고 생각하며 일했습니다. 그 믿음이 공무원으로서 일하며 어려움을 느낄 때 버틸 수 있는 힘이 되었다고 생각합니다.

① 소명의식　② 직분의식　③ 전문가의식
④ 책임의식　⑤ 천직의식

38. 다음 사례를 참고할 때, '봉사'의 의미로 올바른 것은?

> 소고기 전문점을 운영하는 Y 씨는 지난 2월부터 인근 독거노인에게 하루 설렁탕 30그릇씩 한 달에 1천 그릇을 무상으로 제공하고 있다. 코로나19로 경로당이 폐쇄돼 끼니를 해결하기 어려운 노인이 늘었다는 소식을 듣고서다. Y 씨는 "음식 장사를 30년 했지만 코로나 사태가 닥친 지금이 제일 힘들긴 하다."면서도 "이제 은퇴가 머지않았는데 이때 아니면 언제 좋은 일을 할까 싶어서 결심했다. 음식 재료가 빨리 회전되니 장사에도 도움이 된다."고 호탕하게 웃었다. 코로나19 펜데믹으로 큰 폭의 매출감소를 겪으면서도 자신보다 더 어려운 이들을 위해 발 벗고 나서게 된 것이다.

① 시민으로서의 권리를 보장받고, 다른 사람의 권리를 보호해 주며 사회 질서를 유지하는 태도
② 사회 구성원으로서 신뢰를 형성하고 유지하는 데 필요한 가장 기본적이고 필수적인 규범
③ 명시화된 업무가 아니더라도 타인을 배려하고 자신을 희생하여 조직과 사회에 기여하는 태도
④ 공통된 생활방법으로 정립되어 관습적으로 행해지는 사회계약적인 생활규범
⑤ 직업에 대한 사회적 역할과 책무를 충실히 수행하며 맡은 업무를 어떠한 일이 있어도 수행해 내는 태도

39. 다음 글을 참고할 때, 직장 내 성희롱에 대한 인식과 그 판단 기준으로 적절하지 않은 것은?

> 여성가족부가 발표한 '2018 성희롱 실태조사 결과'에 따르면, 전체 응답자 약 1만 명 중 8.1%가 최근 3년간 직장에서 성희롱 피해를 경험한 적이 있다고 응답했다. 성희롱은 '업무와 관련하여 성적 언어나 행동 등으로 굴욕감을 느끼게 하거나 성적 언동 등을 조건으로 고용상 불이익을 주는 행위'이다. 형사처벌 대상으로서의 범죄행위인 '성추행'이나 '성폭행'과는 구분되어 형사처벌 대상은 아니지만, 성희롱 행위에 대해 회사는 필요한 인사조치 또는 징계조치를 해야 하고, 피해자는 가해자에게 민사상 손해배상을 청구할 수 있다. 어떤 행위가 성희롱이냐 하는 데 있어서 법률적인 기준의 특징은 가해자가 '의도적으로 성희롱을 했느냐'를 중시하는 것이 아니라, 피해자가 '성적 수치심이나 굴욕감을 느꼈는지 아닌지'를 중요한 기준으로 삼는다.

① 직장 내에서 성희롱 범죄가 발생하였을 경우, 가해자에 대해서는 법률적인 책임뿐 아니라 직장에서도 상응하는 징계가 이루어져야 한다.
② 성적 언동 및 요구는 성적 함의를 포함하는 언행과 요구 모두를 말한다.
③ 성희롱은 행위자가 성적 의도를 가지고 한 행동이냐 아니냐를 가장 중요한 판단 기준으로 삼는다.
④ 성적 수치심은 성적 언동 등으로 인해 피해자가 느끼는 불쾌한 감정으로 그 느낌은 행위자가 아닌 피해자의 관점을 기초로 판단해야 한다.
⑤ 성희롱은 '남녀고용평등과 일 · 가정 양립 지원에 관한 법률'에 명문화되어 있으나 형사처벌 대상은 아니다.

40. [지문 A]는 기업의 사회적 책임에 관한 내용이고 [지문 B]는 ISO 26000의 쟁점 사항이다. ㉠ ~ ㉤을 ISO 26000의 7개 핵심주제와 바르게 연결한 것은?

[지문 A]

기업의 사회적 책임(CRS, Corporate Social Responsibility)이란 기업들이 자발적으로 사회적, 환경적 관심을 영업활동과 그들의 이해관계자들과의 상호작용에 통합시키는 개념으로 정의되고 있다. 즉 기업이 생산 및 영업활동을 하면서 환경경영, 윤리경영, 사회 공헌과 노동자를 비롯한 지역사회 등 사회 전체에 이익을 동시에 추구하며, 그에 따라 의사 결정 및 활동을 하는 것을 말한다. 이를 통해 기업들은 경제, 문화, 사회 측면에서 성과를 창출하여 지속가능한 기업의 가치를 증진하려 한다.

국제 표준화 기구인 ISO는 기업의 사회적 책임에 대한 첫 국제표준으로서 기업 등의 사회적 책임 이행을 판단하는 기준을 제시하는 'ISO 26000'를 제시하였다. ISO 26000은 민간, 공공 및 비영리 부문을 포함하여 규모가 크든 작든 관계없이 모든 형태의 조직에 적용될 수 있으며 정부조직의 경우도 예외는 아니다. 다음 그림은 'ISO 26000의 7개 핵심주제'이다.

〈ISO 26000의 7개 핵심주제〉

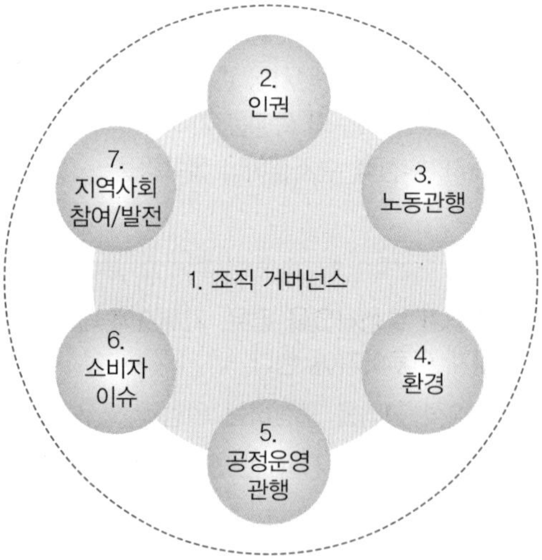

위의 7개의 핵심주제는 주제마다 여러 개의 쟁점으로 구성되어 있으며, 그 쟁점들이 조직과 관련이 있느냐 얼마나, 중대하냐 하는 것은 이해관계자들과 소통함으로써 조직이 스스로 결정할 수 있다.

[지문 B]
㉠ 반부패, 공정경쟁
㉡ 오염방지, 기후변화 완화와 적응
㉢ 필수 서비스에 대한 접근, 지속 가능한 소비
㉣ 시민권과 정치적 권리, 근로에서의 근본원칙과 권리
㉤ 근로에서의 보건과 안전, 근로조건과 사회적 보호

	㉠	㉡	㉢	㉣	㉤
①	지역사회참여/발전	환경	공정운영관행	인권	노동관행
②	지역사회참여/발전	환경	인권	공정운영관행	노동관행
③	공정운영관행	환경	소비자 이슈	인권	노동관행
④	공정운영관행	지역사회참여/발전	소비자 이슈	노동관행	환경
⑤	환경	지역사회참여/발전	공정운영관행	노동관행	소비자 이슈

Memo

미래를 창조하기에 꿈만큼 좋은 것은 없다.
오늘의 유토피아가 내일 현실이 될 수 있다.

There is nothing like dream to create the future.
Utopia today, flesh and blood tomorrow.
빅토르 위고 Victor Hugo

gosinet (주)고시넷

한사능 · 휴스테이션 NCS

감독관 확인란	

1회 기출예상문제

성명표기란

ㄱ ㄴ ㄷ ㄹ ㅁ ㅂ ㅅ ㅇ ㅈ ㅊ ㅋ ㅌ ㅍ ㅎ ㄲ ㄸ ㅃ ㅆ ㅉ

ㅏ ㅑ ㅓ ㅕ ㅗ ㅛ ㅜ ㅠ ㅡ ㅣ ㅐ ㅒ ㅔ ㅖ ㅘ ㅙ ㅚ ㅝ ㅞ ㅟ ㅢ

ㄱ ㄴ ㄷ ㄹ ㅁ ㅂ ㅅ ㅇ ㅈ ㅊ ㅋ ㅌ ㅍ ㅎ ㄲ ㄸ ㅃ ㅆ ㅉ ㄺ ㄻ

수험번호

0 1 2 3 4 5 6 7 8 9

(주민등록 앞자리 생년제외) 월일

0 1 2 3 4 5 6 7 8 9

수험생 유의사항

※ 답안은 반드시 컴퓨터용 사인펜으로 보기와 같이 바르게 표기해야 합니다.
〈보기〉 ① ② ③ ❹ ⑤

※ 성명표기란 위 칸에는 성명을 한글로 쓰고 아래 칸에는 성명을 정확하게 표기하십시오. (맨 왼쪽 칸부터 표기하며 성과 이름은 붙여 씁니다)

※ 수험번호/월일 위 칸에는 아라비아 숫자로 쓰고 아래 칸에는 숫자와 일치하게 표기하십시오.

※ 월일은 반드시 본인 주민등록번호의 생년을 제외한 월 두 자리, 일 두 자리를 표기하십시오.
〈예〉 2002년 4월 1일 → 0401

직무능력평가

문번	답란	문번	답란	문번	답란
1	① ② ③ ④	21	① ② ③ ④	41	① ② ③ ④
2	① ② ③ ④	22	① ② ③ ④	42	① ② ③ ④
3	① ② ③ ④	23	① ② ③ ④	43	① ② ③ ④
4	① ② ③ ④	24	① ② ③ ④	44	① ② ③ ④
5	① ② ③ ④	25	① ② ③ ④	45	① ② ③ ④
6	① ② ③ ④	26	① ② ③ ④	46	① ② ③ ④
7	① ② ③ ④	27	① ② ③ ④	47	① ② ③ ④
8	① ② ③ ④	28	① ② ③ ④	48	① ② ③ ④
9	① ② ③ ④	29	① ② ③ ④	49	① ② ③ ④
10	① ② ③ ④	30	① ② ③ ④	50	① ② ③ ④
11	① ② ③ ④	31	① ② ③ ④		
12	① ② ③ ④	32	① ② ③ ④		
13	① ② ③ ④	33	① ② ③ ④		
14	① ② ③ ④	34	① ② ③ ④		
15	① ② ③ ④	35	① ② ③ ④		
16	① ② ③ ④	36	① ② ③ ④		
17	① ② ③ ④	37	① ② ③ ④		
18	① ② ③ ④	38	① ② ③ ④		
19	① ② ③ ④	39	① ② ③ ④		
20	① ② ③ ④	40	① ② ③ ④		

직무능력평가

한사능 · 휴스테이션 NCS

감독관 확인란	

2회 기출예상문제

성명표기란

초성	중성	종성	초성	중성	종성	초성	중성	종성	초성	중성	종성
㉠ ㉡ ㉢ ㉣ ㉤ ㉥ ㉦ ㉧ ㉨ ㉩ ㉪ ㉫ ㉬ ㉭	ㅏ ㅑ ㅓ ㅕ ㅗ ㅛ ㅜ ㅠ ㅡ ㅣ ㅐ ㅒ ㅔ ㅖ ㅘ ㅙ ㅚ ㅝ ㅞ ㅟ ㅢ	㉠ ㉡ ㉢ ㉣ ㉤ ㉥ ㉦ ㉧ ㉨ ㉩ ㉪ ㉫ ㉬ ㉭	㉠ ㉡ ㉢ ㉣ ㉤ ㉥ ㉦ ㉧ ㉨ ㉩ ㉪ ㉫ ㉬ ㉭ ㄲ ㄸ ㅃ ㅆ ㅉ	ㅏ ㅑ ㅓ ㅕ ㅗ ㅛ ㅜ ㅠ ㅡ ㅣ ㅐ ㅒ ㅔ ㅖ ㅘ ㅙ ㅚ ㅝ ㅞ ㅟ ㅢ	㉠ ㉡ ㉢ ㉣ ㉤ ㉥ ㉦ ㉧ ㉨ ㉩ ㉪ ㉫ ㉬ ㉭ ㄲ ㄸ ㅃ ㅆ ㅉ ㄺ ㄻ	㉠ ㉡ ㉢ ㉣ ㉤ ㉥ ㉦ ㉧ ㉨ ㉩ ㉪ ㉫ ㉬ ㉭ ㄲ ㄸ ㅃ ㅆ ㅉ	ㅏ ㅑ ㅓ ㅕ ㅗ ㅛ ㅜ ㅠ ㅡ ㅣ ㅐ ㅒ ㅔ ㅖ ㅘ ㅙ ㅚ ㅝ ㅞ ㅟ ㅢ	㉠ ㉡ ㉢ ㉣ ㉤ ㉥ ㉦ ㉧ ㉨ ㉩ ㉪ ㉫ ㉬ ㉭ ㄲ ㄸ ㅃ ㅆ ㅉ ㄺ ㄻ	㉠ ㉡ ㉢ ㉣ ㉤ ㉥ ㉦ ㉧ ㉨ ㉩ ㉪ ㉫ ㉬ ㉭ ㄲ ㄸ ㅃ ㅆ ㅉ	ㅏ ㅑ ㅓ ㅕ ㅗ ㅛ ㅜ ㅠ ㅡ ㅣ ㅐ ㅒ ㅔ ㅖ ㅘ ㅙ ㅚ ㅝ ㅞ ㅟ ㅢ	㉠ ㉡ ㉢ ㉣ ㉤ ㉥ ㉦ ㉧ ㉨ ㉩ ㉪ ㉫ ㉬ ㉭ ㄲ ㄸ ㅃ ㅆ ㅉ ㄺ ㄻ

수험번호

⓪	⓪	⓪	⓪	⓪	⓪	⓪	⓪	⓪
①	①	①	①	①	①	①	①	①
②	②	②	②	②	②	②	②	②
③	③	③	③	③	③	③	③	③
④	④	④	④	④	④	④	④	④
⑤	⑤	⑤	⑤	⑤	⑤	⑤	⑤	⑤
⑥	⑥	⑥	⑥	⑥	⑥	⑥	⑥	⑥
⑦	⑦	⑦	⑦	⑦	⑦	⑦	⑦	⑦
⑧	⑧	⑧	⑧	⑧	⑧	⑧	⑧	⑧
⑨	⑨	⑨	⑨	⑨	⑨	⑨	⑨	⑨

(주민등록 앞자리 생년제외) 월일

⓪	⓪	⓪	⓪
①	①	①	①
②	②	②	②
③	③	③	③
④	④	④	④
⑤	⑤	⑤	⑤
⑥	⑥	⑥	⑥
⑦	⑦	⑦	⑦
⑧	⑧	⑧	⑧
⑨	⑨	⑨	⑨

수험생 유의사항

※ 답안은 반드시 컴퓨터용 사인펜으로 보기와 같이 바르게 표기해야 합니다.
〈보기〉 ① ② ③ ❹ ⑤

※ 성명표기란 위 칸에는 성명을 한글로 쓰고 아래 칸에는 성명을 정확하게 표기하십시오. (맨 왼쪽 칸부터 표기하며 성과 이름은 붙여 씁니다)

※ 수험번호/월일 위 칸에는 아라비아 숫자로 쓰고 아래 칸에는 숫자와 일치하게 표기하십시오.

※ 월일은 반드시 본인 주민등록번호의 생년을 제외한 월 두 자리, 일 두 자리를 표기하십시오.
〈예〉 2002년 4월 1일 → 0401

문번	답란	문번	답란
1	① ② ③ ④ ⑤	21	① ② ③ ④ ⑤
2	① ② ③ ④ ⑤	22	① ② ③ ④ ⑤
3	① ② ③ ④ ⑤	23	① ② ③ ④ ⑤
4	① ② ③ ④ ⑤	24	① ② ③ ④ ⑤
5	① ② ③ ④ ⑤	25	① ② ③ ④ ⑤
6	① ② ③ ④ ⑤	26	① ② ③ ④ ⑤
7	① ② ③ ④ ⑤	27	① ② ③ ④ ⑤
8	① ② ③ ④ ⑤	28	① ② ③ ④ ⑤
9	① ② ③ ④ ⑤	29	① ② ③ ④ ⑤
10	① ② ③ ④ ⑤	30	① ② ③ ④ ⑤
11	① ② ③ ④ ⑤	31	① ② ③ ④ ⑤
12	① ② ③ ④ ⑤	32	① ② ③ ④ ⑤
13	① ② ③ ④ ⑤	33	① ② ③ ④ ⑤
14	① ② ③ ④ ⑤	34	① ② ③ ④ ⑤
15	① ② ③ ④ ⑤	35	① ② ③ ④ ⑤
16	① ② ③ ④ ⑤	36	① ② ③ ④ ⑤
17	① ② ③ ④ ⑤	37	① ② ③ ④ ⑤
18	① ② ③ ④ ⑤	38	① ② ③ ④ ⑤
19	① ② ③ ④ ⑤	39	① ② ③ ④ ⑤
20	① ② ③ ④ ⑤	40	① ② ③ ④ ⑤

한사능 · 휴스테이션 NCS

감독관 확인란	

3회 기출예상문제

성명표기란

ㄱ	ㅏ	ㄱ	ㄱ	ㅏ	ㄱ	ㄱ	ㅏ	ㄱ	ㄱ	ㅏ	ㄱ
ㄴ	ㅑ	ㄴ	ㄴ	ㅑ	ㄴ	ㄴ	ㅑ	ㄴ	ㄴ	ㅑ	ㄴ
ㄷ	ㅓ	ㄷ	ㄷ	ㅓ	ㄷ	ㄷ	ㅓ	ㄷ	ㄷ	ㅓ	ㄷ
ㄹ	ㅕ	ㄹ	ㄹ	ㅕ	ㄹ	ㄹ	ㅕ	ㄹ	ㄹ	ㅕ	ㄹ
ㅁ	ㅗ	ㅁ	ㅁ	ㅗ	ㅁ	ㅁ	ㅗ	ㅁ	ㅁ	ㅗ	ㅁ
ㅂ	ㅛ	ㅂ	ㅂ	ㅛ	ㅂ	ㅂ	ㅛ	ㅂ	ㅂ	ㅛ	ㅂ
ㅅ	ㅜ	ㅅ	ㅅ	ㅜ	ㅅ	ㅅ	ㅜ	ㅅ	ㅅ	ㅜ	ㅅ
ㅇ	ㅠ	ㅇ	ㅇ	ㅠ	ㅇ	ㅇ	ㅠ	ㅇ	ㅇ	ㅠ	ㅇ
ㅈ	ㅡ	ㅈ	ㅈ	ㅡ	ㅈ	ㅈ	ㅡ	ㅈ	ㅈ	ㅡ	ㅈ
ㅊ	ㅣ	ㅊ	ㅊ	ㅣ	ㅊ	ㅊ	ㅣ	ㅊ	ㅊ	ㅣ	ㅊ
ㅋ	ㅐ	ㅋ	ㅋ	ㅐ	ㅋ	ㅋ	ㅐ	ㅋ	ㅋ	ㅐ	ㅋ
ㅌ	ㅒ	ㅌ	ㅌ	ㅒ	ㅌ	ㅌ	ㅒ	ㅌ	ㅌ	ㅒ	ㅌ
ㅍ	ㅔ	ㅍ	ㅍ	ㅔ	ㅍ	ㅍ	ㅔ	ㅍ	ㅍ	ㅔ	ㅍ
ㅎ	ㅖ	ㅎ	ㅎ	ㅖ	ㅎ	ㅎ	ㅖ	ㅎ	ㅎ	ㅖ	ㅎ
	ㅘ		ㄲ	ㅘ	ㄲ	ㄲ	ㅘ	ㄲ	ㄲ	ㅘ	ㄲ
	ㅙ		ㄸ	ㅙ	ㄸ	ㄸ	ㅙ	ㄸ	ㄸ	ㅙ	ㄸ
	ㅚ		ㅃ	ㅚ	ㅃ	ㅃ	ㅚ	ㅃ	ㅃ	ㅚ	ㅃ
	ㅝ		ㅆ	ㅝ	ㅆ	ㅆ	ㅝ	ㅆ	ㅆ	ㅝ	ㅆ
	ㅞ		ㅉ	ㅞ	ㅉ	ㅉ	ㅞ	ㅉ	ㅉ	ㅞ	ㅉ
	ㅟ			ㅟ	ㄺ		ㅟ	ㄺ		ㅟ	ㄺ
	ㅢ			ㅢ	ㄻ		ㅢ	ㄻ		ㅢ	ㄻ

수험번호

0	0	0	0	0	0	0	0	0
1	1	1	1	1	1	1	1	1
2	2	2	2	2	2	2	2	2
3	3	3	3	3	3	3	3	3
4	4	4	4	4	4	4	4	4
5	5	5	5	5	5	5	5	5
6	6	6	6	6	6	6	6	6
7	7	7	7	7	7	7	7	7
8	8	8	8	8	8	8	8	8
9	9	9	9	9	9	9	9	9

(주민등록 앞자리 생년제외) 월일

0	0	0	0
1	1	1	1
2	2	2	2
3	3	3	3
4	4	4	4
5	5	5	5
6	6	6	6
7	7	7	7
8	8	8	8
9	9	9	9

수험생 유의사항

※ 답안은 반드시 컴퓨터용 사인펜으로 보기와 같이 바르게 표기해야 합니다.
〈보기〉 ① ② ③ ❹ ⑤

※ 성명표기란 위 칸에는 성명을 한글로 쓰고 아래 칸에는 성명을 정확하게 표기하십시오. (맨 왼쪽 칸부터 표기하며 성과 이름은 붙여 씁니다)

※ 수험번호/월일 위 칸에는 아라비아 숫자로 쓰고 아래 칸에는 숫자와 일치하게 표기하십시오.

※ 월일은 반드시 본인 주민등록번호의 생년을 제외한 월 두 자리, 일 두 자리를 표기하십시오.
〈예〉 2002년 4월 1일 → 0401

직무능력평가

문번	답란				문번	답란				문번	답란			
1	①	②	③	④	21	①	②	③	④	41	①	②	③	④
2	①	②	③	④	22	①	②	③	④	42	①	②	③	④
3	①	②	③	④	23	①	②	③	④	43	①	②	③	④
4	①	②	③	④	24	①	②	③	④	44	①	②	③	④
5	①	②	③	④	25	①	②	③	④	45	①	②	③	④
6	①	②	③	④	26	①	②	③	④	46	①	②	③	④
7	①	②	③	④	27	①	②	③	④	47	①	②	③	④
8	①	②	③	④	28	①	②	③	④	48	①	②	③	④
9	①	②	③	④	29	①	②	③	④	49	①	②	③	④
10	①	②	③	④	30	①	②	③	④	50	①	②	③	④
11	①	②	③	④	31	①	②	③	④	51	①	②	③	④
12	①	②	③	④	32	①	②	③	④	52	①	②	③	④
13	①	②	③	④	33	①	②	③	④	53	①	②	③	④
14	①	②	③	④	34	①	②	③	④	54	①	②	③	④
15	①	②	③	④	35	①	②	③	④	55	①	②	③	④
16	①	②	③	④	36	①	②	③	④	56	①	②	③	④
17	①	②	③	④	37	①	②	③	④	57	①	②	③	④
18	①	②	③	④	38	①	②	③	④	58	①	②	③	④
19	①	②	③	④	39	①	②	③	④	59	①	②	③	④
20	①	②	③	④	40	①	②	③	④	60	①	②	③	④

한사능 · 휴스테이션 NCS

감독관 확인란	

4회 기출예상문제

성명표기란

수험번호

(주민등록 앞자리 생년제외) 월일

문번	답란	문번	답란	문번	답란
1	① ② ③ ④ ⑤	21	① ② ③ ④ ⑤	41	① ② ③ ④ ⑤
2	① ② ③ ④ ⑤	22	① ② ③ ④ ⑤	42	① ② ③ ④ ⑤
3	① ② ③ ④ ⑤	23	① ② ③ ④ ⑤	43	① ② ③ ④ ⑤
4	① ② ③ ④ ⑤	24	① ② ③ ④ ⑤	44	① ② ③ ④ ⑤
5	① ② ③ ④ ⑤	25	① ② ③ ④ ⑤	45	① ② ③ ④ ⑤
6	① ② ③ ④ ⑤	26	① ② ③ ④ ⑤	46	① ② ③ ④ ⑤
7	① ② ③ ④ ⑤	27	① ② ③ ④ ⑤	47	① ② ③ ④ ⑤
8	① ② ③ ④ ⑤	28	① ② ③ ④ ⑤	48	① ② ③ ④ ⑤
9	① ② ③ ④ ⑤	29	① ② ③ ④ ⑤	49	① ② ③ ④ ⑤
10	① ② ③ ④ ⑤	30	① ② ③ ④ ⑤	50	① ② ③ ④ ⑤
11	① ② ③ ④ ⑤	31	① ② ③ ④ ⑤		
12	① ② ③ ④ ⑤	32	① ② ③ ④ ⑤		
13	① ② ③ ④ ⑤	33	① ② ③ ④ ⑤		
14	① ② ③ ④ ⑤	34	① ② ③ ④ ⑤		
15	① ② ③ ④ ⑤	35	① ② ③ ④ ⑤		
16	① ② ③ ④ ⑤	36	① ② ③ ④ ⑤		
17	① ② ③ ④ ⑤	37	① ② ③ ④ ⑤		
18	① ② ③ ④ ⑤	38	① ② ③ ④ ⑤		
19	① ② ③ ④ ⑤	39	① ② ③ ④ ⑤		
20	① ② ③ ④ ⑤	40	① ② ③ ④ ⑤		

수험생 유의사항

※ 답안은 반드시 컴퓨터용 사인펜으로 보기와 같이 바르게 표기해야 합니다.
〈보기〉 ① ② ③ ❹ ⑤

※ 성명표기란 위 칸에는 성명을 한글로 쓰고 아래 칸에는 성명을 정확하게 표기하십시오. (맨 왼쪽 칸부터 표기하며 성과 이름은 붙여 씁니다)

※ 수험번호/월일 위 칸에는 아라비아 숫자로 쓰고 아래 칸에는 숫자와 일치하게 표기하십시오.

※ 월일은 반드시 본인 주민등록번호의 생년을 제외한 월 두 자리, 일 두 자리를 표기하십시오.
〈예〉 2002년 4월 1일 → 0401

한사능 · 휴스테이션 NCS

감독관 확인란	

5회 기출예상문제

성명표기란

수험번호

⓪	⓪	⓪	⓪	⓪	⓪	⓪	⓪	⓪
①	①	①	①	①	①	①	①	①
②	②	②	②	②	②	②	②	②
③	③	③	③	③	③	③	③	③
④	④	④	④	④	④	④	④	④
⑤	⑤	⑤	⑤	⑤	⑤	⑤	⑤	⑤
⑥	⑥	⑥	⑥	⑥	⑥	⑥	⑥	⑥
⑦	⑦	⑦	⑦	⑦	⑦	⑦	⑦	⑦
⑧	⑧	⑧	⑧	⑧	⑧	⑧	⑧	⑧
⑨	⑨	⑨	⑨	⑨	⑨	⑨	⑨	⑨

(주민등록 앞자리 생년제외) 월일

⓪	⓪	⓪	⓪
①	①	①	①
②	②	②	②
③	③	③	③
④	④	④	④
⑤	⑤	⑤	⑤
⑥	⑥	⑥	⑥
⑦	⑦	⑦	⑦
⑧	⑧	⑧	⑧
⑨	⑨	⑨	⑨

수험생 유의사항

※ 답안은 반드시 컴퓨터용 사인펜으로 보기와 같이 바르게 표기해야 합니다.
〈보기〉 ① ② ③ ❹ ⑤

※ 성명표기란 위 칸에는 성명을 한글로 쓰고 아래 칸에는 성명을 정확하게 표기하십시오. (맨 왼쪽 칸부터 표기하며 성과 이름은 붙여 씁니다)

※ 수험번호/월일 위 칸에는 아라비아 숫자로 쓰고 아래 칸에는 숫자와 일치하게 표기하십시오.

※ 월일은 반드시 본인 주민등록번호의 생년을 제외한 월 두 자리, 일 두 자리를 표기하십시오.
〈예〉 2002년 4월 1일 → 0401

직무능력평가

문번	답란					문번	답란				
1	①	②	③	④	⑤	21	①	②	③	④	⑤
2	①	②	③	④	⑤	22	①	②	③	④	⑤
3	①	②	③	④	⑤	23	①	②	③	④	⑤
4	①	②	③	④	⑤	24	①	②	③	④	⑤
5	①	②	③	④	⑤	25	①	②	③	④	⑤
6	①	②	③	④	⑤	26	①	②	③	④	⑤
7	①	②	③	④	⑤	27	①	②	③	④	⑤
8	①	②	③	④	⑤	28	①	②	③	④	⑤
9	①	②	③	④	⑤	29	①	②	③	④	⑤
10	①	②	③	④	⑤	30	①	②	③	④	⑤
11	①	②	③	④	⑤	31	①	②	③	④	⑤
12	①	②	③	④	⑤	32	①	②	③	④	⑤
13	①	②	③	④	⑤	33	①	②	③	④	⑤
14	①	②	③	④	⑤	34	①	②	③	④	⑤
15	①	②	③	④	⑤	35	①	②	③	④	⑤
16	①	②	③	④	⑤	36	①	②	③	④	⑤
17	①	②	③	④	⑤	37	①	②	③	④	⑤
18	①	②	③	④	⑤	38	①	②	③	④	⑤
19	①	②	③	④	⑤	39	①	②	③	④	⑤
20	①	②	③	④	⑤	40	①	②	③	④	⑤

한사능 · 휴스테이션 NCS

감독관 확인란	

기출예상문제_연습용

성명표기란

초성	중성	종성
ㄱ ㄴ ㄷ ㄹ ㅁ ㅂ ㅅ ㅇ ㅈ ㅊ ㅋ ㅌ ㅍ ㅎ	ㅏ ㅑ ㅓ ㅕ ㅗ ㅛ ㅜ ㅠ ㅡ ㅣ ㅐ ㅒ ㅔ ㅖ ㅘ ㅙ ㅚ ㅝ ㅞ ㅟ ㅢ	ㄱ ㄴ ㄷ ㄹ ㅁ ㅂ ㅅ ㅇ ㅈ ㅊ ㅋ ㅌ ㅍ ㅎ ㄲ ㄸ ㅃ ㅆ ㅉ ㄺ ㄻ

수험번호

0	0	0	0	0	0	0	0	0
1	1	1	1	1	1	1	1	1
2	2	2	2	2	2	2	2	2
3	3	3	3	3	3	3	3	3
4	4	4	4	4	4	4	4	4
5	5	5	5	5	5	5	5	5
6	6	6	6	6	6	6	6	6
7	7	7	7	7	7	7	7	7
8	8	8	8	8	8	8	8	8
9	9	9	9	9	9	9	9	9

(주민등록 앞자리 생년제외) 월일

0	0	0	0
1	1	1	1
2	2	2	2
3	3	3	3
4	4	4	4
5	5	5	5
6	6	6	6
7	7	7	7
8	8	8	8
9	9	9	9

수험생 유의사항

※ 답안은 반드시 컴퓨터용 사인펜으로 보기와 같이 바르게 표기해야 합니다.
〈보기〉 ① ② ③ ❹ ⑤

※ 성명표기란 위 칸에는 성명을 한글로 쓰고 아래 칸에는 성명을 정확하게 표기하십시오. (맨 왼쪽 칸부터 표기하며 성과 이름은 붙여 씁니다)

※ 수험번호/월일 위 칸에는 아라비아 숫자로 쓰고 아래 칸에는 숫자와 일치하게 표기하십시오.

※ 월일은 반드시 본인 주민등록번호의 생년을 제외한 월 두 자리, 일 두 자리를 표기하십시오.
〈예〉 2002년 4월 1일 → 0401

문번	답란	문번	답란	문번	답란
1	① ② ③ ④ ⑤	21	① ② ③ ④ ⑤	41	① ② ③ ④ ⑤
2	① ② ③ ④ ⑤	22	① ② ③ ④ ⑤	42	① ② ③ ④ ⑤
3	① ② ③ ④ ⑤	23	① ② ③ ④ ⑤	43	① ② ③ ④ ⑤
4	① ② ③ ④ ⑤	24	① ② ③ ④ ⑤	44	① ② ③ ④ ⑤
5	① ② ③ ④ ⑤	25	① ② ③ ④ ⑤	45	① ② ③ ④ ⑤
6	① ② ③ ④ ⑤	26	① ② ③ ④ ⑤	46	① ② ③ ④ ⑤
7	① ② ③ ④ ⑤	27	① ② ③ ④ ⑤	47	① ② ③ ④ ⑤
8	① ② ③ ④ ⑤	28	① ② ③ ④ ⑤	48	① ② ③ ④ ⑤
9	① ② ③ ④ ⑤	29	① ② ③ ④ ⑤	49	① ② ③ ④ ⑤
10	① ② ③ ④ ⑤	30	① ② ③ ④ ⑤	50	① ② ③ ④ ⑤
11	① ② ③ ④ ⑤	31	① ② ③ ④ ⑤	51	① ② ③ ④ ⑤
12	① ② ③ ④ ⑤	32	① ② ③ ④ ⑤	52	① ② ③ ④ ⑤
13	① ② ③ ④ ⑤	33	① ② ③ ④ ⑤	53	① ② ③ ④ ⑤
14	① ② ③ ④ ⑤	34	① ② ③ ④ ⑤	54	① ② ③ ④ ⑤
15	① ② ③ ④ ⑤	35	① ② ③ ④ ⑤	55	① ② ③ ④ ⑤
16	① ② ③ ④ ⑤	36	① ② ③ ④ ⑤	56	① ② ③ ④ ⑤
17	① ② ③ ④ ⑤	37	① ② ③ ④ ⑤	57	① ② ③ ④ ⑤
18	① ② ③ ④ ⑤	38	① ② ③ ④ ⑤	58	① ② ③ ④ ⑤
19	① ② ③ ④ ⑤	39	① ② ③ ④ ⑤	59	① ② ③ ④ ⑤
20	① ② ③ ④ ⑤	40	① ② ③ ④ ⑤	60	① ② ③ ④ ⑤

대기업·금융

고시넷 대기업 20대기업 인적성검사 통합 기본서
2023 고시넷 대기업 LG그룹 온라인 인적성검사 최신기출유형 모의고사
고시넷 대기업 SK그룹 종합역량검사 온라인 SKCT 최신기출유형 모의고사 4회
고시넷 대기업 현대자동차 모빌리티 기술인력 생산직 최신기출유형 모의고사
고시넷 대기업 KT그룹 온라인 인적성검사 종합인적성검사 최신기출유형 모의고사 5회
2025 고시넷 대기업 포스코그룹 온라인 인적성검사 최신 기출유형 모의고사
고시넷 대기업 포스코 생산기술직 온라인 인적성검사 최신기출유형 모의고사 4회
2025 고시넷 대기업 삼성그룹 온라인 GSAT 5급 고졸채용 최신 기출유형 모의고사
2025 고시넷 대기업 이랜드그룹 인적성검사 최신 기출유형 모의고사
2024 고시넷 대기업 KCC 온라인 인적성검사 최신 기출유형 모의고사
2023 고시넷 대기업 효성그룹 인적성검사 최신 기출유형 모의고사
2023 고시넷 대기업 샘표식품 인적성검사 최신 기출유형 모의고사
2023 고시넷 대기업 삼양그룹 온라인 인적성검사 최신 기출유형 모의고사
2024 고시넷 대기업 S-OIL 에쓰오일 온라인 인적성검사 최신 기출유형 모의고사
고시넷 대기업 S-OIL 생산직 온라인 필기시험 최신기출유형 모의고사 4회
2025 고시넷 금융권 은행·금융 공기업 NCS 실제유형 + 실전모의고사
2024 고시넷 대기업 MG새마을금고 NCS 기출예상모의고사
2024 고시넷 대기업 지역신협 인적성검사 최신 기출유형 모의고사
2024 고시넷 대기업 지역수협 인적성검사 최신 기출유형 모의고사
2024 고시넷 대기업 SK하이닉스 Maintenance/Operator 필기시험 SKCT
2024 고시넷 금융권 NH농협은행 NCS 온라인 필기시험 최신기출유형 모의고사 6급
고시넷 금융권 금융상식 경제상식 은행 필기시험 (경영상식 포함)
고시넷 NCS 지역농협 6급 통합기본서
고시넷 농·축협 지역농협 6급 NCS 오픈봉투모의고사 6회

저마다의 일생에는,

특히 그 일생이 동터 오르는 여명기에는

모든 것을 결정짓는 한 순간이 있다.

그 순간을 다시 찾아내는 것은 어렵다.

그것은 다른 수많은 순간들의 퇴적 속에

깊이 묻혀있다.

- 장 그르니에, 섬 LES ILES

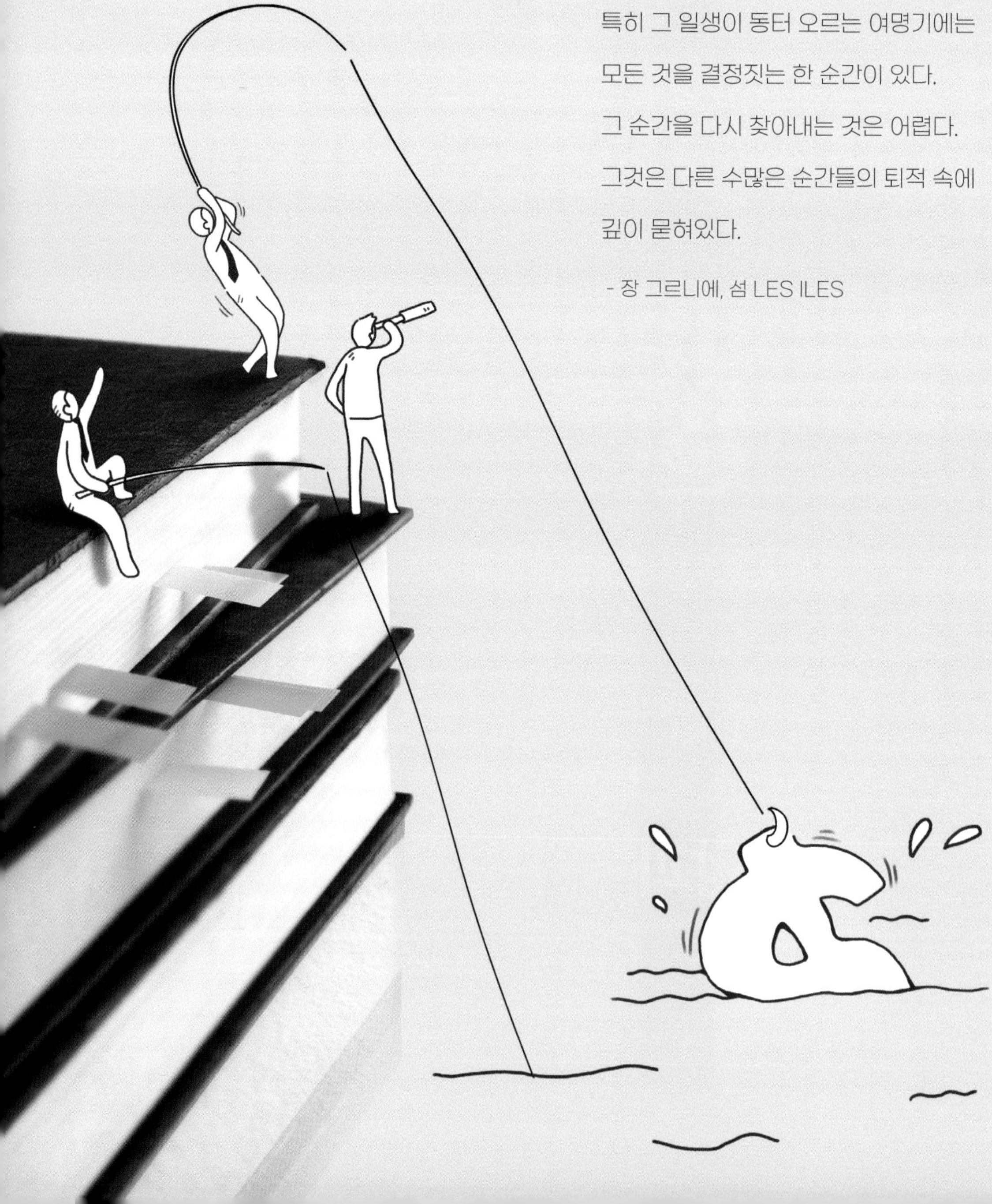

NCS | 직업기초능력평가

고시넷 공기업

주요 출제대행사 시리즈

베스트셀러

휴스테이션 한국사회능력개발원 NCS 출제유형모의고사

동영상강의 www.gosinet.co.kr

㈜휴스테이션, ㈜한국사회능력개발원 모듈형/피듈형

공기업 출제사별 유형학습

정답과 해설

gosinet
(주)고시넷

NCS | 직업기초능력평가

고시넷 공기업

주요 출제대행사 시리즈

베스트셀러

휴스테이션 한국사회능력개발원

NCS 출제유형모의고사

동영상강의 www.gosinet.co.kr

㈜휴스테이션, ㈜한국사회능력개발원 모듈형/피듈형

공기업 출제사별 유형학습

정답과 해설

gosinet (주)고시넷

정답과 해설

1회 기출예상문제

문제 20쪽

공통영역 [1~40]

01	③	02	②	03	④	04	③	05	③
06	③	07	②	08	③	09	③	10	④
11	②	12	①	13	①	14	④	15	②
16	①	17	②	18	②	19	①	20	②
21	④	22	②	23	①	24	②	25	④
26	①	27	③	28	③	29	④	30	①
31	④	32	③	33	①	34	②	35	②
36	④	37	①	38	②	39	③	40	③

사무직 [41~50]

41	①	42	③	43	④	44	②	45	②
46	①	47	②	48	③	49	④	50	③

기술직 [41~50]

41	④	42	④	43	③	44	①	45	④
46	④	47	②	48	④	49	③	50	④

공통영역 의사 · 수리 · 문해 · 자원 [1~40]

01 문서작성능력 사자성어 이해하기

| 정답 | ③

| 해설 | '전화위복(轉禍爲福)'은 재난이 오히려 복이 된다는 의미로, 위기가 기회로 바뀌어 돌아옴을 의미한다. (가)는 팬데믹 기간 동안 인력 감축으로 인한 여성의 해고 증가가 여성 창업의 증가로 이어진 사례이며, (나)는 러시아-우크라이나 전쟁으로 인한 천연가스 공급 위기가 재생에너지 사업 확대의 계기가 된 사례이다.

| 오답풀이 |

① 과유불급(過猶不及) : 지나침은 적음과 같다는 의미로, 너무 과하지도 않고 너무 적지도 않은 중용(中庸)이 중요함을 의미한다.

② 건곤일척(乾坤一擲) : 흥망을 걸고 단판으로 승부를 겨루는 것을 의미한다.

④ 절치부심(切齒腐心) : 분한 마음에 이를 갈며 속을 썩이다는 의미이다.

02 문서이해능력 고유어 이해하기

| 정답 | ②

| 해설 | '인간(人間)'은 생각을 하고 언어를 사용하며, 도구를 만들어 쓰고 사회를 이루어 사는 동물을 뜻하는 말로, 고유어에 해당하지 않는다. 유사한 뜻의 고유어로 '사람'이 있다.

| 오답풀이 |

① 한울 : 우주를 뜻하는 고유어이다.

③ 기장 : 옷의 길이를 뜻하는 고유어이다.

④ 시나브로 : 모르는 사이에 조금씩, 조금씩을 뜻하는 고유어이다.

03 의사표현능력 효과적인 의사표현법 이해하기

| 정답 | ④

| 해설 | ㄴ. 상대의 요구를 거절할 때는 먼저 사과를 하고 거절하는 이유를 설명해야 한다. 이때, 모호한 태도가 아닌 단호한 태도를 취한다. 따라서 적절한 예시이다.

ㄷ. 상대에게 부탁할 때는 먼저 상대의 사정을 파악하여 상대를 우선시하는 태도를 보이고 구체적으로 부탁해야 한다. 따라서 적절한 예시이다.

ㄹ. 설득을 할 때는 일방적으로 강요하면 안 되며, 먼저 양보하는 태도를 보여 서로 이익을 공유하겠다는 의지를 보여야 한다. 따라서 적절한 예시이다.

ㅁ. 상대에게 부탁할 때와 마찬가지로 의사표현을 해야 하며, 구체적으로 부탁하는 내용을 해 줄 수 있는지 상대의 의사를 묻고 있으므로 적절한 예시이다.

| 오답풀이 |

ㄱ. 상대의 잘못을 지적할 때는 칭찬－질책－격려의 순서인 샌드위치 화법으로 말해야 한다. ㄱ과 같이 한 사람에게만 책임을 전가하고 질책의 말만 하는 것은 그 효과를 떨어트릴 수 있다.

04 의사표현능력 연단공포증 극복하기

| 정답 | ③

| 해설 | 연단공포증을 극복하기 위해서는 몸과 어깨 근육의 긴장을 풀고 배에 힘을 준 채로 말하는 것이 좋다.

05 의사표현능력 발표 전략 파악하기

| 정답 | ③

| 해설 | 발표문을 보면 '세계의 약 10억 이상의 사람들', '세계 11위의 경제규모', '세계 7위의 규모' 등과 같이 구체적인 수치를 사용하였음을 알 수 있다. 따라서 발표문에 나타난 발표 전략으로 적절한 것은 ③이다.

06 경청능력 청중의 반응 이해하기

| 정답 | ③

| 해설 | 발표문에서 '한국의 독특한 경제 개발 경험이 바람직한 국제개발 협력, 공적개발원조의 관점, 바람직한 개발 모델의 정립에 있어서 큰 기여를 할 수 있기 때문'이라고 언급하였다. 따라서 ○○공사의 개발협력 사업이 한국의 독특한 국제원조 모델을 제공할 수 있다는 설명은 적절하지 않다.

| 오답풀이 |

① 발표문에서는 세계 각국의 상호 협력으로 함께 성장하고 발전하는 것이 필요함을 설명하며, 한국전쟁 이후에 독특한 경제 개발을 이룬 한국이 바람직한 국제개발 협력, 공적개발 원조, 개발 모델 정립에 기여할 수 있다고 설명하고 있다. 따라서 적절한 반응이다.

② 발표문에서 개별 기업이 아닌 국가 간의 상호 협력을 중점으로 국제개발에 대해 역설하고 있으므로 적절한 반응이다.

④ 마지막 문단에서 ○○공사도 오랜 기술력을 바탕으로 국가의 경제성장에 기여해 왔고, 국제개발 협력 사업에서 중요한 역할을 해 오고 있다고 하였다. 따라서 다른 공기업도 ○○공사처럼 국제원조에 참여할 수 있을지를 궁금해할 수 있다.

07 문서작성능력 제목 파악하기

| 정답 | ②

| 해설 | 제시된 문서의 첫 부분에서 '새만금개발청과 ☆☆공사는 7월 28일 새만금에서 현장간담회를 개최'했다고 제시되어 있으므로 현장간담회에 관한 내용임을 알 수 있다. 따라서 제목으로 적절한 것은 '☆☆공사 새만금 현장간담회 개최'이다.

| 오답풀이 |

④ 첫 부분을 보면 "새만금지의 지적 및 공간정보 구축을 위한 업무협약" 후속조치 이행을 논의하기 위한 것임을 알 수 있으므로 업무협약 체결은 제목이 될 수 없다.

08 문서이해능력 글을 바탕으로 내용 추론하기

| 정답 | ③

| 해설 | 자료의 마지막 부분을 보면 '현장간담회는 기관 간 소통 및 협업을 추구하는 정부 3.0 기조에 따라 마련'되었음을 알 수 있다. 따라서 정부 정책 기조가 이번 간담회 성사에 역할을 하였음을 알 수 있다.

| 오답풀이 |

① 새만금사업과 관련된 업무협약이 두 번째인지는 알 수 없다.

②, ④ ☆☆공사에서 측량 및 공간정보시스템 관련 전문가를 새만금개발청에 파견한다고 하였으므로 적절한 추론이 아니다.

09 문서작성능력 목차에 맞게 내용 작성하기

| 정답 | ③

| 해설 | [지문 B]는 항공 산업의 혁신성장목표에 따른 추진 방향과 이러한 방향하의 산업부문 혁신전략과 정책부문

혁신전략을 설정하여 제시하고 있다. 따라서 제4장 제3절 '항공 산업 혁신성장 추진방향 및 전략 설정'에 해당되는 내용이다.

| 오답풀이 |

① 제3장 제1절은 '혁신과 성장'으로, 혁신과 성장의 정의나 의미 등의 탐구 내용과 그것의 항공 산업에서의 의미, 현황 등의 분석이 제시될 것임을 추론할 수 있다.

② [지문 B]에서는 부문별 혁신의 전략이 개괄적으로 제시되어 있으나, 제4장 제1절에서는 전략이 언급되어 있지 않다.

④ 제5장은 혁신성장의 세부적인 추진 전략을 다루는 장인데 반해, [지문 B]는 세부적으로 추진 전략을 다루고 있지 않다. 또한, 제5장 제2절은 정책부문의 혁신성장 추진 전략만을 다룬다.

10 문서이해능력 문맥에 맞게 문단 배열하기

| 정답 | ④

| 해설 | (가) 연구를 위해 항공 산업 부문의 혁신 및 성장 사례 검토, 항공 산업 생태계 구조 분석과 항공 산업 전문가/종사자를 대상으로 하는 설문조사와 수용성 조사를 실시하였다는 내용을 통하여 연구보고서 작성을 위해 수행한 '연구의 방법'에 대한 설명임을 알 수 있다.

(나) 연구를 통해 혁신과 성장이 항공 산업에서 가지는 의미와 항공 산업의 혁신성장을 위한 노력에 대해 고찰하고, 항공 산업의 향후 발전방향을 제시하고자 하는 '연구의 목적'을 제시하고 있다.

(다) 시간적 범위, 공간적 범위, 내용적 범위에 대해 제시하고 있으므로 '연구의 범위'에 대한 내용임을 알 수 있다.

(라) 항공 산업에서 발생하고 있는 변화들에 대해 설명하고, 이러한 변화들이 산업 및 경제 성장으로 이루어질 수 있도록 하는 방안을 마련하는 것이 시급하다고 한 것을 통해 '연구의 배경 및 필요성'에 대해 설명하고 있음을 알 수 있다.

따라서 이를 '제1장 서론'의 목차 순서에 따라 나열하면 (라)－(나)－(다)－(가) 순이다.

11 기초통계능력 확률 계산하기

| 정답 | ②

| 해설 | 방역을 맡겼을 때의 예상 이익이 방역을 맡기지 않았을 때의 예상 이익 이상이면 방역을 맡기게 된다. 열병이 유행할 확률을 x%라고 하면 다음과 같은 식이 성립한다.

$$(4,500-500)\times\frac{x}{100}+(3,000-500)\times\frac{100-x}{100}$$

$$\geq 2,000\times\frac{x}{100}+3,000\times\frac{100-x}{100}$$

$$40x+2,500-25x \geq 20x+3,000-30x$$

$$25x \geq 500$$

$$\therefore\ x \geq 20$$

따라서 농부는 열병이 유행할 확률이 최소 20% 이상일 때 방역을 맡기게 된다.

12 기초통계능력 Z－값 이해하기

| 정답 | ①

| 해설 | Z－값은 점수가 평균에서 얼마나 떨어져 있는지를 표준화하여 나타낸 것으로, $\frac{\text{원점수}-\text{평균}}{\text{표준편차}}$ 으로 구할 수 있다.

| 오답풀이 |

② 재현의 전공 점수의 Z－값은 $\frac{90-87}{10}=0.3$이다.

③ 재현의 토익 점수의 Z－값은 $\frac{800-700}{20}=5$이다.

④ 재현의 토익 점수 Z－값이 전공 점수 Z－값보다 높으므로 토익 성적이 전공 성적보다 우수하다고 할 수 있다.

13 기초연산능력 부등식 활용하기

| 정답 | ①

| 해설 | 세 번째 조건에서 $a+3$을 입력하였더니 5가 나왔다고 했으므로 $a+3$의 범위는 다음과 같다.

$$4.5 \leq a+3 < 5.5$$

$$1.5 \leq a < 2.5$$

또한, $5-b$를 입력하였더니 1이 나왔다고 했으므로 $5-b$의 범위는 다음과 같다.

$0.5 \leq 5-b < 1.5$

$-4.5 \leq -b < -3.5$

$3.5 < b \leq 4.5$

$1.5 \leq a < 2.5$의 범위에서 a를 계산기에 입력하면 2가 나오고, $3.5 < b \leq 4.5$의 범위에서 b를 계산기에 입력하면 $3.5 < b < 4.5$의 범위에서는 4가, $b=4.5$에서는 5가 나온다. 따라서 두 번째 조건을 만족하기 위해서는 $b=4.5$여야 한다. 그러므로 $4a+b$의 범위는 다음과 같이 구할 수 있다.

$1.5 \leq a < 2.5$

$6 \leq 4a < 10$

$10.5 \leq 4a+b < 14.5$

따라서 $4a+b$의 결과로 불가능한 것은 10이다.

14 기초연산능력 집합의 원소 개수 구하기

| 정답 | ④

| 해설 | 제시된 조건을 간략하게 정리하면 다음과 같다.

(1) [국화]=[튤립]×2

(2) [장미]=[국화]+1

(3) [장미]=[국화+튤립]

(4) [튤립]=[장미+튤립]−1

(5) [장미+국화+튤립]=[장미+국화]+1

(6) [튤립]=2, [국화]+[장미+국화]+[장미]=18

벤다이어그램을 그려 정리하면 다음과 같다.

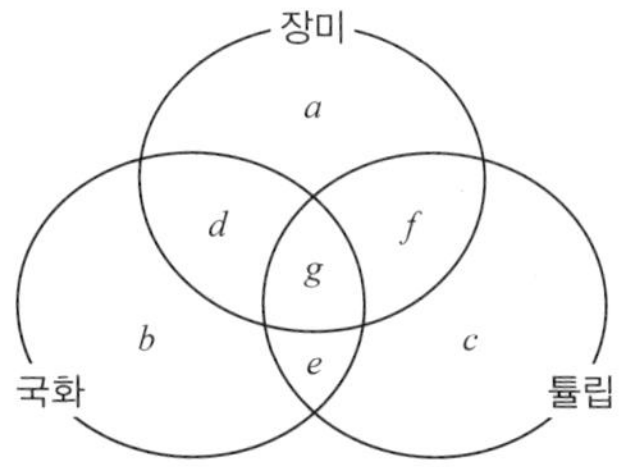

c는 (6)에 의해 2이다.

b는 (1)에 의해 4이다.

a는 (2)에 의해 5이다.

e는 (3)에 의해 5이다.

f는 (4)에 의해 3이다.

d는 (6)에 의해 9이다.

g는 (5)에 의해 10이다.

따라서 장미, 국화, 튤립을 모두 섞어서 만든 꽃다발은 10개이다.

15 기초연산능력 주행 및 주유 기록 분석하기

| 정답 | ②

| 해설 | 차량 A와 차량 B의 주행 및 주유 기록을 정리하면 다음과 같다.

[차량 A]

- 기름을 50% 채우는 데 드는 비용 : 4만 원
  - ➡ 기름을 가득 채우는 데 드는 비용 : 8만 원
- 350km를 달리는 데 필요한 기름 : 기름탱크의 60%
  - ➡ 남은 250km를 달리는 데 필요한 기름 : 기름탱크의 $\frac{300}{7}\%$

따라서 주유비로 총 40,000(50% 주유)+48,000(60% 주유) $+\frac{240,000}{7}\left(\frac{300}{7}\%\ 주유\right) \fallingdotseq 122,286$(원)을 지불했다.

[차량 B]

- 550km를 달렸을 때 기름이 10% 이하
  - ➡ 100%는 최대 $\frac{5,500}{9}$km 주행 가능
- 250km를 달리는 데 필요한 기름 : 30,000원어치
  - ➡ 800km를 달리는 데 필요한 기름 : 96,000원어치

따라서 차량 B는 주유비로 총 96,000원을 지불했다.

㉠ 주유비로 차량 A는 약 122,286원, 차량 B는 96,000원을 지불했으므로 차량 B가 차량 A보다 적은 주유비를 지불했다.

㉣ 추가 주유 없이 차량 B로 주행할 수 있는 최대 거리는 $\frac{5,500}{9} \fallingdotseq 611$(km)이다.

| 오답풀이 |

㉡ 기름탱크를 가득 채우는 데 차량 A는 8만 원, 차량 B는 최대 $\frac{5,500}{9} \times \frac{30,000}{250} \fallingdotseq 73,333$(원)이 든다. 따라서 기름탱크의 용량은 차량 A가 더 크다.

㉢ 차량 A는 600km를 달리는 데 기름탱크의 $\frac{720}{7}\%$만큼의 기름이 필요하므로 추가 주유가 필요하다.

16 도표분석능력 자료의 수치 분석하기

| 정답 | ①

| 해설 | 10대와 20대의 각 전체 조사대상자 수를 x명이라고 하면 30대와 40대 이상의 각 전체 조사대상자 수는 $1.5x$명이다. '수강자 수×100=수강률×전체 조사대상자 수'이므로, 20X5년 온 · 오프라인 강의를 수강하는 20대와 30대의 각 조사대상자 수에 100을 곱한 값의 연령대별 합을 구하면 다음과 같다.

- 20대 : $(77.2+48)\times x=125.2x$
- 30대 : $(59.6+31.6)\times 1.5x=136.8x$

따라서 20X5년 온라인과 오프라인 강의를 수강하는 20대 조사대상자 수의 합은 30대 조사대상자 수의 합보다 적다.

| 오답풀이 |

② 20X1년 온라인 강의를 수강하는 10대와 20대의 수강률 합은 80.8+66.2=147이고, 30대와 40대 이상의 합은 58.8+32.3=91.1이다. 91.1×1.5=136.65이므로 10대와 20대의 조사대상자 수가 더 많다.

③ 30대와 40대 이상의 온라인 강의 수강률에 1.5를 곱한 값을 정리하면 다음과 같다.

(단위 : %)

구분	20X1년	20X2년	20X3년	20X4년	20X5년
10대	80.8	81.7	83.5	83.5	83.7
20대	66.2	66.3	67.0	77.1	77.2
30대	88.2	88.35	88.95	89.25	89.4
40대 이상	48.45	50.85	50.85	52.8	53.25

따라서 매년 모든 연령대 중에 40대 이상이 가장 적다.

④ 오프라인 강의를 수강하는 30대 조사대상자 수강률에 1.5를 곱하면 순서대로 47.25, 45.45, 46.2, 46.65, 47.4이고, 이는 모두 각 연도별 20대 오프라인 강의 수강률보다 작은 수치이다.

17 도표분석능력 자료의 수치 분석하기

| 정답 | ②

| 해설 | 서울과 경기의 휴업 중인 통신판매업체 수의 합은 725+414=1,139(개)로 전체 휴업 중인 업체의 $\frac{1,139}{1,598}\times 100 \fallingdotseq 71.3$(%)이다.

| 오답풀이 |

① 서울과 강원의 직권말소된 통신판매업체 수는 7,300+689=7,989(개)로 8,000개를 넘지 않는다.

③ 전체 직권말소된 업체 중 부산의 업체 수의 비중은 $\frac{1,079}{17,868}\times 100 \fallingdotseq 6.0$(%)로 10%에 한참 미치지 못한다.

④ 유일하게 폐업한 통신판매업체 수가 영업 중인 통신판매업체 수의 절반보다 큰 서울이 가장 많은 지역이고, 영업 중인 업체 수가 폐업한 업체 수의 $\frac{6,763}{1,436} \fallingdotseq 4.71$(배)인 전남이 가장 적은 지역이다.

18 도표작성능력 표를 바탕으로 그래프 작성하기

| 정답 | ②

| 해설 | 서울과 경기의 항목별 통신판매업체 신고 비중은 다음과 같다.

- 서울

영업 중 : $\frac{142,981}{235,739}\times 100 \fallingdotseq 60.7$(%)

휴업 중 : $\frac{725}{235,739}\times 100 \fallingdotseq 0.3$(%)

폐업 : $\frac{84,733}{235,739}\times 100 \fallingdotseq 35.9$(%)

직권말소 : $\frac{7,300}{235,739}\times 100 \fallingdotseq 3.1$(%)

- 경기

영업 중 : $\frac{77,934}{115,379}\times 100 \fallingdotseq 67.5$(%)

휴업 중 : $\frac{414}{115,379}\times 100 \fallingdotseq 0.4$(%)

폐업 : $\frac{33,478}{115,379}\times 100 \fallingdotseq 29.0$(%)

직권말소 : $\frac{3,553}{115,379}\times 100 \fallingdotseq 3.1$(%)

따라서 경기의 비중이 일치하지 않으므로 적절하지 않은 그래프이다.

| 오답풀이 |

① 경기와 서울의 영업 중인 통판매업체의 비중은 다음과 같다.

- 경기 : $\frac{77,934}{346,582} \times 100 \fallingdotseq 22.5(\%)$
- 서울 : $\frac{142,981}{346,582} \times 100 \fallingdotseq 41.3(\%)$

④ 비수도권 도지역의 폐업과 직권말소 통신판매업체 수는 다음과 같다.

- 강원 : 1,845+689=2,534(개)
- 충북 : 2,472+577=3,049(개)
- 충남 : 2,503+377=2,880(개)
- 전북 : 1,294+197=1,491(개)
- 전남 : 1,436+381=1,817(개)
- 경북 : 2,893+605=3,498(개)
- 경남 : 3,792+388=4,180(개)
- 제주 : 988+125=1,113(개)

19 도표분석능력 자료의 수치 분석하기

| 정답 | ①

| 해설 | '의사 수= $\frac{\text{인구 1,000명당 의사 수} \times \text{총인구}}{1,000}$',이므로 20X3 ~ 20X4년 대도시의 의사 수를 구하면 다음과 같다.

구분	20X3년	20X4년
서울	$\frac{1,002 \times 3.3}{1,000} \fallingdotseq 3.3$(만 명)	$\frac{1,000 \times 3.4}{1,000} = 3.4$(만 명)
부산	$\frac{353 \times 2.5}{1,000} \fallingdotseq 0.88$(만 명)	$\frac{352 \times 2.6}{1,000} \fallingdotseq 0.92$(만 명)
대구	$\frac{250 \times 2.7}{1,000} \fallingdotseq 0.68$(만 명)	$\frac{250 \times 2.7}{1,000} \fallingdotseq 0.68$(만 명)
인천	$\frac{284 \times 1.8}{1,000} \fallingdotseq 0.51$(만 명)	$\frac{288 \times 1.7}{1,000} \fallingdotseq 0.49$(만 명)
광주	$\frac{147 \times 2.8}{1,000} \fallingdotseq 0.41$(만 명)	$\frac{147 \times 2.8}{1,000} \fallingdotseq 0.41$(만 명)
대전	$\frac{152 \times 2.8}{1,000} \fallingdotseq 0.43$(만 명)	$\frac{150 \times 2.8}{1,000} = 0.42$(만 명)
울산	$\frac{114 \times 1.9}{1,000} \fallingdotseq 0.22$(만 명)	$\frac{110 \times 1.8}{1,000} \fallingdotseq 0.20$(만 명)

전년 대비 20X4년의 의사 수가 증가한 도시는 서울과 부산이다. 의사 수 증가율이 서울은 $\frac{3.4-3.3}{3.3} \times 100 \fallingdotseq 3.03(\%)$, 부산은 $\frac{0.92-0.88}{0.88} \times 100 \fallingdotseq 4.55(\%)$이므로, 의사 수 증가율이 가장 큰 도시는 부산이다.

| 오답풀이 |

② 인천과 울산의 인구 1,000명당 의사 수가 감소하였으므로 의사의 비율이 감소한 것이나, 인천의 경우 인구수는 증가하였다.

③ 인천만 인구수가 증가하였는데, 인천의 인구 1,000명당 의사 수는 1.8명에서 1.7명으로 감소하였으므로, 의사의 비율은 감소하였다.

④ 20X4년 인구 1,000명당 의사 수가 가장 적은 도시는 1.7명인 인천이지만, 의사 수가 가장 적은 도시는 약 0.20만 명인 울산이다.

20 도표분석능력 자료의 수치 계산하기

| 정답 | ②

| 해설 | 서울의 20X3년 의사 수는 $\frac{1,002 \times 3.3}{1,000} = 3.3066$(만 명)이고 20X4년 의사 수는 3.4만 명이므로, 20X3년부터 1년간 34,000−33,066=934(명) 증가하였다.

21 문제해결능력 문제해결 이해하기

| 정답 | ④

| 해설 | 자신의 목표보다 조직의 목표를 우선시해야 한다는 내용은 제시된 글에서 찾아볼 수 없다.

22 문제해결능력 문제해결방법 적용하기

| 정답 | ②

| 해설 | △△기관의 문제상황은 환경이 열악한 휴게실이 있는 것은 사실이나 쾌적한 환경의 휴게실이 충분히 있다는 사실은 보도되지 않아 기관의 이미지가 실추될 수 있다는 것이다. 이를 바로잡기 위해서는 해당 문제에 대응한 휴게실 관련 설명 자료를 작성하여 배포하는 것이 가장 적절하다.

| 오답풀이 |

① △△기관의 문제상황은 경쟁사와 관련된 것이 아니므로 경쟁사를 비판하는 것은 문제의 근본적 해결책이 아니며, 기관의 이미지를 손상시킬 수도 있다.

③ 열악한 직원 휴게실로 보도된 것이 문제인데 사회 공헌 활동은 이와 관련이 없으므로 도움이 될 수 없다.

④ 기관의 장점을 알리는 홍보자료를 보도하기 보다 이번 사건을 통해 발생한 이미지 실추와 관련된 정정 자료를 보도하는 것이 문제상황의 근본적인 해결방안이다.

23 문제처리능력 콘퍼런스 준비하기

| 정답 | ①

| 해설 | 팀장의 지시에 전무님께 예약된 식당을 안내해 드리는 업무는 포함되어 있지 않다.

24 사고력 브레인 라이팅 이해하기

| 정답 | ②

| 해설 | 브레인 라이팅은 '침묵의 브레인 스토밍'이라고도 하며, 아이디어를 말로 하는 대신 글로 작성하여 제시하는 방법이다. 브레인 라이팅 기법은 각 멤버의 사고력을 충분히 활용할 수가 있으며, 남의 앞에서 발언하는 것이 서투른 사람이나 소극적인 사람, 체면을 걱정하는 사람 등의 사고력을 최대한으로 이끌어 낼 수 있다는 장점을 가진다. 또한 지배적으로 이루어지는 개인의 영향력을 줄일 수도 있다. 하지만 팀 전체가 고조되어서 서로 자극하는 상승효과는 기대할 수 없다는 단점이 존재한다.

25 문제처리능력 조건을 바탕으로 추론하기

| 정답 | ④

| 해설 | 1, 2, 5, 6, 9, 10, 12번에 해당할 경우의 점수는 1+1+2+3+4+4+5=20(점)으로 스트레스 상당히 많음 수준이다.

| 오답풀이 |

① 3, 5, 12번에 해당할 경우의 점수는 1+2+5=8(점)으로 스트레스 다소 수준이다.

② 1, 4, 6, 8번에 해당할 경우의 점수는 1+2+3+3=9(점)으로 스트레스 다소 수준이다.

③ 2, 7, 9, 11번에 해당할 경우의 점수는 1+3+4+5=13(점)으로 스트레스 많음 수준이다.

26 사고력 인과적 귀납법 파악하기

| 정답 | ①

| 해설 | 감기에 걸리지 않은 유치원생들은 공통적으로 백신을 맞았으므로 백신에는 감기를 예방하는 효과가 있다고 추측하는 일치법, 백신을 맞지 않은 유치원생은 백신를 맞은 유치원생과 달리 감기에 걸렸다는 차이점을 통해 백신에는 감기를 예방하는 효과가 있다고 추측하는 차이법을 병행한 일치차이병용법을 이용하였다.

| 오답풀이 |

② 식초를 뿌린 토마토 화분과 그렇지 않은 화분과의 병충해 발생 여부의 차이로 식초에 해충 방지 효과를 추측하는 차이법이 이용되었다.

③ TV에 케이블 안테나를 연결한 것과 그렇지 않은 것을 비교하여 화면이 깨끗하게 나오지 않은 원인이 케이블 안테나를 연결하지 않은 것에 있었음을 추측하는 차이법이 이용되었다.

④ 이상하게 생긴 막대에 쇠붙이가 끌려가는 것과 쇠붙이가 아닌 것이 끌려가지 않는 것의 차이로 막대가 쇠붙이를 끄는 성질이 있음을 추측하는 차이법이 이용되었다.

27 사고력 인과적 귀납법 파악하기

| 정답 | ③

| 해설 | (ㄱ), (ㄴ), (ㄹ)을 고려한다면 우유나 아이스크림 혹은 둘 모두가 식중독의 원인이며, 이는 (ㄱ), (ㄴ)의 공통점, 그리고 이들과 (ㄹ)의 차이점을 고려한 일치차이병용법을 적용한 추론이다.

| 오답풀이 |

① (ㄱ), (ㄷ)만을 고려한다면 우유뿐만 아니라 샌드위치와 아이스크림도 식중독의 원인이 될 수 있다.

② (ㄱ), (ㄴ), (ㄷ)만을 고려한다면 우유나 아이스크림 혹은 둘 모두가 식중독의 원인이며, 이는 차이법이 아닌

(ㄱ), (ㄴ)의 공통점과 (ㄷ)의 차이점을 고려한 일치차이 병용법을 적용한 추론이다.

④ (ㄴ), (ㄷ), (ㄹ)만을 고려한다면 쿠키는 식중독의 원인이 되지 않는다.

28 문제처리능력 | 퍼실리테이션 이해하기

| 정답 | ③

| 해설 | 퍼실리테이션에 적합한 성격은 따로 없다. 누구라도 수련을 해야 하며, 수련을 한다면 어떤 성격도 퍼실리테이션에 적합할 수 있다.

29 사고력 | 논증의 변화양상 파악하기

| 정답 | ④

| 해설 | ① ~ ③은 모두 금손 전파사에서 다영이의 블루레이 플레이어 수리를 잘 해줄 것이라는 논증을 강화한다. 하지만 ④는 사용하던 수리 부품을 사용하지 못하므로 잘 수리해 줄 것이라는 논증을 약화시킨다.

30 사고력 | 결론이 참이 되게 하는 전제 추론하기

| 정답 | ①

| 해설 | 경감이 모두 30대일 때 어떤 경감이 본청 소속이 아니라 한다면, 30대 중 본청 소속이 아닌 사람이 있다.

31 자원관리능력 | 자원관리 기본 과정 이해하기

| 정답 | ④

| 해설 | 자원을 적절하게 관리하기 위한 4단계의 자원관리 과정은 ㉣ 어떤 자원이 얼마나 필요한지를 확인하고 ㉡ 이용 가능한 자원을 수집하고 ㉢ 자원 활용 계획을 세운 뒤 ㉠ 계획에 따라 수행하는 것이다.

32 물적자원관리능력 | 생산관리의 목표 이해하기

| 정답 | ③

| 해설 | 생산관리의 목표는 가능한 최소의 노동과 최소의 비용으로 유용한 가치를 높이는 것이다. 생산운영관리의 주요 목표는 생산활동에 투입되는 원가를 절감하여 가격경쟁력을 확보하는 것과 제품의 품질과 서비스의 질을 높이고 고객이 원하는 제품과 서비스를 신속하고 정확한 납기일을 지켜 공급하는 것, 제품 및 서비스 설계의 변경이나 수요의 변동에 신속하고 쉽게 적응할 수 있는 것이다. 하지만 제품의 가격을 낮추는 것은 해당하지 않는다.

33 시간관리능력 | 시간관리 우선순위 파악하기

| 정답 | ①

| 해설 | 단합대회 준비 지시를 받을 당시 김자원 대리는 단합대회 준비를 위한 시간이 꽤 남았고, 자신이 작년에 했던 일이라는 생각에 '급하지도 중요하지도 않은 일(D)'이라 생각하였다.

34 예산관리능력 | 효과적인 예산 수립안 이해하기

| 정답 | ②

| 해설 | 효과적인 예산 수립을 위해서는 활동별로 예산 지출 규모를 확인하고 우선적으로 추진해야 하는 활동을 선정하여 우선순위가 높은 활동 위주로 예산을 편성해야 한다. 숙박, 교통, 식사는 필수적인 지출이므로 우선적으로 비용을 확인한 후에 예산안을 편성하는 것이 적절하다.

35 인적자원관리능력 | 직무평가 이해하기

| 정답 | ②

| 해설 | 서열법은 평정자가 별도의 기준표나 등급표 없이 직무를 종합적으로 판단하여 직무의 서열을 결정하는 방법이다. 이러한 방법은 평가가 간편하고 신속하게 등급을 부여할 수 있다는 장점이 있다. 그러나 정확한 기준이 없어 주관개입의 소지가 있고 일관성을 확보하기가 어려우며 직무 수가 많을 경우 한계가 있다. 또한 요소비교법과 점수법 등의 계량적인 방법에 비해 정확한 평가가 어렵다.

| 오답풀이 |

① 직무평가는 직무의 상대적 가치를 산정하는 과정이다.

③ 점수법은 중요한 직무요소별로 점수를 부여하고 등급을 매기므로 가치를 수치로 나타낼 수 있는 계량적인 방법이다.

④ 직무평가는 직무의 상대적 가치에 따라 등위를 정하는 것으로, 각 직무의 성과책임, 수행에 필요한 지식과 기술, 성과 등을 평가요소로 하여 직무값과 직무등급을 산정하는 것이 목표이다. 이러한 직무평가는 더욱 높은 가치가 인정되는 직무에 대하여는 더욱 많은 임금을 책정하는 직무급제도의 기초가 된다.

36 인적자원관리능력 임금 계산하기

| 정답 | ④

| 해설 | 요소비교법에 따라 평가되는 요소는 지식, 숙련도, 노력도, 책임, 직무환경이다. 그리고 요소비교법은 각 직무의 평가요소에 대하여 평가결과에 맞게 임금액을 배분한다. 따라서 이를 바탕으로 직무 N의 임금을 산출하면 다음과 같다.

- 지식 : 직무 C와 동일 → 500천 원
- 숙련도 : 직무 A와 동일 → 500천 원
- 노력도 : 직무 B와 동일 → 380천 원
- 책임 : 직무 A와 동일 → 1,210천 원
- 직무환경 : 직무 D와 동일 → 620천 원

따라서 직무 N의 가치에 합당한 임금은 500+500+380+1,210+620=3,210(천 원)이다.

37 자원관리능력 자원의 특성 알기

| 정답 | ①

| 해설 | 제시된 글에서 강조하고 있는 것은 석유라는 하나의 물적자원을 확보하기 위해서 투입해야 하는 시간자원과 예산자원을 결코 간과해서는 안 된다는 사실이다. 하나의 자원을 얻으려면 다른 하나를 제공해야 하는 경우가 대부분이며, 이때 보유한 자원을 효율적으로 사용하여 새로운 자원의 가치를 크게 만들어 내느냐가 자원개발의 성패를 좌우하는 열쇠라고 볼 수 있다.

38 시간관리능력 주어진 조건에 따라 면접일자 구하기

| 정답 | ②

| 해설 | 행사 시작이 22일이므로 상사의 지시에 따라 입소교육은 늦어도 17일까지 완료되어야 한다. 그러나 일요일에는 입소교육을 할 수 없으므로 늦어도 15일에는 입소교육이 완료되어야 한다. 이를 위해서는 합격자 결과 관련 결재가 11일까지 완료되어야 하므로 늦어도 7일에 면접을 실시하여야 한다.

39 물적자원관리능력 총점이 높은 호텔 찾기

| 정답 | ③

| 해설 | 주어진 정보를 통해서 각 호텔의 총점을 구하면 다음과 같다.

구분	A 호텔	B 호텔	C 호텔	D 호텔	E 호텔
식당 메뉴	2	3	4	5	4
이동거리	4	3	5	1	2
가격	5	4	2	3	1
평점	1	2	3	4	5
수영장 유무	1	1	0	0	0
총점	13	13	14	13	12

따라서 총점이 가장 높은 호텔은 C 호텔이다.

40 예산관리능력 연차 수당 구하기

| 정답 | ③

| 해설 | 3년 이상 근무 시 3년차에 1일 추가, 다음 매 2년마다 1일의 연차휴가가 추가되므로, 입사한 지 4년이 넘은 A 씨의 연차는 총 16일이다. A 씨가 사용한 연차 일수가 2일이므로 14일에 대한 수당을 받을 수 있다. 월 근로시간은 209시간, 월 수당을 포함한 월 통상임금총액은 350만 원이므로 연차 수당을 계산하면 다음과 같다.

- 통상시급 : $\frac{350(\text{만 원})}{209(\text{시간})}$ ≒16,746(원)
- 1일 통상임금 : 16,746×8=133,968(원)
- 연차 수당 : 133,968×14=1,875,552(원)

사무직 조직이해 [41~50]

41 경영이해능력 기업가적 지향성 이해하기

|정답| ①

|해설| (가)는 위험감수성(Risk-taking), (나)는 진취성(Proactiveness), (다)는 혁신성(Innovativeness)에 해당하는 설명이다. 따라서 설명이 제시되지 않은 요소는 경쟁적 공격성과 자율성이다.

보충 플러스+

기업가적 지향성

- 혁신성(Innovativeness) : 혁신 문화를 조성하여 직원들이 새로운 아이디어나 프로세스 및 제품을 창출하고 구현하도록 장려하는 것으로, 혁신의 방식에는 새로운 조합, 신제품 소개, 원재료에 대해 새로운 생산방식 구현, 새로운 시장개척, 새로운 조직창출 등이 있다.
- 위험감수성(Risk-taking) : 새로운 시장에 모험적으로 진입하거나 불확실한 결과가 예상되더라도 도전하는 것으로, 잠재적인 보상에 대한 기회를 포착하는 태도이다.
- 진취성(Proactiveness) : 새로운 기회가 나타나기를 기다리지 않고 적극적으로 찾아서 활용하며 혁신과 시장 변화에 능동적으로 대처하는 것으로, 새로운 제품과 브랜드를 도입하거나 라이프 사이클상 성숙기나 쇠퇴기에 접어든 활동을 전략적으로 제거하는 방안 등이 이에 해당한다.
- 경쟁적 공격성(Competitive Aggressiveness) : 새로운 제품을 출시하여 시장에 진입할 때 가급적 초기에 시장을 점유하거나 장악하려는 성향을 의미한다. 전략적 행동과 공격적인 움직임을 통해 경쟁 우위를 확보하고자 하는데, 이를 위해 기업들은 저가 전략을 구현하거나 과감한 투자를 하곤 한다.
- 자율성(Autonomy) : 자신의 삶과 운명을 스스로 결정할 수 있다고 믿으며 운명이나 행운 등에 지배받지 않고 강한 성취욕구를 가지는 것으로, 기업에서는 직원들의 자율성과 독립성을 장려하여 자신의 역할 내에서 주도권을 갖고 결정을 내리고 기업가 정신으로 행동하도록 하는 것을 의미한다.

42 체제이해능력 일선관료제 이해하기

|정답| ③

|해설| 일선관료제이론은 교사, 경찰, 집행공무원, 사회복지서비스요원 등 업무 수행과정에서 고객과 직접 접촉하여 이를 대응하는 과정에서 상당한 재량권을 행사하는 일선관료에 관한 이론이다.

일선관료는 관료제에 속하면서도 서면 업무보다는 현장에서 고객을 직접 대응하는 업무를 수행하는, 관료제의 기준으로 독특한 업무를 수행하는데, 고객의 요구는 엄격한 규칙으로는 단정하기 어려울 정도로 불규칙적이고 복잡하여 이에 대응하기 위해 통제권과 결정권 등을 포함한 넓은 범위의 재량권을 가진다. 따라서 일선관료는 넓은 재량권을 가지는 직무의 독립성과 관료제가 가지는 상부 지시의 구속력이라는 특수한 관계에 위치하게 된다.

|오답풀이|

① 일선관료는 대체로 관료제의 조직 구조에서 비교적 낮은 직위에 위치해 있어 일선관료가 가지는 넓은 재량권에 비해 관료제 구조에서의 권한은 크지 않다.

② 고객과 직접 대응하는 일선관료의 업무 성과는 그 객관적 측정이 힘들다.

④ 일선관료는 업무집행에 필요한 자원과 무관하게 고객들과 지속적으로 상호작용을 하는 업무를 수행한다.

43 경영이해능력 페이욜 일반관리론 이해하기

|정답| ④

|해설| 페이욜의 14가지 관리일반원칙 중 종업원 보상의 원칙(Remuneration of Personal)은 보상과 그 지급방법은 종업원과 고용주 모두에게 공정해야 한다는 보상의 공정성을 그 내용으로 한다.

페이욜의 관리일반원칙 중 능률은 안정된 노동력에 의해 증진된다는 내용은 고용안정의 원칙(Stability of Tenure of Personal)에 해당한다.

44 경영이해능력 조직의 조정 이해하기

|정답| ②

|해설| 순차적 상호 의존성이란 하나의 과업을 수행하기 위해 여러 부서의 활동이 하나씩 순서대로 요구되는 경우를 말한다.

45 경영이해능력 경영전략 유형별 특징 이해하기

| 정답 | ②

| 해설 | 차별화 전략은 차별화된 상품이나 서비스 등을 통해 고객에게 가치 있는 브랜드로 인식되도록 하는 사업단위의 경영전략이며 이 전략을 활용하기 위해서는 이미지 개선의 필요성이 요구된다. 현재 ○○공항은 고유브랜드 이미지가 확립되지 못한 상태로 이를 확립하기 위한 경영전략으로 차별화 전략을 적용하는 것이 적절하다.

| 오답풀이 |

① 원가우위 전략은 원가 절감을 통해 해당 산업에서 우위를 점하는 사업단위의 경영전략으로 대량생산 또는 새로운 생산 기술의 개발을 통해 원가를 낮추는 방법이 있다.

③ 아웃소싱 전략은 기업의 여러 활동을 분석하여 해당 생산 활동을 내부적으로 수행할 필요가 없다고 판단할 경우 이를 외부의 기업에 외주를 맡기는 기업단위의 경영전략이다.

④ 집중화 전략은 경쟁 업체나 조직 등이 소홀히 하고 있는 한정된 시장을 집중적으로 공략하는 사업단위의 경영전략으로 특정 산업을 대상으로 전략을 펼친다.

46 업무이해능력 직무분석 이해하기

| 정답 | ①

| 해설 | 직무분석은 단순히 해당 직무 또는 업무의 달인을 찾아서 모델로 삼는 것을 넘어서서 관련 정보를 수집, 분석, 종합하여 특정 직무의 성질을 조사연구하는 활동이다. 이를 통해 직무의 성질과 요건, 즉 요구되는 숙련, 지식, 책임 등을 체계적으로 결정할 수 있다.

47 체제이해능력 조직규조의 결정요인 이해하기

| 정답 | ②

| 해설 | 조직의 규모는 조직의 구조를 결정하는 조직의 크기를 의미한다. 조직의 규모가 클수록 조직을 다양하게 전문화, 분화할 수 있으며, 그 대표적인 결정요인으로는 구성원의 수가 있다.

| 오답풀이 |

① 조직이 투입요소를 산출요소로 전환시키는 지식, 기계, 절차는 조직의 '기술'에 해당하는 설명이다.

③ 조직이 조직의 활동과 성과에 영향을 미치는 외부적인 요인으로 조직이 이를 직접 통제하기 힘든 요인은 조직의 '환경'에 해당하는 설명이다.

④ 조직의 목적을 달성하기 위해 수립하는 계획은 조직의 '전략'에 해당하는 설명이다.

48 체제이해능력 조직구조의 유형 이해하기

| 정답 | ③

| 해설 | 각 부서별로 권한과 책임을 부여하는 실국장책임경영제는 각 사업부 단위로 자율적인 운영권한과 그에 따른 책임을 부여하는 사업부 조직에 관한 내용이다.

| 오답풀이 |

① 기능적 조직은 수평적 관계의 각 전문 부서들로 구성되어 있는 조직이다.

② 네트워크 조직은 독립된 사업 부서들의 상호 협력의 형태로 구성된 조직이다.

④ 관료제 조직은 중앙통제권을 가진 경영자 또는 관리자를 중심으로 각 부서별 계층화, 분업화가 이루어진 전통적 형태의 조직이다.

49 경영이해능력 깨진 유리창 이론 이해하기

| 정답 | ④

| 해설 | 깨진 유리창 이론은 도시 내에 깨진 유리창이 방치되어 있으면 치안이 제대로 이루어지지 않는 있는 도시로 인식된다는 점에서 착안하여 도시 내 경범죄 단속을 통해 도시 전체의 치안 문제를 해결한다는 범죄심리학 이론과 이에 착안하여 기업이 가진 사소한 문제가 기업 전체에 대한 부정적인 인식을 형성해 기업에 중대한 피해를 입힌다는 이론이다. "마누라와 자식 빼고 다 바꿔라"는 삼성 이건희 회장의 발언은 기업 전반의 혁신을 강조하는 사례로 깨진 유리창 이론과는 거리가 멀다.

| 오답풀이 |

①, ③ 서울역 주변 환경 개선과 지하철 낙서를 지우면서 역 내 노숙인 문제와 도시 내 치안 문제를 해결한, 깨진 유리창 이론을 통해 긍정적인 결과를 낸 사례에 해당한다.

② 장난감 부족이 기업 전반의 손해로 이어진, 비즈니스에서의 깨진 유리창 이론을 간과하여 발생한 피해 사례에 해당한다.

50 경영이해능력 깨진 유리창 이론 이해하기

| 정답 | ③

| 해설 | 깨진 유리창 이론에서는 사소한 문제에 대하여 강박증에 가까운 철저한 대응을 요구한다. 부적절한 대응은 오히려 상황을 악화시키므로, 깨진 유리창에 대한 임시방편으로 문제를 숨기려고 하거나 부적절한 대응으로 문제를 키우기보다는 완벽한 대응을 할 것을 요구한다.

기술직 기술능력 [41~50]

41 기술능력 지속가능한 기술 이해하기

| 정답 | ④

| 해설 | 제시된 보도자료에서는 지속가능한 발전과 함께 환경적 요구를 충족하는 방향으로 경영전략을 설정하고 있으므로, 이에 관한 경영전략의 실행계획으로는 지속가능한 기술을 반영하는 것이 적절하다. 터널 내 전기 집진기를 설치하여 전동차 내 실내 공기질을 유지하는 기술은 전동차 운용 과정에서 발생하는 대기오염에 대응하는 기술로 지속가능한 기술의 사례로 적절하다.

42 기술이해능력 디지털 전환 이해하기

| 정답 | ④

| 해설 | 코로나19 팬데믹을 겪으며 경제·사회 부문에서 디지털화의 잠재력이 강조되면서 디지털 기술과 응용이 생산과 소비에 기여한다는 인식이 확산되었다는 내용를 통해 디지털 전환의 배경에는 코로나19 팬데믹 과정에서의 환경 변화가 주요하였음을 추론할 수 있다.

| 오답풀이 |

① 제시된 글에서 제조업 분야를 예시로 디지털 전환과 비즈니스 모델의 변화를 설명하였으나, 이를 통해 디지털 전환이 제조업에만 국한되는 사항이라고는 추론할 수 없다.

② 디지털 전환과 고용시장과의 연관성에 대해서는 제시되어 있지 않다.

③ 디지털 전환은 디지털 전환 자체가 아닌, 이를 통해 경쟁 우위를 확보하고 시장 점유율 확대와 마진을 달성하는 것을 목표로 한다고 설명하고 있다. 이를 통해 디지털 전환의 성공 여부는 디지털 전환 자체가 아닌 이를 통해 수익 창출 등의 결과를 달성하는 것에 달려있음을 추론할 수 있다.

43 기술선택능력 벤치마킹의 종류 파악하기

| 정답 | ③

| 해설 | ③ 이외의 선택지는 모두 벤치마킹의 대상을 직접 방문하여 조사하면서 자료를 입수하는 직접적 벤치마킹에 해당한다. ③과 같이 SNS에 업로드된 레시피를 참고하여 신메뉴를 구상하는 것은 자료를 통해 수행하는 간접적 벤치마킹에 해당한다.

44 기술능력 위험요인 구분하기

| 정답 | ①

| 해설 | 개인적(비업무적) 위험요인으로는 유전, 성, 연령, 성격, 식습관, 흡연, 운동습관 등이 있다. 가 직원은 본인이 기존에 가지고 있는 병으로 인해 뇌심혈관 질환의 발병 위험이 있는 것으로 나타났다.

| 오답풀이 |

②, ③, ④ 순서대로 각각 사회심리적 요인, 정신적 요인, 화학적 요인으로 모두 업무적 위험요인에 해당한다.

45 기술선택능력 매뉴얼의 특징 이해하기

| 정답 | ④

| 해설 | 게시판에 올라온 글을 보고 담당자가 준비해야 하는 것은 매뉴얼, 그중에서도 제품 매뉴얼이다. 매뉴얼은 어떤 기계의 조작 방법을 설명해 놓은 사용 지침서, 즉 사용서,

설명서, 편람, 안내서를 의미한다. 제품 매뉴얼의 특징은 다음과 같다.

- 사용자를 위해 제품의 특징이나 기능 설명, 사용방법과 고장 조치방법, 유지 보수 및 A/S, 폐기까지 제품에 관련된 모든 서비스에 대해 소비자가 알아야 할 모든 정보를 제공하는 것
- 제품 사용자의 유형과 사용 능력을 파악하고 혹시 모를 사용자의 오작동까지 고려하여 만들어져야 함.
- 제품의 의도된 안전한 사용과 사용 중 해야 할 일 또는 하지 말아야 할 일까지 정의해야 함.
- 제품의 설계상 결함이나 위험 요소를 대변해서는 안 됨.

46 기술이해능력 기술 시스템 이해하기

| 정답 | ④

| 해설 | 기술 시스템(Technological system)은 개별 기술이 네트워크로 결합해서 시스템을 만드는, 과학에서는 볼 수 없는 기술의 독특한 특성이다. 기술 시스템은 인공물의 집합체만이 아니라 회사, 투자 회사, 법적 제도, 정치, 과학, 자연자원을 모두 포함하는 것이기 때문에 기술 시스템에는 기술적인 것과 사회적인 것이 결합해서 공존하고 있다. 이러한 의미에서 기술 시스템은 사회기술시스템이라고 불리기도 한다.

47 기술능력 산업재해의 예방과 대책 이해하기

| 정답 | ②

| 해설 | 작업중지 결정 시 관리자의 권한을 강화하는 것보다 근로자의 의견을 적극 청취하는 것이 적절한 산업재해 예방의 방안이다. 현장의 개선상황과 작업계획의 안정성 등에 관한 근로자의 의견을 바탕으로 외부전문가를 포함하는 심의위원회에서 결정하는 방향의 방안이 요구된다.

| 오답풀이 |

① 원청의 안전관리 책임 범위를 확대하는 방안이다.

③ 영세사업자, 특수형태 근로종사자 등을 포함하는 산재보험 보호대상 확대 방안이다.

④ 사업장 산재예방 감독 강화 방안이다.

48 기술선택능력 산업재산권의 종류 이해하기

| 정답 | ④

| 해설 | 화물 물동량 증가를 유도하기 위한 M사의 인센티브 지급 계획은 아직 계획 단계에 있는 것이며, 무형의 전략 자체가 반드시 산업재산권으로 보호받을 수 있다고 단정할 수는 없다.

| 오답풀이 |

① 특허권에 해당한다.

② 디자인권에 해당한다.

③ 실용신안권에 해당한다.

49 기술선택능력 벤치마킹 이해하기

| 정답 | ③

| 해설 | 벤치마킹은 기업에서 경쟁력을 제고하기 위해 타사에서 배워 오는 혁신 기법을 말한다. 이는 단순히 제품을 복제하는 것이 아니라 장단점을 분석하여 자사 제품의 품질을 높여 시장 경쟁력을 높이는 것이다. 따라서 경쟁 기업의 품질 수준이 뛰어나다면 그것이 인적 자원이 뛰어나서인지, 정보 시스템이 탁월해서인지 그 요소를 밝혀내고 그것을 자사 제품과 비교하여야 한다.

50 기술적용능력 4차 산업혁명의 주요 기술 알기

| 정답 | ④

| 해설 | 제시된 글에 나온 기술은 가상현실(VR)로, 컴퓨터로 만들어 놓은 가상의 세계에서 사람이 실제와 같은 체험을 할 수 있는 기술이다. ④의 증강현실(AR) 또한 가상현실 기술이 사용된 예이다. 증강현실(AR)이란 현실세계에 3차원의 가상 물체를 겹쳐서 보여주는 기술로 실제 환경과 가상의 객체가 혼합된 환경을 통해 사용자들이 보다 나은 현실감과 부가정보를 얻을 수 있다.

| 오답풀이 |

① 사물인터넷의 사례이다.

② 빅데이터의 사례이다.

③ 스마트 그리드의 사례이다.

2회 기출예상문제

문제 66쪽

01	②	02	③	03	②	04	②	05	③
06	③	07	⑤	08	③	09	③	10	②
11	③	12	④	13	③	14	⑤	15	②
16	①	17	④	18	②	19	②	20	④
21	④	22	④	23	④	24	③	25	④
26	②	27	⑤	28	②	29	②	30	④
31	②	32	③	33	③	34	①	35	③
36	④	37	③	38	③	39	③	40	①

01 사고력 명제 판단하기

| 정답 | ②

| 해설 | 승규와 민희 둘 다 신중했더라면 '그 사건'으로 만나지 않고 부부가 됐을 것이다. 하지만 결과적으로 그들은 부부가 되지 않았으므로 승규와 민희는 '그 사건'으로 만났다. 하지만 '그 사건'으로 만난 이유가 승규가 신중하지 않아서인지, 아니면 민희가 신중하지 않아서인지, 아니면 둘 다 신중하지 않아서인지는 알 수 없다.

| 오답풀이 |

① 만일 고양이가 선한 존재라면 신은 악을 예방할 필요가 없으며, 악한 존재라면 신은 악을 예방할 수 있다. 그런데 고양이는 선하거나 악하므로, 신은 악을 예방할 수 있거나 예방할 필요가 없을 것이다. 따라서 신은 악을 예방할 수 없을 것이라는 점은 사실이 아니다는 결론은 참이 된다.

③ '미세먼지를 줄여야 한다면 우리는 태양광 발전을 선택해야 한다'의 대우는 '우리가 태양광 발전을 선택하지 않으면 미세먼지를 줄이지 않는다'이며, '태양광 발전의 문제를 줄여야 한다면 화석연료를 사용해야 한다'의 대우는 '화석연료를 사용하지 않으면 태양광 발전의 문제를 줄이지 않는다'이다. 그런데 우리는 태양광 발전과 화석연료 둘 다 사용하지 않을 것이므로, 우리는 미세먼지와 태양광 발전의 문제를 줄이지 않는다는 결론은 참이 된다.

④ 내가 공기업이나 은행 중 어느 쪽으로도 들어가면 나는 기쁠 것이고, 나는 공기업이나 은행 중 어느 쪽으로 들어갈 것이다. 따라서 나는 기쁠 것이다는 결론은 참이 된다.

⑤ 준식이 업무에 충실하고 잦은 회식을 줄이면 준식의 업무평가가 오를 것이고, 업무평가가 오르면 보너스를 받을 것이다. 그런데 준식이 회식을 줄였지만 보너스를 받지 못하였다는 것은 준식의 업무평가가 오르는 요건인 업무에 충실하다를 만족하지 못하였다는 의미이다. 따라서 준식은 업무에 충실하지 않을 것이다는 결론은 참이 된다.

02 사고력 결론이 참이 되게 하는 전제 추론하기

| 정답 | ③

| 해설 | '모든 직원은 연수를 받는다' → '어떤 직원은 업무능력이 좋다'에 의해 '연수를 받은 어떤 직원은 업무능력이 좋다'가 참이 된다.

03 사고력 진위 여부 파악하기

| 정답 | ②

| 해설 | 갑과 을, 무와 기는 서로 상반된 진술을 하고 있으므로 이들 중 2명이 거짓을 말하고 있다. 4명이 진실을 말한다고 했으므로 병과 정의 발언은 항상 참이 될 것이다. 따라서 가능한 경우의 수를 (갑, 을, 병, 정, 무, 기)로 나타내면, (참, 거, 참, 참, 참, 거), (참, 거, 참, 참, 거, 참), (거, 참, 참, 참, 참, 거), (거, 참, 참, 참, 거, 참)으로, 4가지 경우가 가능하다.

04 사고력 조건을 바탕으로 추론하기

| 정답 | ②

| 해설 | 먼저, 〈조건〉을 통해 확실하게 알 수 있는 내용을 표로 정리한다. 이때, A는 협조전과 보고서 작성 과제를 부여받지 않았고 품의서는 B의 과제이므로, 나머지 하나인 기안석 작성 과제가 A의 과제이다.

구분	A	B	C	D
과제	기안서	품의서		
전공		경영X 행정X	경영X	

보고서 작성이 과제인 인턴의 전공은 법학이므로 각각 C와 D의 과제가 보고서 작성인 경우로 나누어 추론한다.

- C의 과제가 보고서 작성인 경우
  C의 전공은 법학이 되고, D의 과제는 협조전 작성이 된다. B의 전공은 경영학, 행정학, 법학을 제외한 경제학이 되고, 협조전 작성이 과제이면 전공이 행정학이 아니므로 A의 전공은 행정학, D의 전공은 경영학이 된다.

구분	A	B	C	D
과제	기안서	품의서	보고서	협조전
전공	행정학	경제학	법학	경영학

- D의 과제가 보고서 작성인 경우
  D의 전공은 법학이 되고, C의 과제는 협조전 작성이 된다. C의 전공은 경영학, 법학, 행정학이 아닌 경제학이 되는데, 그렇게 되면 B는 경영학, 행정학, 경제학, 법학 모두 전공이 아니게 되므로 〈조건〉과 상충한다.

구분	A	B	C	D
과제	기안서	품의서	협조전	보고서
전공		경영X 행정X 경제X 법학X	경제학	법학

따라서 협조전－D, 품의서－B, 기안서－A, 보고서－C가 적절하다.

05 문제처리능력 연체이자 계산하기

| 정답 | ③

| 해설 | • 이자 연체 발생 1 ～ 30일 :

$$\frac{1,500,000 \times 0.08 \times 30}{365}$$

$\fallingdotseq 1,500,000 \times 0.08 \times 0.08 = 9,600$(원)

• 이자 연체 발생 31일 ～ : $\frac{120,000,000 \times 0.08 \times 30}{365}$

$\fallingdotseq 120,000,000 \times 0.08 \times 0.08 = 768,000$(원)

따라서 연체이자의 총금액은 9,600＋768,000＝777,600(원)이다.

06 문제처리능력 문의에 답변하기

| 정답 | ③

| 해설 | '이자 미납 등으로 인하여 대출 잔액에 연체이율이 적용되었을 경우, 연체이자 전액을 납입하여야' 한다고 제시되어 있다. P 고객은 지난달 납부일로부터 약 2주 뒤에 30만 원을 납부했으므로 약정이자액만 납입했음을 알 수 있다. 따라서 B 사원의 답변으로 적절한 것은 ③이다.

| 오답풀이 |

① '대출 잔액에 연체이율이 적용되었을 경우, 연체이자 전액을 납입하여야 대출 잔액에 대한 연체이율 적용이 중단되고 정상이율이 적용'된다고 하였으므로, 연체이자 전액을 납입하면 정상이율이 적용됨을 알 수 있다.

② 제시된 〈연체이자율〉에서는 대출상품의 이율 변동에 대한 내용이 제시되어 있지 않으므로 적절한 답변이 아니다.

④ 납입일 다음 날부터 1개월이 경과하면 기한이익 상실로 인하여 대출원금에 연체이자율을 곱한 연체이자를 부담하게 되는데, P 고객은 납부일로부터 약 2주 뒤에 납입했으므로 해당사항이 없다.

⑤ 지난달의 이자 연체이력이 있기 때문에 기존의 이자 금액인 30만 원만 내는 것은 적절하지 않다.

07 문제처리능력 무상 수리 가능 여부 파악하기

| 정답 | ⑤

| 해설 | 에어컨의 보증기간은 2년이지만 기숙사의 경우 보증기간이 절반으로 단축된다. 따라서 기숙사 복도에 놓인 구매한 지 1년 2개월 된 에어컨은 보증기간인 1년을 초과하였으므로 무상 수리가 불가능하다.

| 오답풀이 |

① 선풍기의 보증기간은 2년이므로 무상 수리가 가능하다.

② 냉장고의 보증기간은 1년으로 선박에 탑재하여 사용되는 경우 절반인 6개월로 단축되며, 18주는 기간 이내이므로 무상 수리가 가능하다.

③ 정수기는 보증기간이 1년이므로 무상 수리가 가능하다.

④ TV의 보증기간은 1년으로 영업장인 치킨전문점에서 사용하는 경우 절반인 6개월로 단축되며, 5개월은 기간 이내이므로 무상 수리가 가능하다.

08 문제처리능력 보상금액 계산하기

| 정답 | ③

| 해설 | 〈제품별 부품 보유기간〉 3.을 보면 2021년 2월 28일 이후 구입제품은 10%로 계산하므로 '부품 보유기간 내에 부품이 없어 제품수리가 불가능한 경우의 보상금액=잔존가치 + 해당 제품 구입가의 10%'이다. '잔존가치=구입가−감가상각비=구입가$-\frac{\text{사용연수}}{\text{내용연수}}\times$구입가'이며, 내용연수는 96개월, 즉 8년이고 사용연수는 2년이므로 잔존가치는 $60-\frac{2}{8}\times 60=45$(만 원)이다. 따라서 보상금액은 $45+60\times 0.1=51$(만 원)이다.

09 문제처리능력 문의에 답변하기

| 정답 | ③

| 해설 | 해당 고객은 한 달 전 발생한 고장을 ○○전자 CS 프로가 아닌 일반 전파상을 통해 수리하였고 동일한 고장이 발생되었다고 하였다. 품질보증 관련 문서에서 유·무상 수리기준을 보면 '서비스센터 CS프로(엔지니어)가 아닌 사람이 수리하고 고장이 발생한 경우'는 유상 수리에 해당한다. 따라서 ③이 옳은 답변이다.

10 사고력 자리 배치하기

| 정답 | ②

| 해설 | 멀미가 심하지만 운전은 하지 못하는 아린은 조수석에 앉는다. 미현은 창가 바로 옆 자리에 앉지 않으므로 좌석 6에 앉게 되어 운전석에 앉는 사람은 승희 또는 지호인데, 승희는 지호 바로 뒷자리에 앉는다고 했으므로 지호가 운전을 하고 좌석 1에 승희가 앉는다.

유빈이 앉는 자리와 붙어있는 자리는 모두 비어 있으므로 승희의 좌석 1, 미현의 좌석 6, 아진의 조수석과 붙어있지 않은 좌석 4에 유빈이가 앉는다. 따라서 효정이는 좌석 3에 앉는다.

	정면		
창가	지호		아린	창가
	승희		공석	
	효정		유빈	
	공석	미현	공석	

11 기초연산능력 사칙연산 활용하기

| 정답 | ③

| 해설 | $4!=4\times3\times2\times1=24$이므로, a, b, c의 값을 각각 구하면 다음과 같다.

$a=4!-(4+4\div4)=4!-(4+1)=24-5=19$

$b=(4!+4)+\sqrt{4}\div0.4=(24+4)+\frac{2}{0.4}$
$=24+4+5=33$

$c=(4\times4-0.4)\div0.4=\frac{15.6}{0.4}=39$

따라서 $a+b+c=19+33+39=91$이다.

12 기초연산능력 거리·속력·시간 활용하기

| 정답 | ④

| 해설 | KTX가 서울에서 부산까지 운행하면서 천안, 대전, 대구 세 곳에서 5분씩 정차하여 3시간 만에 도착하였으므로, 정차시간을 제외한 실제 이동시간은 2시간 45분이다. 한편, 서울에서 부산까지의 거리는 490km이며 곡선구간이 90km이므로, KTX는 직선구간 400km를 평균 시속 200km로 총 $\frac{400}{200}=2$(시간) 동안 운행하였다. 즉, 곡선구간 90km를 운행하는 데 걸린 시간은 45분인 0.75시간이므로, KTX는 곡선구간에서 평균 시속 $\frac{90}{0.75}=120$(km)로 운행하게 된다.

13 기초통계능력 평균시간 계산하기

| 정답 | ③

| 해설 | 집에서 회사까지 갈 때 걸리는 평균시간은

$\frac{10+22+42+11+15}{5}=20$(분)이다.

14 기초통계능력 중앙값 이해하기

| 정답 | ⑤

| 해설 | 집에서 회사까지 가는 데 걸리는 시간을 빠른 순서대로 나열하면 10, 11, 15, 22, 42이다. 따라서 중앙값에 해당하는 이동수단은 15분에 해당하는 킥보드이다.

15 도표분석능력 자료의 수치 분석하기

| 정답 | ②

| 해설 | '내국인 출국자 수×1인당 관광 지출액'으로 각 국가별 외국 관광 지출 총액을 구할 수 있다.

- A 국 : 6,400(만 명)×1,250(US$)=800(억 US$)
- B 국 : 4,600(만 명)×800(US$)=368(억 US$)
- C 국 : 8,200(만 명)×200(US$)=164(억 US$)
- D 국 : 1,600(만 명)×2,000(US$)=320(억 US$)
- E 국 : 1,200(만 명)×1,500(US$)=180(억 US$)

따라서 외국 관광에 가장 많은 돈을 쓰는 나라는 A 국이다.

| 오답풀이 |

①, ④ 1인당 관광 수입액은 $\frac{\text{총 관광 수입액}}{\text{외국인 입국자 수}}$이다. 이에 따라 국가별 1인당 관광 수입액을 구하면 다음과 같다. 이때, 단위를 잘 고려해야 한다.

- A 국 : $\frac{116,000,000,000}{58,000,000}=2,000(\text{US\$})$
- B 국 : $\frac{42,400,000,000}{53,000,000}=800(\text{US\$})$
- C 국 : $\frac{17,000,000,000}{17,000,000}=1,000(\text{US\$})$
- D 국 : $\frac{12,600,000,000}{8,400,000}=1,500(\text{US\$})$
- E 국 : $\frac{10,350,000,000}{6,900,000}=1,500(\text{US\$})$

따라서 1인당 관광 수입액과 지출액이 같은 나라는 B와 E 국이며, 둘의 차이가 가장 큰 나라는 1,000−200=800(US$)인 C 국이다.

③ C 국이 164억 US$로 가장 적다.

⑤ 총액이 높은 순서대로 5개국을 나열하면, 수입은 A 국>B 국>C 국>D 국>E 국이고, 지출은 A 국>B 국>D 국>E 국>C 국이다. 따라서 A, B 2개국이 순위가 동일하다.

16 도표분석능력 자료의 수치 분석하기

| 정답 | ①

| 해설 | 관광 수지는 전체 관광 수입액에서 전체 관광 지출액을 뺀 값으로, 관광 수입액이 관광 지출액보다 클 때 관광 수지가 흑자가 된다. **15**를 참고하면 A, B, C 국이 전체 관광 수입액이 전체 관광 지출액보다 큼으로 국제 관광 수지가 흑자임을 알 수 있다.

17 도표분석능력 자료의 수치 분석하기

| 정답 | ④

| 해설 | 가전 · 전자 · 통신기기는 매 분기, 사무 · 문구는 4/4분기에 인터넷쇼핑 매출액보다 모바일쇼핑 매출액이 더 크며, 서적은 매 분기 인터넷쇼핑 매출액이 모바일쇼핑 매출액보다 크다.

| 오답풀이 |

① 1/4분기보다 4/4분기의 매출 총액이 더 작은 상품군은 컴퓨터 및 주변기기, 서적으로 2개다.

② 2/4분기 상품군별 인터넷쇼핑과 모바일쇼핑의 매출액 차이는 다음과 같다.
- 컴퓨터 및 주변기기 : 777,618−512,905=264,713(백만 원)
- 가전 · 전자 · 통신기기 : 2,069,556−1,611,034=458,522(백만 원)
- 서적 : 237,084−169,021=68,063(백만 원)
- 사무 · 문구 : 118,702−101,747=16,955(백만 원)
- 의류 : 2,213,029−1,345,136=867,893(백만 원)

따라서 의류의 매출액 차이가 가장 크다.

③ 사무 · 문구의 매출 총액이 전 분기 대비 증가한 분기는 4/4분기로, 서적의 매출 총액 또한 증가하였다.

⑤ 의류의 20X1년 4/4분기 인터넷쇼핑 매출액의 전 분기 대비 증가액은 1,541,271−1,184,433=356,838(백만 원)이므로, 20X2년 1/4분기 인터넷쇼핑 매출액의 전 분기 대비 감소액은 356,838÷2=178,419(백만 원)이다. 따라서 20X2년 1/4분기 인터넷쇼핑 매출액은 1,541,271−178,419=1,362,852(백만 원)이다.

18 도표분석능력 자료의 수치 분석하기

| 정답 | ②

| 해설 | 인터넷쇼핑과 모바일쇼핑의 증감 추이가 동일하지 않는 상품군과 각 매체별 증감 추이는 다음과 같다.

- 가전 · 전자 · 통신기기
  인터넷쇼핑 : 증가－감소－증가 / 모바일쇼핑 : 증가－증가－증가
- 서적
  인터넷쇼핑 : 감소－증가－감소 / 모바일쇼핑 : 감소－증가－증가

따라서 모두 2개이다.

19 기초연산능력 대출 이자 계산하기

| 정답 | ②

| 해설 | 장 씨가 대출 받으려는 금액이 4,500만 원이므로 대출한도가 4,500만 원 미만인 B 상품은 제외한다. 나머지 세 상품을 선택할 경우 부담해야 하는 총이자는 각각 다음과 같다.

- F 상품 : 고정금리, 연 7.2%이므로 납입해야 하는 이자는 연 4,500×0.072=324만 원이다. 따라서 2년 동안 총 324×2=648(만 원)을 이자로 지불해야 한다.
- G 상품 : 변동금리, 연 7%이며 개인사업자 연 0.5%p 금리 우대 혜택이 있다. 따라서 대출을 받은 후 첫 1년(1 ~ 12개월)은 7－0.5=6.5(%)의 이자가 적용되고, 이후 1년(13 ~ 24개월)은 6.5+1=7.5%의 금리가 적용된다. 따라서 장 씨가 지불해야 하는 이자의 총액은 4,500×0.065+4,500×0.075=630(만 원)이다.
- T 상품 : 고정금리, 연 8%이다. 따라서 지급해야 하는 이자의 총액은 4500×0.08×2=720(만 원)이다.

따라서 장 씨가 선택할 상품은 G이고, 이때 납입해야 하는 이자는 총 630만 원이다.

20 기초통계능력 확률 계산하기

| 정답 | ④

| 해설 | A가 ○○대학으로부터 합격 통보를 받을 확률은 '1－(A가 ○○대학으로부터 합격 통보를 받지 못할 확률)'로 구할 수 있다. A가 ○○대학으로부터 합격 통보를 받지 못하는 경우는 1 ~ 4등 중 3명이 등록할 때이므로 다음과 같이 계산할 수 있다.

- 1 ~ 3등이 등록할 확률 : $\frac{2}{3}\times\frac{2}{3}\times\frac{2}{3}=\frac{8}{27}$
- 1, 2, 4등이 등록할 확률 : $\frac{2}{3}\times\frac{2}{3}\times\frac{1}{3}\times\frac{2}{3}=\frac{8}{81}$
- 1, 3, 4등이 등록할 확률 : $\frac{2}{3}\times\frac{1}{3}\times\frac{2}{3}\times\frac{2}{3}=\frac{8}{81}$
- 2 ~ 4등이 등록할 확률 : $\frac{1}{3}\times\frac{2}{3}\times\frac{2}{3}\times\frac{2}{3}=\frac{8}{81}$

따라서 A가 ○○대학으로부터 합격 통보를 받을 확률은 $1-\left(\frac{8}{27}+\frac{8}{81}\times 3\right)=\frac{11}{27}$이다.

21 문서이해능력 단어의 뜻 이해하기

| 정답 | ④

| 해설 | 폐사는 주로 짐승이나 어패류가 갑자기 죽음. 또는 급격한 기온 변화나 병균 감염으로 소, 오리, 물고기, 조개 따위가 죽는 것을 의미한다.

22 문서이해능력 내용을 바탕으로 추론하기

| 정답 | ④

| 해설 | '우선 언어에 대한 집착에서 벗어나기 위해서 모든 이론을 부정한다'를 통해 잘못된 추론임을 파악할 수 있다.

| 오답풀이 |

① '같은 사물이지만 마음에 따라 보는 것이 달라진다면 결국 모든 것의 근본은 마음이 될 수 있으니 마음을 고쳐먹음으로써 해탈을 얻을 수 있다는 것'을 통해 알 수 있다.

② '결국 모든 것이 마음의 탓인데 그 마음의 근본은 순수하고 깨끗하므로 만약 그 근본을 회복하게 된다면 인간은 누구나 부처가 될 수 있다'를 통해 알 수 있다.

③ '화쟁은 언어로 표현된 이론적인 다툼을 화해시키는 것이므로'를 통해 알 수 있다.

⑤ 화쟁의 방법 세 단계 중 '여러 경전들의 내용에 대해 폭넓게 이해하는 것'을 통해 알 수 있다.

23 문서작성능력 문서의 종류 이해하기

| 정답 | ④

| 해설 | 제시된 글에서 설명하고 있는 문서의 종류는 제안서이다.

| 오답풀이 |

① 공문서는 정부 행정기관에서 대내적 혹은 대외적 공무를 집행하기 위해 작성하는 문서이다.

② 기안서는 회사의 업무에 대한 협조를 구하거나 의견을 전달할 때 작성하는 문서이다.

③ 설명서는 대개 상품의 특성이나 사물의 성질과 가치, 작동 방법이나 과정을 소비자에게 설명하는 것을 목적으로 작성하는 문서이다.

⑤ 보고서는 특정한 일에 관한 현황이나 그 진행 상황 또는 연구, 검토 결과 등을 보고하고자 할 때 작성하는 문서이다.

24 문서작성능력 내용 전개방식과 표현상의 특징 파악하기

| 정답 | ③

| 해설 | 제시된 글에서는 전문가의 말을 인용하여 설득의 효과를 높인 부분을 찾을 수 없다.

| 오답풀이 |

① 첫 번째 문단을 보면 국내 체류 중인 외국인의 수를 구체적인 수치로 제시하고 있다.

② 세 번째 문단을 보면 '그렇다면 증가하는 외국인의 ~ 어떠한 준비가 필요한가?'라는 질문의 형태로 독자의 호기심을 불러일으키고 있다.

④ 네 번째 문단을 보면 국제적으로 외국인을 바라보는 상반된 관점 두 가지를 제시하여 설명하고 있다.

⑤ 여섯 번째 문단에서 '포용의 관점'을 취할 때 외국인에 대한 편견과 차별이 줄어들 것이라고 하였고 '다문화 가정'이라고 부르는 정책이 포용의 관점을 취하는 정책이라고 설명하면서 이에 대한 긍정적인 평가를 제시하였다.

25 의사표현능력 말하기 방식 이해하기

| 정답 | ④

| 해설 | 핵심 개념에 대한 설명을 하기 위해 강연 내용을 구조화한 내용 구조도는 제시하지 않았다.

| 오답풀이 |

① 첫 번째 문단에서 청중의 배경지식을 활성화하기 위해 지난 1학기 수업내용을 언급하며 청중의 경험을 환기시키고 있다.

② 세 번째 문단에서 준비한 사진을 제시하여 청중의 이해를 돕고 있다.

③ 첫 번째, 세 번째, 네 번째 문단에서 청중들에게 질문을 던짐으로써 청중과 상호작용하고 있다.

⑤ 네 번째 문단에서 창문세에 관한 내용을 언급하고 강연을 열심히 들었다고 말하였는데, 이는 선행 내용과 후행 내용의 교량 역할을 하는 내용 연결 표현을 사용한 것이다. 이를 통해 강연내용과 청중의 심리적 결속 효과를 만들어 냈다.

26 문서이해능력 세부 내용 이해하기

| 정답 | ②

| 해설 | 전 연령대 평균 정책 인지도는 68.1%이므로 적절하지 않은 설명이다.

27 문서이해능력 내용에 맞는 반응 추론하기

| 정답 | ⑤

| 해설 | 관련성의 원리는 의사소통 참여자가 상대방이 발화한 담화 텍스트의 의미를 상대방의 의도에 따라 재구성하여 이해하는 것이다. 즉 관련성의 원리를 지켜 말하려면 상대방이 전달하는 말과 표현된 발화 의도를 단순히 아는 것을 넘어서 그 의도를 재구성하여 이해할 수 있어야 한다.

28 문서이해능력 세부 내용 이해하기

| 정답 | ②

| 해설 | 제시된 글에 따르면 신경과학적 실험을 통해 유명 브랜드가 전두엽의 보상 영역을 활성화하여 도파민을 분비

한다는 사실이 입증되었다. 따라서 전두엽의 보상 영역을 억제한다는 설명은 적절하지 않다.

29 의사소통능력 인상적인 의사소통 방법 알기

| 정답 | ②

| 해설 | 인상적인 의사소통이란 상대방에게 같은 내용을 전달하더라도 이야기를 새롭게 부각시켜 인상을 주는 것을 말한다. 인상적인 의사소통을 위한 노력의 방법에는 다음과 같은 것들이 있다.

- 언제나 주위의 언어 정보에 민감하게 반응하고, 자신이 활용할 수 있도록 노력한다.
- 자신이 자주 사용하는 표현을 찾아내 상대방을 끌어당길 수 있는 다른 표현으로 바꿔 본다.
- 언제나 '다른 표현은 없을까?'에 대해 생각해 보고, 새로운 표현을 검토해 본다.

따라서 일상적으로 사용되지 않는 언어들을 사용해 자신의 지적 능력을 보여 주고자 하는 의사소통 방법은 인상적인 의사소통을 위한 노력으로 적절하지 않다.

30 문서이해능력 글의 전개방식 이해하기

| 정답 | ④

| 해설 | 차마설은 한문 문체의 하나인 '설'로, 사물의 이치를 풀이하고 의견을 덧붙여 서술하는 문학의 한 갈래이다. 일상의 경험과 그로 인한 깨달음을 서술하고 있으며 사실과 의견의 2단 구성을 취하고 있다. 한편 사례를 먼저 제시하고 그에 대한 견해를 설명하고 있다.

31 컴퓨터활용능력 워드프로세서 기능 이해하기

| 정답 | ②

| 해설 | 한글의 '수식 편집기' 기능을 통해 함수식을 포함한 다양한 유형의 수식을 스크립트 수식 방법으로 입력할 수 있다.

32 컴퓨터활용능력 엑셀 함수 활용하기

| 정답 | ③

| 해설 | 2022년과 2023년에 생산한 재료들의 총생산량은 각각 [B2], [C2] 셀에 위치해 있으므로, 이들의 합을 구하는 함수식은 '=SUM(B2 : C2)'이다.

33 정보능력 정보 용어 이해하기

| 정답 | ③

| 해설 | 나노는 10^{-9}를 가리키는 접두어이며, 정보를 기록하고 기록한 정보를 읽거나 수정할 수 있는 컴퓨터 기억장치인 램 중 D램은 일정 시간이 지남에 따라 기억된 정보가 지워지는 휘발성 메모리이다.

34 정보처리능력 분류를 이용한 정보 관리하기

| 정답 | ①

| 해설 | 확장자 기준으로 자료를 분류할 때 확장자가 ppt인 (A), (C), (D) / doc인 (B), (E) / pdf인 (F)로 분류할 수 있다.

| 오답풀이 |

② 시간적 기준으로 자료를 분류할 때 작성시기가 11월인 (A), (E), (F) / 3월인 (B), (C), (D) 로 분류할 수 있다.

③ 주제적 기준으로 자료를 분류할 때 미술에 관한 내용인 (A), (C), (E), (F) / 법에 관한 내용인 (B), (D)로 분류할 수 있다.

④ 기능적 기준으로 자료를 분류할 때 강의용인 (A), (C), (D) / 배포용인 (B), (E) / 참고용인 (F)로 분류할 수 있다.

35 컴퓨터활용능력 프로그래밍 명령어 이해하기

| 정답 | ③

| 해설 | C의 결과는 A에 입력한 문자열의 길이와 B에 입력한 문자열의 길이의 곱이다. 문자열의 길이를 셀 때 따옴표는 문자열에 포함되지 않고, 띄어쓰기는 문자열에 포함된다는 점에 유의한다. 따라서 len(A)는 11, len(B)는 16이므로, C의 결과는 $11 \times 16 = 176$이다.

36 컴퓨터활용능력 프로그래밍 명령어 이해하기

| 정답 | ④

| 해설 | New_A='Home'이 되려면 A에서 H를, B에서 차례로 o와 m을, A에서 e를 추출해야 하며, 추출한 문자들은 '+' 기호로 연결할 수 있다고 하였다. 또한 문자의 위치는 왼쪽을 기준으로 0부터 시작된다고 하였으므로, New_A=A[0]+B[6]+B[8]+A[1]이 된다.

37 컴퓨터활용능력 엑셀 함수식 작성하기

| 정답 | ③

| 해설 | 범위에서 특정 데이터의 순위를 구하는 함수는 RANK로, 함수식은 '=RANK(순위를 구하고자 하는 셀, 범위, 0 또는 1)'이다. 이때, 함수의 마지막에 0을 쓰거나 숫자를 생략하면 내림차순으로 정렬된다. 따라서 [H5] 셀에 들어갈 함수는 '=RANK(G5, G5 : G10)'이다.

38 컴퓨터활용능력 엑셀 함수식 적용하기

| 정답 | ③

| 해설 | 텍스트의 일부를 다른 텍스트로 바꾸는 함수는 REPLACE로, 함수식은 '=REPLACE(문자열, 시작 위치, 바꿀 문자 개수, 새로운 내용)'이다.

| 오답풀이 |

① REPT 함수 : 텍스트를 지정한 횟수만큼 반복하는 함수로, 함수식은 '=REPT(텍스트, 숫자)'이다.

② IF 함수 : 조건에 따라 참일 때의 값과 거짓일 때의 값을 출력하는 함수로, 함수식은 '=IF(조건, 참값, 거짓값)'이다.

⑤ TEXT 함수 : 숫자 표시 형식을 지정하고 텍스트로 변환하는 함수로, 함수식은 '=TEXT(서식을 지정할 값, "적용할 서식 코드")'이다.

39 정보처리능력 구조도 분석하기

| 정답 | ③

| 해설 | 조직도 내의 화살표 모양을 잘 구분해야 한다. 로그인을 하기 위해서는 'ID로그인', '생체인식', '공동인증서' 버튼 중 하나를 선택해야 하고, 이 링크를 누르면 '이벤트' 페이지로 이동이 된다. 또한, '이벤트' 페이지에서 '계좌이체' 페이지로 자동으로 이동되므로 적절한 설명이다.

| 오답풀이 |

① '이체' 버튼을 누르면 '이체정보' 페이지에 이체계좌, 이체금액, 예금주명 정보가 출력되지만, '이체 실행' 버튼을 눌러야 계좌이체가 완료된다.

② 추가 이체를 할 때 재로그인 과정이 필요 없는 것은 맞지만, '이체완료' 페이지에서 '계좌이체' 페이지로 자동 이동 되는 것을 구조도로 알 수 있다.

④ 애플리케이션을 실행하면 자동으로 '로그인' 페이지가 처음에 나타난다. 이 페이지에서 ID와 비밀번호를 입력하거나, '다른 방법으로 로그인' 버튼을 눌러 로그인을 진행할 수 있다. 이때 '생체인식'과 '공동인증서'는 페이지 링크(버튼)로서 정보를 입력할 수 없다.

⑤ 'ID로그인' 버튼을 누르면 '이벤트' 페이지를 거쳐 '계좌이체' 페이지로 넘어가게 되며 '로그인' 페이지 내에 '계좌이체' 버튼이 존재하지 않는다.

40 정보처리능력 구조도 수정하기

| 정답 | ①

| 해설 | 모든 변경 및 추가사항을 반영한 구조도이다.

| 오답풀이 |

② '계좌조회' 페이지에서 입출금내역이 출력돼야 하고, '계좌조회', '입금내역'과 '출금내역' 각 페이지에 '메인' 페이지 복귀 링크가 있어야 한다.

③ '메인' 페이지에서 '이벤트' 페이지와 그 링크를 삭제하고 하단에 이벤트 안내 표시만 있어야 한다.

④ '메인' 페이지에서 '이벤트' 페이지와 그 링크를 삭제하여 이벤트 안내 표시만 있게 하고, '계좌조회' 페이지에 '메인' 페이지 복귀 링크를 추가해야 한다.

⑤ '메인' 페이지에서 이벤트 안내 표시가 있어야 한다.

3회 기출예상문제

문제 100쪽

01	③	02	②	03	④	04	②	05	②
06	③	07	③	08	①	09	③	10	④
11	④	12	②	13	②	14	④	15	②
16	④	17	③	18	①	19	③	20	②
21	④	22	②	23	④	24	①	25	②
26	②	27	③	28	②	29	④	30	②
31	②	32	④	33	④	34	②	35	③
36	④	37	④	38	④	39	①	40	②
41	④	42	②	43	①	44	④	45	④
46	④	47	④	48	③	49	④	50	②
51	④	52	②	53	②	54	④	55	②
56	②	57	②	58	①	59	③	60	③

01 기초연산능력 최소공배수 활용하기

| 정답 | ③

| 해설 | 모든 열차는 A 역과 B 역 사이를 편도로 이동하며 1시간이 소요되므로, A 역과 B 역에서 동시에 출발하면 30분 후에 50km 지점에서 만나게 된다. 10시부터 열차가 출발하므로 두 번째로 동시에 출발하는 시간은 20과 15의 최소공배수인 60분 후이다. 따라서 50km 지점에서 두 번째로 만나는 시각은 A 역과 B 역에서 다시 동시에 출발하는 시각인 11시에서 30분이 지난 시점인 11시 30분이다.

02 기초연산능력 조건에 맞는 시각 구하기

| 정답 | ②

| 해설 | 시침과 분침이 이루는 각도가 180°에 가장 가까운 시각을 찾으면 된다. 시침은 1시간에 30°씩, 1분에 0.5°씩 움직이고 분침은 1분에 6°씩 움직이므로 1시 x분에 일직선이 된다고 하면 다음과 같은 식이 성립한다.

$|(30+0.5\times x)-6\times x|=180$

$|-5.5x+30|=180$

$\therefore\ x \fallingdotseq 38.18$

따라서 가장 일직선에 가까운 시각은 1시 38.18분이다.

03 기초연산능력 방정식 활용하기

| 정답 | ④

| 해설 | 표의 내용을 정리하면 다음과 같다.

$2A+B=34$ ······ ㉠

$A+C+D=34$ ······ ㉡

$B+C+D=44$ ······ ㉢

$A+2C=36$ ······ ㉣

$A+2D=32$ ······ ㉤

$A+2B=44$ ······ ㉥

(㉣+㉤+㉥)−㉢×2를 하면, 3A=24이므로 A=8이다. 따라서 A=8, B=18, C=14, D=12가 되어 A+B+C+D=8+18+14+12=52이다.

04 기초연산능력 수열 규칙 찾기

| 정답 | ②

| 해설 | 첫 번째 수열은 다음과 같은 규칙이 있다.

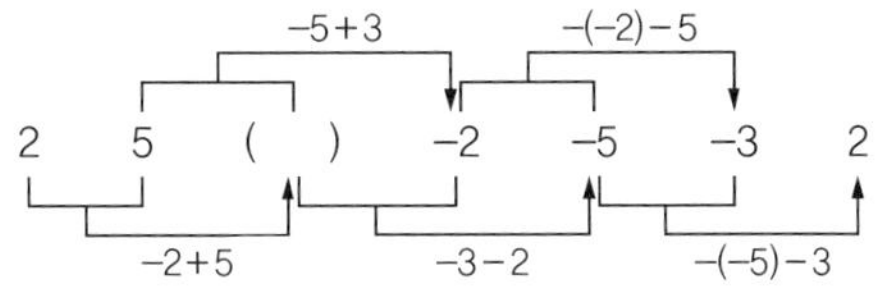

두 번째 수열은 다음과 같은 규칙이 있다.

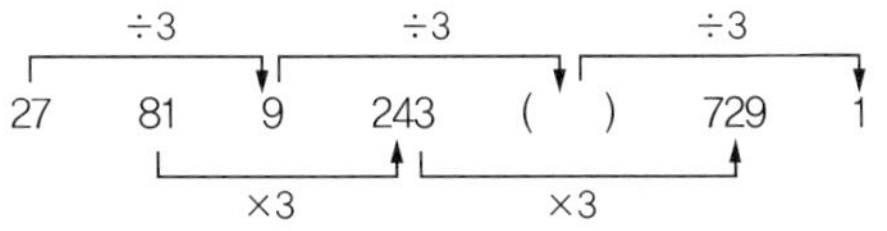

따라서 빈칸에 공통으로 들어갈 숫자는 3이다.

05 기초연산능력 수열 규칙 찾기

| 정답 | ②

| 해설 | 제시된 숫자들은 다음과 같은 규칙이 있다.

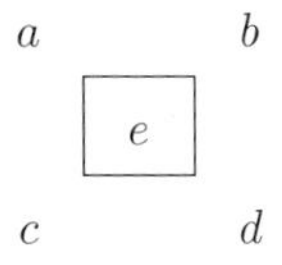

$e=|a-b|+|c-d|$

- $|6-7|+|3-5|=3$
- $|7-5|+|2-4|=4$
- $|9-5|+|6-4|=6$

따라서 빈칸에 들어갈 숫자는 $|7-8|+|6-4|=1+2=3$이다.

06 기초연산능력 수열 규칙 찾기

| 정답 | ③

| 해설 | 제시된 숫자들은 다음과 같은 규칙이 있다.

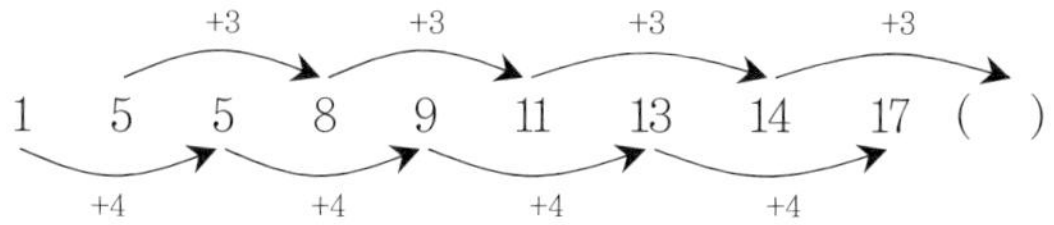

따라서 빈칸에 들어갈 숫자는 14+3=17이다.

07 기초연산능력 방정식 활용하기

| 정답 | ③

| 해설 | 피자를 x판 판매한다고 하면 다음과 같은 식이 성립한다.

$\{(10{,}000-7{,}000)x-900{,}000\}\times 0.8=6{,}000{,}000$

$3{,}000x-900{,}000=7{,}500{,}000$

$3{,}000x=8{,}400{,}000$

$\therefore x=2{,}800$(판)

따라서 2,800판의 피자를 팔아야 한다.

08 기초연산능력 계약 페널티 계산하기

| 정답 | ①

| 해설 | 8억 원 계약에 대한 페널티는 80,000×0.01=800(만 원)이므로 가산금은 800×0.2=160(만 원)이다.

| 오답풀이 |

② 10억 원 계약에 대한 페널티는 1,500만 원이고, 체납된 납부금은 1,500÷2=750(만 원)이므로 내야 할 돈은 750+(750×0.2)=900(만 원)이다.

③ 90억 원 계약에 대한 페널티는 1,500+(800,000×0.04)=33,500(만 원)이고, 체납된 납부금은 33,500−30,000=3,500(만 원)이므로 가산금은 3,500×0.2=700(만 원)이다.

④ 200억 원 계약에 대한 페널티는 4+(100×0.1)=14(억 원)이고, 체납된 납부금은 14−12=2(억 원)이므로 내야 할 돈은 2+(2×0.2)=2.4(억 원)이다.

09 기초연산능력 카드 게임 결과 예상하기

| 정답 | ③

| 해설 | +와 ÷ 중 ÷를 먼저 계산해야 한다. ÷를 했을 때 가장 큰 값이 나오는 경우는 15÷1인데 여기에 14를 더해도 29이므로 계산 결과는 50이 될 수 없다.

| 오답풀이 |

① ÷를 했을 때 가장 큰 값이 나오는 경우는 15÷1이므로 계산 결과가 50이 되려면 ×가 필요하다. 그런데 이 경우 다른 한 명이 +와 −를 보유하게 되어 계산 결과가 50이 나올 수 없다. 보유한 연산기호 카드가 +와 −라면 계산 결과는 최대 15+14−1=28이다.

② A가 1, 2, 3, 4, +, ×, B가 5, 6, 10, 15, −, ÷를 보유하고 있을 경우 A의 계산 결과는 최대 4×3+2=14, B의 계산 결과는 최대 15−5÷10=14.5가 된다. 따라서 보유한 연산기호 카드가 +와 ×일 때 반드시 이기는 것은 아니다.

④ A가 5, 10, 11, 12, ×, ÷, B가 1, 13, 14, 15, +, −를 보유하고 있을 경우 A의 계산 결과는 최대 12×11÷5=26.4, B의 계산 결과는 최대 15+14−1=28이 되어 B가 이기게 된다.

10 도표분석능력 자료의 수치 분석하기

| 정답 | ④

| 해설 | 새로운 학생인 재민이 희정, 지민 2명과 일대일 채팅방을 만들면 동아리의 일대일 채팅방 밀도는 $\frac{8}{15}$(≒ 0.53)에서 $\frac{10}{21}$(≒ 0.48)으로 낮아진다.

| 오답풀이 |

① 표에서 1의 개수가 모두 16개이므로 동아리 학생들이 참여하고 있는 일대일 채팅방의 총 개수는 $\frac{16}{2}=8$(개)이다.

② 참여하고 있는 채팅방의 수가 가장 많은 학생은 총 4개의 채팅방에 참여하고 있는 경민이다.

③ 경민은 일규와 일대일 채팅방에 참여하고 있지 않다.

11 도표분석능력 자료의 수치 분석하기

|정답| ④

|해설| 각 산업별 서울과 경기 지역의 사업체 수의 합과 전국 사업체 수의 50%를 구하면 다음과 같다.

구분	문화산업	예술산업	스포츠산업	관광산업
서울+경기	71,270	115,160	58,024	22,878
전국의 50%	68,686	112,641	66,289	39,844

따라서 서울과 경기의 사업체 수의 합이 전국의 50%를 넘지 않는 사업은 스포츠산업와 관광산업이다.

|오답풀이|

① 17개 지역 전체에서 사업체가 가장 많은 산업은 총 225,282개의 예술산업이다.

② 산업 분야 중 스포츠산업 분야 사업체 수가 두 번째로 많은 지역은 부산, 인천, 울산, 경기, 충북, 충남, 전북, 경북, 경남으로 총 9곳이다.

③ 산업 분야 중 관광산업 분야의 사업체 수가 가장 적은 지역은 서울, 부산, 대구, 인천, 광주, 대전, 울산, 세종, 경기, 충북, 전북으로 총 11곳이다.

12 도표분석능력 자료의 수치 분석하기

|정답| ②

|해설| 20X2년 10대 수출 품목에서 전년 대비 순위가 상승한 품목은 선박해양구조물 및 부품(7위 → 4위)과 합성수지(6위 → 5위)이다. 그러나 수출금액은 각각 20,159백만 불에서 19,749백만 불, 20,251백만 불에서 19,202백만 불로 둘 다 감소하였다.

|오답풀이|

① 20X2년 10대 수출 품목으로 플라스틱 제품 대신 컴퓨터가 새로 진입하였다.

③ 20X3년 10대 수출 품목에 해당하는 품목의 각 수출 금액은 전년 대비 모두 상승하였다.

④ 20X1년부터 20X3년까지 3년 동안 순위의 변화가 없는 품목은 1위 반도체, 2위 자동차, 3위 석유제품 총 세 품목이다.

13 도표분석능력 자료의 수치 계산하기

|정답| ②

|해설| 10대 수출 품목 중 평판디스플레이 및 센서는 20X1년 5위, 20X2년 7위, 20X3년 8위로 순위가 계속 하락하였다. 따라서 해당 항목의 3년간 수출 금액의 평균은 $\frac{20,657+18,151+21,573}{3}=20,127$(백만 불)이다.

14 도표분석능력 자료의 수치 분석하기

|정답| ④

|해설| 정차역을 신설할 도시의 선정 기준인 '현재 철도이용객 수'와 '향후 3년간 철도이용의 증가율'을 모두 검토해야 한다.

D 도시는 현재 철도 이용자 수가 110×0.11=12.1(만 명)으로 250×0.05=12.5(만 명)의 B 도시에 이어 두 번째로 많은 철도이용객 수를 가지고 있고, 향후 3년간의 철도이용 증가율이 10%, 12%, 10%로 모든 후보지 중에서 가장 높은 것으로 예측되므로, D 도시에 우선적으로 신설하는 것이 가장 바람직하다.

15 도표분석능력 자료의 수치 분석하기

|정답| ②

|해설| ㄱ. 누적치이므로 2023년의 누적치에서 2018년의 누적치를 빼면 된다. 따라서 16.7−8.7=8(만 명) 늘어났다.

ㄹ. 2018년 대비 2023년 전체 신용불량자 중 은퇴연령 신용불량자 비중은 16.4−13.8=2.6(%p) 증가하였다.

|오답풀이|

ㄴ. 두 항목의 증감폭이 가장 큰 시기는 2020년과 2021년

사이로, 그 수치는 차례대로 15.2−14.4=0.8(%p), 13.1−11.1=2(만 명)이다.

ㄷ. 연도별 50세 이상 개인 워크아웃 신청자 누적치의 전년 대비 증가율을 구하면 다음과 같다.

- 2019년 : $\frac{9.7-8.7}{8.7}\times 100 ≒ 11.5(\%)$
- 2020년 : $\frac{11.1-9.7}{9.7}\times 100 ≒ 14.4(\%)$
- 2021년 : $\frac{13.1-11.1}{11.1}\times 100 ≒ 18.0(\%)$
- 2022년 : $\frac{14.9-13.1}{13.1}\times 100 ≒ 13.7(\%)$
- 2023년 : $\frac{16.7-14.9}{14.9}\times 100 ≒ 12.1(\%)$

따라서 전년 대비 증가율은 지속적으로 늘어나고 있지 않다.

16 사고력 창의적 사고기법 이해하기

| 정답 | ④

| 해설 | 희망점 연결법이란 개선하고 싶은 실물을 두고 다양한 희망사항을 나열한 후 새로운 아이디어를 찾는 방식이다. 결점 연결법은 대상의 불편한 점이나 단점을 기반으로 새로운 아이디어를 창출하는 방법으로, 결점을 통해 개선점, 대책방안 등을 수립한다. 희망점 · 결점 연결법을 함께 진행하면 보다 효율적인 아이디어를 얻을 수 있다.

| 오답풀이 |

① 각각 중립적, 감정적, 창의적, 부정적, 이성적, 낙관적 사고를 의미하는 여섯 가지 색깔의 모자를 차례로 바꾸어 쓰며 모자 색깔이 뜻하는 유형대로 사고하는 기법이다. 여러 가지의 다른 측면에서 사고하는 데에 도움이 된다는 장점이 있다.

② 알렉스 오즈번이 고안한 기법으로, 일정한 주제에 대하여 회의 구성원들이 자유분방하고 창의적으로 발상하며 아이디어를 도출하고 문제를 해결하는 기법이다.

③ 활짝 핀 연꽃 모양으로 3×3 칸의 표를 중심으로 아이디어를 발상해 적어 나가는 창의적 사고 기법이다. 작성하는 차트의 모양이 연꽃 모양과 유사하다고 하여 '만다라트'라고 불린다.

17 사고력 논리적 오류 파악하기

| 정답 | ③

| 해설 | 다수 원인의 오류는 복합적인 요인 중 한 가지만 가지고 어떤 결론을 내리는 인과 관계 파악의 오류이다. 김민수 군이 S대에 합격한 데에는 여러 요인이 존재하는데, 그 요인을 한 학원에서만 찾고 있으므로 다수 원인의 오류를 범하고 있다.

| 오답풀이 |

① 부적합한 권위에의 호소 : 논지와 직접적인 관련이 없는 권위자의 견해를 근거로 주장을 신뢰하게 하는 오류이다.

② 무지의 오류 : 어떤 주장이 거짓이라는 것을 밝힐 수 없음을 근거로 참임을 주장하는 오류이다.

④ 사적관계에의 호소 : 정 때문에 논지를 받아들이게 하는 오류이다.

18 사고력 결론이 참이 되게 하는 전제 추론하기

| 정답 | ①

| 해설 | ㉠ 정보운영부가 회의에 불참한다는 것과 신전략사업부가 회의에 불참한다는 내용 모두 적절하다. 정보운영부가 불참하면 사업기획부가 참석하는 것이므로 신전략사업부가 불참하고, 마찬가지로 신전략사업부가 불참하면 사업기획부가 참석하고 정보운영부는 불참하기 때문이다.

㉡ ㉠의 추론 내용에 따라 신전략사업부가 회의에 불참하면 교육기획실과 연구기획실이 모두 참석한다는 조건이 있어야 갑의 마지막 말이 참이 된다.

| 오답풀이 |

②, ③ 신전략사업부는 불참하므로 적절하지 않다.

④ 마지막 갑의 말에서 '우리 생각이 모두 참이면'이라고 하였으므로 전제가 신전략사업부의 불참이 되어야 한다.

19 사고력 명제 판단하기

| 정답 | ③

| 해설 | 복숭아는 호흡량이 높고 키위는 에틸렌에 민감하므로, 세 번째 전제에 따라 복숭아와 키위를 함께 보관하면 키위가 쉽게 부패된다. 복숭아의 부패 여부는 알 수 없다.

| 오답풀이 |

① 복숭아는 호흡량이 높고, 오이는 에틸렌에 민감하다. 따라서 세 번째 전제에 따라 에틸렌에 민감한 오이는 호흡량이 높은 복숭아와 같이 보관하면 쉽게 부패된다.

② 첫 번째 전제에 따라 사과는 호흡량이 높으므로, 두 번째 전제에 따라 에틸렌 생성이 활발하다.

④ 첫 번째, 두 번째 전제에 의해 살구는 호흡량이 높고 에틸렌 생성이 활발하다.

20 문제처리능력 조건을 바탕으로 추론하기

| 정답 | ②

| 해설 | 직원 1명은 휴식 시간까지 합쳐 40분에 6세트씩 포장할 수 있다. 180(분)=40(분)×4+20(분)이므로 3시간 동안 작업할 수 있는 부서의 직원은 160분 동안 6×4=24(세트)를, 나머지 20분 동안 4개의 세트를 완성해 총 28세트를 완성할 수 있다. 2시간 동안 작업이 가능한 부서의 직원은 120(분)=40(분)×3이므로 총 6×3=18(세트)를 완성할 수 있다. 따라서 승무기획처의 2명은 2시간, 나머지 부서의 4+1+1+2=8(명)은 3시간 동안 작업하므로, 총 28(세트)×8(명)+18(세트)×2(명)=260(세트)를 완성할 수 있다.

21 사고력 조건을 바탕으로 추론하기

| 정답 | ④

| 해설 | 랜덤박스에는 초코과자가 나오거나 막대사탕이 나오는데 한결이의 랜덤박스에서 젤리와 막대사탕이 나오지 않았기 때문에 초코과자는 나왔다. 초코과자가 나오면 딸기샌드도 나오고, 막대사탕은 나오지 않았기 때문에 건빵은 나왔다고 할 수 없다. 또한, 딸기샌드나 건빵이 나오면 젤리나 시리얼이 나오는데 젤리는 나오지 않았으므로 시리얼이 나왔다.

따라서 한결이의 랜덤박스에서 나올 수 있는 최대 간식은 초코과자, 딸기샌드, 시리얼이다.

22 문제처리능력 적용된 기준 파악하기

| 정답 | ②

| 해설 | 1조 각 팀의 예선경기 결과를 정리하면 다음과 같다.

- 수달 FC : [5 : 1], [2 : 1], [2 : 0] → 3승
- 패션 FC : [1 : 5], [5 : 4], [1 : 2] → 1승 2패
- 앞산 FC : [1 : 2], [4 : 5], [4 : 1] → 1승 2패
- 신천 FC : [0 : 2], [2 : 1], [1 : 4] → 1승 2패

승리 경기 수가 가장 많은 2팀이 본선에 진출하는데 수달 FC를 제외하고는 1승 2패로 같다. 따라서 〈본선진출팀 결정규칙〉의 규칙을 순서대로 적용해 봐야 한다. 규칙 1을 적용해 보면, 총 득실차가 패션 FC는 7−11=−4, 앞산 FC는 9−8=1, 신천 FC는 3−7=−4이므로 앞산 FC가 본선에 진출하게 된다. 그러므로 1조의 본선진출팀을 최종적으로 결정함에 있어서 적용된 기준은 규칙 1이다.

23 사고력 순서 나열하기

| 정답 | ④

| 해설 | E 지사장은 라 지사에서 근무하며, F 지사장이 근무하는 곳보다 본사에 더 가까운 지사는 1개라고 하였으므로 F 지사장은 나 지사에 근무한다.

C 지사장은 E 지사장과 바로 옆 지사에 있지 않으므로 다, 마 지사에서 근무할 수 없고, B 지사장과 바로 옆에서 근무해야 하므로 C는 바 지사, B는 마 지사에서 근무하게 된다.

마지막으로 D 지사장은 A 지사장보다 본사에 더 가까운 곳에 근무하므로 D 지사장은 가 지사, A 지사장은 다 지사에서 근무한다.

따라서 가 ~ 바 지사에서 근무하는 지사장을 순서대로 나열하면 다음과 같다.

지사	가	나	다	라	마	바
지사장	D	F	A	E	B	C

24 사고력 So What 활용하기

| 정답 | ①

| 해설 | So What 사고를 활용하면 〈글로벌 경영 환경 분석

보고서〉에 따라 눈앞에 있는 정보로부터 의미를 찾아내어 구체적이고 가치 있는 실행 방안을 수립해야 한다. 새로운 진출 대상지역으로 두각을 보이는 동남아시아 중 베트남을 집중 공략하는 것은 보고서의 마지막 정보를 토대로 도출한 방안이므로 적절하다.

25 문제처리능력 문제의 원인 이해하기

| 정답 | ②

| 해설 | 제시된 글에서는 젊은 세대의 직장인들은 계약을 중시하며, 젊은 세대의 행동 범위와 공정성의 기준은 계약에 있다고 본다. 기성세대의 관점에서 이기적으로 보이는 젊은 세대의 행태는 실제로는 계약에 명시되지 않은 책임과 희생을 거부하는 것이며, 젊은 세대는 계약의 범위 내에서 최선을 다하며 계약을 통해 자신에게 주어진 권리를 요구하는 것이라고 설명한다.

26 문제처리능력 해결 방안 제시하기

| 정답 | ②

| 해설 | ㄱ. 제시된 글에서 젊은 직장인들의 관점에서의 공정성이란 계약을 근간으로 하는 범위 내에서 업무에 최선을 다하고 노력에 따른 정당한 대가를 인정받는 것을 의미한다.

ㄹ. 자신이 투입한 노력이 객관적으로 평가되어 합당한 대가가 돌아오도록 하는 인사제도의 정비는 제시된 글에서 정의하는 공정성의 취지에 부합하는 제도이다.

| 오답풀이 |

ㄴ. 제시된 글에서는 상사와 부하 간의 신뢰관계에 대한 내용은 제시되어 있지 않다.

ㄷ. 제시된 글에서의 공정성이란 수평적 지위의 형성을 의미하지 않는다. 제시된 글에서 젊은 직원들이 회사 엘리베이터에서 선배를 대놓고 모른 척 하는 사례는 젊은 직원들이 회사 내에서 선배와 수평적 지위에 위치할 것을 요구하는 것이 아니며, 다만 회사 엘리베이터는 회사가 아니라는 인식을 근거로 한다고 설명한다. 따라서 수평적인 인사평가구조의 도입은 제시된 글에서 설명하는 공정성의 내용과 직접적인 관련을 가지지 않는다.

27 사고력 스캠퍼 기법 이해하기

| 정답 | ③

| 해설 | ㉠ 신분증과 교통카드라는 두 요소를 결합하는 아이디어로 스캠퍼 기법의 '결합하기'에 해당한다.

㉢ 지하철의 규모를 축소시켜 새로운 용도를 찾는 것으로 스캠퍼 기법의 '축소하기'에 해당한다.

㉤ 개찰구를 없애고 요금 결제과정을 간소화시키는 아이디어로 스캠퍼 기법의 '제거하기'에 해당한다.

| 오답풀이 |

㉡ 만남의 광장을 어린이 놀이터라는 기존과 다른 용도로 활용하는 것으로 스캠퍼 기법 중 '다른 용도로 생각하기'에 해당한다.

㉣ 역내 안전을 위해 안전장치를 설치하는 아이디어를 제시하는 것은 스캠퍼 기법에 의한 아이디어 도출로 볼 수 없다.

28 사고력 스캠퍼 기법 이해하기

| 정답 | ②

| 해설 | 스캠퍼 기법의 규칙에서는 회의에 참여하는 사람들의 적극성을 강조하고, 회의 진행자는 참여자들이 회의에 집중할 수 있도록 하는 방향으로 회의를 진행해야 한다고 설명하고 있다.

| 오답풀이 |

① 스캠퍼 기법의 규칙에서는 아이디어 선택 과정에서 리더와 참여자 모두가 함께 최종 아이디어를 선택할 것을 정하고 있다.

③ 스캠퍼 기법의 규칙에서는 아이디어에 대한 비판을 금지한다.

④ 스캠퍼 기법의 규칙에서는 회의 시작 전 주제에 대한 배경을 설명하는 과정을 거치도록 하고 있다.

29 문제처리능력 SWOT 이해하기

| 정답 | ④

| 해설 | ○○교통공사의 SWOT 중 기업 내부환경요인에 해당하는 강점에는 '㉣ 안정하고 편리한 교통물류와의 융합기술 보유', '㉤ 물류분야와 승객 수송능력의 성장', '㉧ 인공지능을 통한 정교한 다기능 고속열차 개발'이 있다.

| 오답풀이 |

ⓢ 새로운 시장 가치분석으로 투자를 통한 자금 확보는 외부환경요인으로 기회에 해당한다.

30 문제처리능력 SWOT 분석 활용하기

| 정답 | ②

| 해설 | ⓐ 투자자금을 확보(O)하여 부진한 해외시장 진출(W)을 지원하고자 하는 WO 전략에 해당한다.

ⓒ 인공지능을 통한 다기능 고속열차(S)를 통해 빠르게 성장하고 있는 주변국 경쟁 업체와의 성장세(T)에 대응하여 경쟁력을 확보하고자 하는 ST 전략에 해당한다.

| 오답풀이 |

ⓑ 기존의 다른 기업과의 공동전략 구축은 제시된 ○○교통공사의 SWOT과 관련이 없는 전략 수립이다.

31 컴퓨터활용능력 자료의 단위 이해하기

| 정답 | ②

| 해설 | 레코드는 프로그램 내의 자료 처리의 기본 단위로서 논리 레코드라고도 불린다. 여러 개의 바이트나 워드가 모인 파일 구성의 최소 단위는 필드라고 한다.

32 정보능력 정보의 특징 이해하기

| 정답 | ④

| 해설 | ㄴ. 정보의 적시성이란 사용자가 원하는 시간에 전달되어야 가치가 있음을 의미하며, 정보의 독점성이란 정보는 공개되면 그 가치가 떨어짐을 의미한다.

ㄷ, ㄹ. 정보는 사용자의 요구, 사용 목적, 정보가 활용되는 시기와 장소에 따라 가치가 다르게 평가되며 사용자가 원하는 시간에 제공되지 못하는 정보는 가치가 없다. 또한 공개된 정보일수록 경쟁성이 떨어지며 반공개, 비공개 정보에 비해 가치가 떨어진다.

| 오답풀이 |

ㄱ. 공개 정보보다는 반공개 정보가, 반공개 정보보다는 비공개 정보가 더 큰 가치를 가진다.

33 컴퓨터활용능력 Windows 기능 이해하기

| 정답 | ④

| 해설 | ㄴ, ㄷ 바로가기는 바로가기 아이콘이 실행하는 실제 파일의 경로에 대한 정보를 저장하고 있다. 그리고 이러한 바로가기 아이콘을 저장한 위치는 변경할 수 있다.

| 오답풀이 |

ㄱ. 프로그램의 바로가기 아이콘을 삭제해도 연관 프로그램은 삭제되지 않는다.

34 컴퓨터활용능력 워드프로세서 기능 이해하기

| 정답 | ②

| 해설 | (나)와 (마) 모두 '가운데 정렬'이 적용되었다.

한편, 장평은 글자 하나의 가로 폭을 세로 길이를 기준으로 하여 나타낸 말로 가로와 세로 길이가 같으면 100%, 가로의 폭이 세로 길이보다 커지면 100%보다 큰 값을 가진다. 따라서 장평이 클수록 글자는 가로로 늘어난다. 그러므로 (나)에 비해 (마)의 장평이 더 큰 것을 알 수 있다. 또한 (나)는 글자 간의 간격인 자간을 수정한 경우이다.

35 컴퓨터활용능력 데이터베이스 이해하기

| 정답 | ③

| 해설 | 파일시스템에서 하나의 파일은 독립적이며, 업무를 처리하는 데 필요한 모든 정보를 가지고 있다. 파일도 데이터의 집합이므로 데이터베이스라고 볼 수도 있으나, 일반적으로 데이터베이스라 함은 여러 개의 서로 연관된 파일을 의미한다. 이런 여러 개의 파일이 서로 연관되어 있으므로 사용자는 여러 개의 파일에 있는 정보를 한번에 검색해 볼 수 있다. 데이터베이스 관리시스템은 데이터와 파일, 그들의 관계 등을 생성하고, 유지하고 검색할 수 있게 해주는 소프트웨어이다. 반면에 파일 관리시스템은 한번에 한 개의 파일에 대해서 생성, 유지, 검색을 할 수 있는 소프트웨어다.

따라서 (A)는 파일시스템, (B)는 파일, (C)는 데이터, (D)는 데이터베이스이다.

36 컴퓨터활용능력 데이터베이스의 필요성 이해하기

| 정답 | ④

| 해설 | (C)는 데이터, (D)는 데이터베이스이다. 데이터베이스 시스템은 여러 파일에서 데이터를 찾아내는 기능을 지원하여 원하는 데이터를 쉽게 찾게 해 준다.

37 컴퓨터활용능력 셀 서식 사용자 지정 이해하기

| 정답 | ④

| 해설 | 셀 안의 값이 짝수, 홀수, 0일 때의 글씨 색깔을 다르게 설정하기 위해서는 조건부 서식 기능을 사용하는 것이 적절하다. [A1] 셀에 점수가 입력되어 있다고 할 때 조건부 서식 기능으로 수식 '=ISEVEN(A1)' 혹은 '=MOD (A1,2)=0' 규칙에 파란색 글씨, 수식 '=ISODD(A1)' 혹은 '=MOD (A1,2)=1' 규칙에 빨간색 글씨, 셀 값=0 규칙에 검정색 글씨 서식을 적용하면 문제에서 요구하는 서식을 지정할 수 있다. 다만 셀 값=0 규칙을 짝수 숫자 규칙보다 우선으로 적용하도록 설정해야 한다.

| 오답풀이 |

① 끝의 두 자리 숫자가 00으로 고정이므로 셀 서식의 사용자 지정에서 형식을 00#"00"으로 지정한다.

② 셀 서식의 사용자 지정에서 형식을 @"학과"로 지정한다.

③ 학번을 두 자리 숫자로 입력한다고 할 때 셀 서식의 사용자 지정에서 형식을 [<15]"졸업";0으로 지정한다.

38 컴퓨터활용능력 엑셀 함수 활용하기

| 정답 | ④

| 해설 | RANK 함수는 범위에서 특정 데이터의 순위를 구하는 함수로, 해당 함수식은 '=RANK(순위를 구하고자 하는 셀, 범위, 0 또는 1)'이라 쓴다. 제시된 자료에서 지하철 이용객 수에 따라 내림차순으로 순위를 매기고 있기 때문에 [C3] 셀에는 '=RANK(B3,B3 : B7,0)'이 적절하다.

| 오답풀이 |

①, ② ROUND 함수는 표시된 소수점 이하 자릿수에서 반올림하는 함수이기 때문에 제시된 자료에 적합하지 않다.

③ 함수식의 끝에 1을 썼으므로 자료를 오름차순 순위로 정리하는 식이다.

39 컴퓨터활용능력 엑셀 함수 활용하기

| 정답 | ①

| 해설 | IF 함수의 기본 식은 하나의 조건이 주어지고, 그 조건에 부합할 경우에 나오는 값과 부합하지 않을 경우에 나오는 값으로 총 두 가지의 결과로 나눠진다. 실제 수식은 다음과 같다.

=IF(logical_test, [value_if_true], [value_if_false])

logical test가 조건이며, value_if_true가 조건에 부합할 경우에 나오는 값이고, value_if_false는 조건에 부합하지 않을 경우에 나오는 값이다.

하지만 제시된 문제에서는 나와야 할 결과가 우수, 보통, 불합격으로 총 3가지이다. 이럴 경우, 다음과 같이 [value_if_ false] 자리에 똑같은 IF 조건식을 하나 더 추가하면 된다.

=IF(logical_test, [value_if_true], IF(logical_test, [value_if_true], [value_if_false]))

따라서 ①이 올바른 수식이다.

| 오답풀이 |

② RANK 함수는 범위에서 특정 데이터의 순위를 구하는 함수이며, 함수식은 '=RANK(순위를 구하고자 하는 셀, 범위, 0 또는 1)'이다.

④ COUNTIF 함수는 범위에서 조건을 만족하는 개수를 구하는 함수로, 함수식은 '=COUNTIF(범위, 조건)'이다.

40 컴퓨터활용능력 엑셀 자료 파악하기

| 정답 | ②

| 해설 | ㄱ. 나 부서의 퇴사자 수는 4→3→2로 감소하고 있다.

ㄴ. 가 부서의 퇴사율은 2021년 $\frac{10}{126}\times 100 \fallingdotseq 7.9\%$, 2022년 $\frac{9}{135}\times 100 \fallingdotseq 6.7\%$, 2023년 $\frac{9}{142}\times 100 \fallingdotseq 6.3\%$로 2023년이 가장 낮다.

| 오답풀이 |

ㄷ. 2023년에는 감소하였다.

41 컴퓨터활용능력 엑셀 함수 활용하기

| 정답 | ④

| 해설 | 라 부서의 2021년 정원에 해당하는 셀은 [B6]이고, 2023년 정원에 해당하는 셀은 [F6]이다.

정원 증가율은 '$\frac{2023년\ 정원-2021년\ 정원}{2021년\ 정원}\times 100$'이고, 이를 수식으로 표현하면 '=(F6-B6)/B6*100'이다.

| 오답풀이 |

①, ③ 괄호를 하지 않을 경우 '$2023년\ 정원-\frac{2021년\ 정원}{2021년\ 정원}\times 100$'으로 인식되어 잘못된 결과가 산출된다.

42 정보처리능력 예산 편성 자료 이해하기

| 정답 | ②

| 해설 | 두 사업 모두 직접 관리비의 4가지 항목 중 인건비의 금액이 가장 큰 것을 알 수 있다.

| 오답풀이 |

① 전기사업에서 2023년 대비 2024년 예산이 증가한 항목은 '경비'와 '자산'이다. 그리고 둘 중 '자산'의 증가율이 한눈에 보기에도 더 크다. 따라서 '자산' 항목이 가장 크다.

③ 수도사업의 간접관리비가 더 높다.

④ 수도사업의 간접관리비, 전기사업의 인건비, 간접관리비 항목은 감소하였다.

43 정보처리능력 도표의 빈칸 채우기

| 정답 | ①

| 해설 | 6445−5955=490

| 오답풀이 |

② △ 표시는 −(감소)를 의미하므로 오답이다.

44 정보처리능력 문서번호 파악하기

| 정답 | ④

| 해설 | 결재권자를 나타내는 코드가 2이므로, 최종결재권자는 실장이다.

| 오답풀이 |

① 기안일시는 결재문서가 전자결재시스템에 최초로 제출된 시간을 의미하고 기안일시가 2212181335이므로 2022년 12월 18일 오후 1시 35분에 제출되었다.

② 수정여부가 #3이므로 3번 수정된 문서이다.

③ 기안부서가 FS이므로 기안자는 E 부서가 되므로 옳은 설명이다.

45 정보처리능력 문서번호 부여하기

| 정답 | ④

| 해설 |
- 우선순위 : 긴급(P0)보다 3단계 낮으므로 → P3
- 기안부서 : B 부서 소속이므로 → WE
- 기안자 : 사번 마지막 4자리이므로 → 3164
- 결재권자 : 최종결재권자가 이사장이므로 → 0
- 공개여부 : 비공개이므로 → S
- 기안일시 : 행사일(220628)의 3일 전, 오후 4시 30분이므로 → 2206251630
- 수정여부 : 2번 기안의 내용을 수정하였으므로 → #2

따라서 적절한 문서번호는 P3WE31640S2206251630#2이다.

46 기술능력 기술능력 향상 방법 이해하기

| 정답 | ④

| 해설 | 기술능력을 향상시키는 방법에는 전문 연수원을 통한 교육, 온라인 강의 활용, 상급학교 진학, 조직 내 선배 및 감독자를 통한 학습 등이 있다. ①은 상급학교 진학, ②는 조직 내 교육, ③은 온라인 강의학습을 통한 기술향상에 해당한다. ④의 막연한 이직 준비는 기술능력 향상을 위한 방법으로 볼 수 없다.

47 기술이해능력 신기술 이해하기

| 정답 | ④

| 해설 | 기사에 언급된 내용은 ○○교통공사와 통신사가 함께 공동 연구하여 새로운 기술을 개발한 사례다. 각자의 전문분야를 결합하여 지하철 혼잡도 개선이라는 보다 나은 생활의 편의를 시민들에게 제공하였으므로 ④가 적절한 설명이다.

48 기술이해능력 실패한 기술의 의미 이해하기

| 정답 | ③

| 해설 | 기술적 실패에는 다양한 유형과 다양한 이유가 있을 수 있다. 모든 실패가 나쁜 것은 아니며 실패 중에서도 기술자들이 반드시 겪어야 하는 '에디슨식 실패'도 있다.

49 기술이해능력 4차 산업혁명의 주요 기술 알기

| 정답 | ④

| 해설 | 월드 와이드 웹(World Wide Web)에 대한 설명으로, 3차 산업혁명의 주요 기술이다.

| 오답풀이 |

① 스마트 팜에 대한 설명이다.

② 3D 프린터에 대한 설명이다.

③ 블록체인에 대한 설명이다.

50 기술능력 기술의 의미 이해하기

| 정답 | ②

| 해설 | 특별한 재료, 기교, 양식 따위로 감상의 대상이 되는 아름다움을 표현하는 활동 또는 작품을 의미하는 '예술'에 관한 설명이다.

51 기술능력 기술능력이 뛰어난 사람의 특징 알기

| 정답 | ④

| 해설 | 기술능력이 뛰어난 사람의 특징은 다음과 같다.

- 실질적 해결이 필요한 문제를 인식한다.
- 인식된 문제를 위해 다양한 해결책을 개발하고 평가한다.
- 실제적 문제를 해결하기 위해 지식이나 기타 자원을 선택하고 최적화하여 적용한다.
- 주어진 한계 속에서 제한된 자원을 가지고 일한다.
- 기술적 해결에 대한 효용성을 평가한다.
- 여러 상황 속에서 기술의 체계와 도구를 사용하고 배운다.

따라서 ㄱ, ㄴ, ㄹ, ㅁ이 특징으로 적절하다.

52 기술선택능력 기술선택절차 이해하기

| 정답 | ②

| 해설 | 중장기 사업목표를 설정한 후에는 사업 영역을 결정하고 경쟁 우위 확보의 방안을 수립하는 사업전략 수립 단계가 필요하며, 그다음으로 제품 설계 및 디자인 기술, 제품 생산공정, 원재료 제조기술 등을 분석하는 요구기술 분석이 따라온다. 이후 기술전략 수립을 통해 기술획득 방법을 결정하고 핵심기술을 선택한다.

53 기술선택능력 적절한 기술 선택하기

| 정답 | ②

| 해설 | 무선 인식(RFID, 무선주파수 인식)은 물품의 정보가 담긴 태그를 부착해 주파수를 이용하여 물품을 식별하고 관리하는 기술이다. 물품 안에 태그를 삽입하여 먼 거리에서도 물체를 식별할 수 있다. 언제, 어디서나 특정 사물의 위치를 파악하고 관련 정보의 실시간 수집 및 처리가 가능하다.

| 오답풀이 |

① 바코드(Bar Code) : 컴퓨터가 파악하기 쉽고 데이터를 빠르게 입력하기 위해 굵기가 다른 검은 막대와 하얀 막대를 조합시켜 문자나 숫자를 코드화한 것이다.

③ 화학 센서(Chemical Sensors) : 화학 물질의 농도나 종류 등을 감지해 측정 가능한 신호로 변환하는 센서이다. 대표적으로 바이오 센서, 습도 센서, 가스 센서가 있다.

④ 온도 감지(Temperature Sensors) : 온도의 변화를 감지하여 측정이 가능한 신호로 변환하는 센서이다. 온도 관리를 자동화하는 데 이용된다.

54 기술적용능력 4차 산업혁명의 주요 기술 알기

| 정답 | ④

| 해설 | ①의 AI 기술과 ②의 빅데이터 기술, ③의 사물인터넷은 모두 4차 산업혁명 기술에 해당한다. 4차 산업혁명 기술은 정보통신기술(ICT)의 융합을 통한 '초연결' 및 '초융합'적 특징을 가진다. 체성분 분석기는 단순한 기계에 불과하기 때문에 4차 산업혁명 기술이라고 볼 수 없다.

55 기술능력 작업장 내 안전 요인 이해하기

| 정답 | ②

| 해설 | ㄴ. 페일 세이프는 기계의 고장, 오동작 등이 사고, 재해로 연결되는 일이 없도록 안전을 확보하게 하는 기능이다. B 작업장에는 고장 등의 상황에서 자동으로 프레스가 정지되는 장치가 있으므로 페일 세이프 관련 장치가 설치돼 있음을 알 수 있다.

ㄷ. 격리형 방호장치는 위험한 작업 지점과 작업자 간 접근으로 인해 일어날 수 있는 재해를 방지하기 위하여 설치하는 차단벽이나 망, 울 등을 의미한다. C 작업장에는 방호 울타리가 없다고 하였으므로 격리형 방호장치를 설치하여 안전한 작업이 가능하도록 해야 한다.

| 오답풀이 |

ㄱ. A 작업장에는 안전 · 보건 보호구 착용을 지시하는 '지시 표지'가 부착돼 있다.

ㄹ. D 작업장에서 시행한 작업 자세에 대한 안전교육은 인간공학적 요인을 예방하는 것이다. 이 외에 작업방법, 사용공구, 작업시간 등도 포함된다. 생물학적 요인은 바이러스, 세균, 기생충, 곰팡이, 쥐, 곤충 등에 의한 요인을 의미한다.

56 기술선택능력 지식재산권 종류 이해하기

| 정답 | ②

| 해설 | 갑 제품은 특허권과 관련이 있다. 특허권은 발명한 사람이 그 기술을 독점적으로 사용할 권리로서, 발명이 성립되고 산업상 이용이 가능해야 하며, 진보적인 발명이어야 하고 법적으로 특허를 받을 수 없는 사유에 해당하지 않아야 얻을 수 있다.

을 제품은 실용신안권과 관련이 있다. 실용신안권은 기술적 창작 수준이 소발명 정도인 실용적 창작을 보호하는 제도로, 발명처럼 고도하지 않은 물품의 형상, 구조 및 조합이 대상이 된다.

따라서 A－ㄴ, B－ㄹ이 적절하다.

| 오답풀이 |

ㄱ. 상표권 : 제품의 신용을 유지하기 위해 제품, 포장 등에 표시하는 상호나 마크이다. 우수한 상표는 광고보다 큰 효과를 나타낸다.

ㄷ. 디자인권(의장권) : 심미성을 가진 고안으로서 물품의 외관에 미적인 감각을 느낄 수 있게 하는 디자인에 관한 권리이다. 물품이 다르면 동일한 형상의 디자인이어도 별개가 된다.

ㅁ. 정보재산권 : 정보에 관한 권리로서 뉴미디어, 영업비밀, 멀티미디어 등이 관련된다.

보충 플러스+

지식재산권의 분류

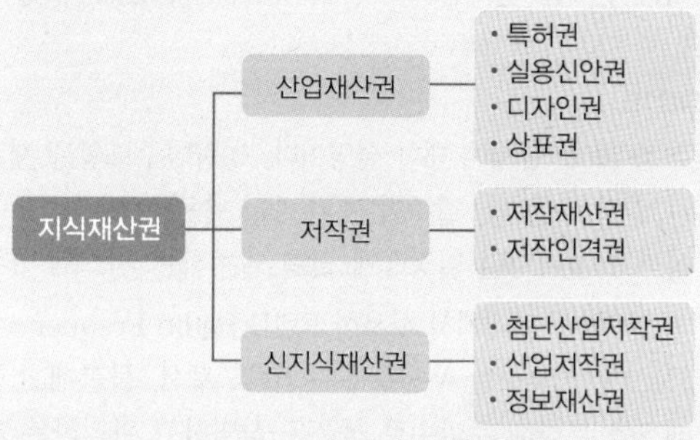

57 기술적용능력 소재에 적절한 제품 고르기

| 정답 | ②

| 해설 | 치아 교정 장치에 형상기억합금을 사용하면 형상이 바뀐 상태로 입 안에 넣어도 체온에 의해 원래 형상으로 돌아가면서 치아를 단단하게 묶을 수 있다. 이로 인해 교정기를 끼울 때의 통증은 사라지고 시간이 지나도 원래의 그 모습을 유지할 수 있다.

58 기술능력 4차 산업혁명 파악하기

| 정답 | ①

| 해설 | 제4차 산업혁명은 정보통신기술(ICT)의 융합(㉠)으로 이루어 낸 혁명 시대로, 18세기 초기 산업혁명 이후 네 번째로 중요한 산업 시대이다. 이 혁명의 핵심은 빅데이터 분석, 인공지능, 로봇공학, 사물인터넷, 무인 운송 수단(무인 항공기, 무인 자동차), 3차원 인쇄, 나노 기술과 같은 6대 분야에서의 새로운 기술 혁신이다. 제4차 산업혁명은 클라우스 슈바프(K. Schwab)가 의장으로 있던 2016년 세계경제포럼(WEF ; World Economic Forum)(㉡)에서 주창된 용어이다.

59 기술이해능력 제조 단계별 적용 기술 이해하기

| 정답 | ③

| 해설 | 샘플링 검사, 발췌 검사라고도 하는 표본 검사 방식은 품질관리를 위하여 생산하는 제품 중 샘플을 발췌하여 검사하는 것이다. 그러나 제시된 '제품 검사' 단계에서는 생산 제품 전체를 검사한다고 하였으므로 적절한 설명이 아니다.

| 오답풀이 |

① '부품 확보' 단계에 대한 설명이다. 정량발주모형은 재고가 일정 수준 즉, 발주할 때의 재고 수량인 발주점보다 이하로 떨어지면 일정량에 맞춰 발주하는 시스템이다.

② '제품 출하' 단계에서 사용한 RFID(Radio Frequencey Identification)는 무선주파수 인식으로서, 물품에 소형 태그를 부착해 주파수로 물품을 식별하고 관리하는 기술이다.

④ 생산합리화 원칙 중 단순화는 제품의 품목이나 작업 절차를 간소화하는 것이다. 따라서 '부품 조립' 단계에 대한 적절한 설명이다.

보충 플러스+

생산관리의 합리화 원칙
- 표준화(Standardization) : 제품, 작업과정 또는 관리과정을 통일된 형태로 만드는 것
- 단순화(Simplification) : 제품의 품목 또는 작업절차 간소화
- 전문화(Specialization) : 전문 작업자를 특정 작업에만 종사시키는 것

60 기술적용능력 산업혁명 발전 단계 이해하기

| 정답 | ③

| 해설 | ㄷ. 제3차 산업혁명은 1969년 인터넷 발전을 통한 컴퓨터 정보화 및 자동화 생산시스템의 주도로 이루어졌다. 따라서 제3차 산업혁명 시기부터 모든 공정이 컴퓨터 통합 생산 시스템을 통해 자동화되었다는 설명은 적절하다.

ㄹ. 4차 산업혁명을 이끄는 기술로 사물인터넷(IoT), 클라우드, 빅데이터, 인공지능(AI) 등이 있다.

| 오답풀이 |

ㄱ. 탈공업화 현상은 2차 산업의 제조업에서 3차 산업의 서비스업으로 산업 중심이 바뀌어 가는 현상이다. 따라서 (나)에 적절한 설명이다.

ㄴ. 제3차 산업혁명은 정보화 혁명이라고도 부르는데, 이 시기부터 컴퓨터의 자동화와 인터넷 등의 발전을 기반으로 정보 통신 기술이 본격적으로 발달하였다. 따라서 제2차 산업혁명이 제3, 4차 산업혁명의 시기보다 정보가 중요한 사회적 재화로 인식됐다는 설명은 적절하지 않다.

4회 기출예상문제

문제 138쪽

01	②	02	③	03	③	04	③	05	②
06	③	07	③	08	④	09	⑤	10	⑤
11	①	12	③	13	③	14	⑤	15	③
16	②	17	④	18	⑤	19	②	20	⑤
21	③	22	④	23	②	24	③	25	③
26	②	27	①	28	④	29	⑤	30	⑤
31	①	32	③	33	②	34	④	35	⑤
36	③	37	③	38	②	39	①	40	③
41	④	42	③	43	②	44	②	45	②
46	⑤	47	③	48	③	49	⑤	50	①

01 문서작성능력 문서작성의 오류 찾기

| 정답 | ②

| 해설 | S 씨는 A 씨의 기획안을 읽고 문서가 체계적으로 작성되어 있지 않음을 파악하고 노래의 가사를 뒤집어 부름으로써 구조와 체계의 중요성을 우회적으로 표현하였다. 따라서 A 씨에게는 '체계적인 문서의 작성' 능력이 부족하였음을 파악할 수 있다.

02 문서작성능력 맞춤법에 맞는 단어 찾기

| 정답 | ③

| 해설 | '며칠', '훼손', '작성하든지'는 옳은 표기이다. 단어의 표기가 올바르지 않은 것은 다음과 같다.

- 웬지 → 왠지 : '왠지'는 '왜 그런지 모르게 또는 뚜렷한 이유도 없이'란 의미의 부사이다.
- 어떡게 → 어떻게 : '어떻게'는 '어떤 방법이나 방식으로'의 의미를 가진 부사이다.
- 말씀드리던지 → 말씀드리든지 : '－든지'는 나열된 동작이나 상태, 대상들 중에서 어느 것이든 선택될 수 있음을 나타낼 때 쓰인다.
- 바램 → 바람 : '바람'은 '어떤 일이 이루어지기를 기다리는 간절한 마음'의 의미를 가진 단어이다.

03 의사표현능력 표준발음법 파악하기

| 정답 | ③

| 해설 | '가정의 행복'에서 '의'는 조사이므로 '다만 4'에 따라 [ㅔ]로 발음함도 허용한다. 따라서 '다만 3'에 따라 [가정이]로 발음한다는 설명은 적절하지 않다.

04 문서이해능력 직무설명서 파악하기

| 정답 | ③

| 해설 | (가) 회계 · 감사는 기관 설립 목적과 활동 등 사업에 대한 맥락을 고려하여 기업 및 조직 내 · 외부에 있는 의사결정자들이 효율적인 의사결정을 할 수 있도록 유용한 정보를 제공하며, 제공된 회계정보의 적정성을 파악하는 직무이다.

(나) 예산은 조직이 목표로 하는 경영성과를 효과적으로 달성하기 위한 미래의 경영활동을 계량화하는 것으로 일정기간 예상되는 수익과 비용을 편성하고 집행하며, 통제하는 직무이다.

(다) 총무는 조직의 경영목표를 달성하기 위하여 자산의 효율적인 관리, 임직원에 대한 원활한 업무지원 및 복지지원, 대 · 내외적인 회사의 품격 유지를 위한 제반 업무를 수행하는 직무이다.

(라) 세무는 기업의 활동을 위하여 주어진 세법범위 내에서 조세부담을 최소화시키는 조세 전략을 포함하고 정확한 과세소득과 과세표준 및 세액을 산출하여 과세당국에 신고 · 납부하는 직무이다.

05 문서작성능력 어휘의 의미 파악하기

| 정답 | ②

| 해설 | 제시된 내용의 '다투다'는 먼저 하거나 잘 하기 위해 경쟁적으로 서두르다는 의미로, 주로 '앞을'과 함께 쓰여 '앞다투다'로 사용된다. 이와 같은 의미로 '다투다'는 표현이 사용된 문장은 '순위를 다투다'는 표현으로 사용된 ②이다.

| 오답풀이 |

① 의견이나 이해의 대립으로 서로 싸우다는 의미로 사용되었다.

③, ⑤ 사태가 매우 급박한 상태가 되다는 의미로 사용되었다.

④ 승부나 우열을 겨루다는 의미로 사용되었다.

06 문서이해능력 인터뷰의 내용 파악하기

| 정답 | ③

| 해설 | B가 자신을 소개하는 부분에서 "입사한 지는 오래 되었지만 홍보 업무는 올해 2월부터 맡아 얼마 되지 않았습니다. 이전에는 주로 사업부서에서 근무했죠."라고 하였다. 이를 통해 B가 홍보처에 근무한지 얼마 되지 않았음을 알 수 있다. 하지만 이를 통해 타 사업부서와 홍보처 간의 인사이동이 없다고 단정 지을 수는 없다.

07 의사소통능력 대인관계 의사소통 유형 알기

| 정답 | ③

| 해설 | 곽 부장은 업무적인 능력은 탁월하지만 냉소적이고 엄한 업무 스타일과 결재 성향을 가지고 있어 직원들로부터 따뜻함이 부족하다는 생각이 들게끔 하는 상사이다. 따라서 '냉담형'에 가장 가깝다고 할 수 있다.

08 문서이해능력 안내문 이해하기

| 정답 | ④

| 해설 | ㉠ '여름새와의 하천여행 2'의 참가비용은 1인당 1,000원임이 명시되어 있다.

㉢ '여름새와의 하천여행 1'의 참고사항을 통해 점심 도시락이 제공됨을 알 수 있다.

㉤ 안내문 하단에 모든 프로그램이 선착순 모집임을 명시하고 있다.

| 오답풀이 |

㉡ 모집 정원은 제시되어 있지 않다.

㉣ 모집 기간은 제시되어 있지 않다.

09 문서작성능력 문서 수정하기

| 정답 | ⑤

| 해설 | 초등학생 연령이지만 학교를 다니지 않는 아동도 프로그램에 참가할 수 있으므로 '대상'을 나이로 수정해야 한다. 부모가 아니라 보호자도 동반할 수 있고, 아동과 보호자는 반드시 한 쌍으로 짝을 이루어 신청할 수 있어야 하므로 모든 조건을 충족하는 ⑤가 수정사항으로 가장 적절하다.

10 문서이해능력 문맥에 담긴 뜻 이해하기

| 정답 | ⑤

| 해설 | 시를 고치는 일을 옷감에 바느질을 하는 일에 비유하면서 바느질 자국이 도드라지지 않게 하라고 말하고 있다. 따라서 새로운 단어나 문장을 추가하는 것이 아니라, 고쳐 썼다는 것이 드러나지 않을 정도로 자연스럽게 되고 해야 한다는 뜻이다.

11 문제처리능력 신입사원 채용 최종 합격자 선정하기

| 정답 | ①

| 해설 | • 은화 : $(90\times0.2)+(81\times0.4)+(89\times0.6)=18+32.4+53.4=103.8$

• 정철 : $(78\times0.2)+(88\times0.4)+(85\times0.6)=15.6+35.2+51=101.8$

• 석규 : $(80\times0.2)+(83\times0.4)+(90\times0.6)=16+33.2+54=103.2$

• 태수 : $(78\times0.2)+(87\times0.4)+(80\times0.6)=15.6+34.8+48=98.4$

• 혜영 : $(80\times0.2)+(90\times0.4)+(79\times0.6)=16+36+47.4=99.4$

따라서 100점 이상인 은화, 정철, 석규가 최종 합격자가 될 수 있다.

12 사고력 브레인스토밍 이해하기

| 정답 | ③

| 해설 | 브레인스토밍은 비판이 가해지지 않으면 아이디어가 많아진다는 원리를 갖기 때문에 어떤 의견이라도 비판을 하면 안 된다.

13 사고력 결론이 참이 되게 하는 전제 추가하기

| 정답 | ③

| 해설 | 수민이가 캐스팅되지 않는다면 재이가 캐스팅이 되므로 재이가 주연으로 캐스팅된다는 캐스팅 담당자 H의 결론을 뒷받침하기 위해서는 수민이가 캐스팅되지 않아야 한다. 따라서 ㉢이 전제가 되어야 하며 ㉢을 뒷받침하는 ㉡ 또한 추가로 필요하다.

14 사고력 명제 판단하기

| 정답 | ⑤

| 해설 | 두 번째 명제의 대우는 '상상력이 풍부한 사람은 빨간색을 좋아하는 사람이다'이다. 따라서 첫 번째 명제 '파란색을 좋아하는 사람은 상상력이 풍부하다'와 연결하면, '파란색을 좋아함' → '상상력이 풍부함' → '빨간색을 좋아함'이 되어 '파란색을 좋아하는 사람은 빨간색을 좋아한다'가 참이 된다.

15 사고력 조건을 바탕으로 추론하기

| 정답 | ③

| 해설 | A를 기준으로 생각해 보면 B는 A와 위원이 중복되므로 A와 다른 시간대에 회의를 진행한다. C는 A와 위원이 중복되지만, B와는 중복되지 않기 때문에 B와 같은 시간대에 회의를 진행한다. D는 B, C와 위원이 중복되지만 A와는 중복되지 않기 때문에 A와 같은 시간대에 회의를 진행한다. E는 A, C, D와 위원이 중복되므로 다른 시간대에 진행해야 한다. 마지막으로 F는 A, C, E와 위원이 중복되므로 다른 시간대에 회의를 진행한다.

1시간	A(지혜, 현우, 정현)	D(희경, 수정)
1시간	B(지혜, 희경)	C(현우, 수정)
1시간	E(수정, 정현)	
1시간	F(현우, 정현)	

따라서 회의에 필요한 최소 시간은 4시간이다.

16 문제처리능력 전문가 활용비 계산하기

| 정답 | ②

| 해설 | 조교수의 경우 B급에 해당하며 1일 최대 금액은 800,000원이다. 2일 동안 최대 금액을 초과하는 시간 동안 전문가를 활용했으므로 1,600,000원을 지급해야 한다. 교통비는 편도로 25,000원이므로 왕복 50,000원을 지급해야 한다. 숙박의 경우 B급이므로 60,000원, 일비는 40,000을 지급해야 한다. 따라서 총 1,750,000원이다.

17 문제처리능력 전문가 활용비 계산하기

| 정답 | ④

| 해설 | (가) 내부 책임연구원이므로 A급이다. 강사료는 1일 최대 금액으로 2일을 지불해야 하므로 2,000,000원을 지불한다. 일비는 60,000원에 숙박비는 70,000원이며, 교통비는 왕복 50,000원이다. 따라서 총 2,180,000원이다.

(나) 외부 원급연구원이므로 C급이다. 강사료는 1일 최대 금액인 600,000원의 80%인 480,000원을 3일 지불해야 하므로 1,440,000원을 지불한다. 일비는 30,000원에 숙박비는 100,000원이며, 교통비는 왕복 100,000원이다. 따라서 총 1,670,000원이다.

(다) 정교수이므로 A급이다. 강사료는 1일 최대 금액인 1,000,000원의 90%인 900,000원을 2일 지불해야 하므로 1,800,000원을 지불한다. 일비는 60,000원에 숙박비는 제공하지 않으며, 교통비는 왕복 90,000원이다. 따라서 총 1,950,000원이다.

(라) 부교수이므로 A급이다. 강사료는 1일 최대 금액인 1,000,000원의 80%인 800,000원을 2일 지불해야 하므로 1,600,000원을 지불한다. 일비는 60,000원에

숙박비는 70,000원이며, 교통비는 왕복 60,000원이다. 따라서 총 1,790,000원이다.

따라서 두 번째로 적은 금액을 받는 전문가는 (라)이다.

18 문제처리능력 자료를 바탕으로 추론하기

| 정답 | ⑤

| 해설 | 지원자격 항목에서 프랜차이즈 미가맹 사업자를 대상으로 명시하고 있음을 통해 프랜차이즈 가맹 사업자는 신청대상에서 제외됨을 알 수 있다.

| 오답풀이 |

① 자격제한 항목에서 기존 계약자는 신청자격이 제한됨을 명시하고 있다.

② 사업목적 항목에서 정부의 청년 창업 일자리 창출 정책에 따른 청년 창업자 발굴을 목적으로 추진하는 사업임을 명시하고 있다.

③ 지원자격 항목에서 만 19세 이상 만 39세 이하로 연령 제한을 정하고 있다.

④ 선정방법 항목에서 인근 입점업체 판매품목을 고려하여 선정할 수 있음을 명시하고 있다.

19 문제처리능력 자료 보완하기

| 정답 | ②

| 해설 | 제시된 문의사항은 청년창업 지원매장으로 선정될 경우 받을 수 있는 사업지원에 관한 문의이다. 따라서 이를 반영하면 선정 시 지원 사항에 대한 내용을 안내하는 내용을 공고문에 추가해야 한다.

20 사고력 브레인스토밍 적용하기

| 정답 | ⑤

| 해설 | 브레인스토밍 시에는 구성원들이 다양한 의견을 제시할 수 있는 편안한 분위기를 만드는 리더를 선출해야 한다. 직급이나 근무경력에 따라 리더를 선출하게 될 시 분위기를 딱딱하게 만들 수 있으므로 분위기를 잘 조성할 수 있는 사람을 직급에 관계없이 리더로 선출해야 한다. 특히 리더는 사전에 주제를 잘 분석하고 다양한 아이디어를 산출할 수 있도록 하는 방법들을 연구해야 한다.

| 오답풀이 |

① 브레인스토밍 시에는 누구나 무슨 말이라도 할 수 있도록 해야 하며, 내용은 요약해서 잘 기록함으로써 구조화를 할 수 있어야 한다. – (마)

② 구성원은 다양한 분야의 사람들로 5 ~ 8명 정도 구성한다. 주제에 대한 전문가는 절반 이하로 포함한다. – (라)

③ 누구나 자유롭게 발언할 수 있도록 하며, 모든 발언 내용을 기록한다. – (나)

④ 아이디어에 대한 평가나 비판을 해서는 안 된다. – (바)

21 자원관리능력 자원관리의 중요성 이해하기

| 정답 | ③

| 해설 | 한정된 자원을 효율적으로 이용하여 최대의 성과를 얻어야 무한경쟁시대에 살아남을 수 있다. 조직이나 자신이 가지고 있는 자원을 적재적소에 효율적으로 사용해야 최대의 효과를 거둘 수 있다. 따라서 자원이 무한하기 때문이라는 ③의 내용은 옳지 않다.

22 시간관리능력 시간계획 이해하기

| 정답 | ④

| 해설 | 시간계획(Time Planning)은 직장인들이 자신의 시간 자원을 최대한 활용하여 가장 많이 ㉤ 반복되는 일에 가장 많은 시간을 ㉡ 분배하고, 최단시간에 최선의 ㉥ 목표를 달성하는 것이다.

23 시간관리능력 우선순위 정하기

| 정답 | ②

| 해설 | 작업별로 우선순위점수를 계산하면 다음과 같다.

• 원가 검토 : $\frac{5+5}{5}=2$

• 견적서 검토 : $\frac{12+4}{4}=4$

• 공장 출장 : $\frac{15+20}{20}=1.75$

• 견적원가 작성 : $\frac{30+25}{25}=2.2$

따라서 우선순위가 가장 높은 작업은 견적서 검토이다.

24 물적자원관리능력 물적자원 효율적으로 관리하기

| 정답 | ③

| 해설 | ㉠ 사용 물품과 보관 물품을 구분한다.

㉢ 재질이나, 무게, 부피 등 물품의 특성을 고려하여 보관하여야 한다.

| 오답풀이 |

㉡ 동일 및 유사 물품으로의 분류에 따라 유사한 물품은 인접한 장소에 보관한다.

㉣ 입 · 출하가 잦은 물품은 사용이 편리하도록 출입구 가까이에 보관하여야 한다.

25 인적자원관리능력 인적자원관리의 형태 파악하기

| 정답 | ③

| 해설 | 스마트워크는 정보통신기술을 활용해 시공간의 제약 없이 업무를 수행하는 근로 형태이다. 따라서 A 벤처기업이 운영하려는 인적자원관리의 형태는 '다양한 근로 형태'이다.

26 시간관리능력 배차 시간 계산하기

| 정답 | ②

| 해설 | 왕복 시간이 2시간인데 배차 간격이 15분이라면 15(분)×8(대)=120(분)이므로 8대의 버스가 운행된 이후 9번째에 첫차가 다시 재투입될 수 있다. 따라서 필요한 최소 버스 수는 첫차를 포함해서 총 8대이다.

또한 운전기사는 왕복 후 30분의 휴식을 취해야 한다. 따라서 첫차를 운전했던 운전기사는 2시간 30분 뒤에 다시 운전을 시작할 수 있다. 그러므로 150분 동안 운행되는 버스는 $\frac{150}{15}=10$(대)이므로 최소 10명의 운전기사가 필요하다.

27 인적자원관리능력 유연근무제 이해하기

| 정답 | ①

| 해설 | 우선 조 대리는 사무실에 출근하여 일하는 것을 선호하므로 재택근무형과 스마트워크근무형이 속한 원격근무제는 제외한다. 또한 주 5일 동안 40시간을 근무할 예정이므로 주 3.5 ~ 4일만 근무하는 집약근무형과 주 40시간보다 짧게 근무하는 시간제근무도 제외한다. 이틀은 12시간씩 근무하고 나머지는 5 ~ 6시간씩 근무할 계획이므로 1일 8시간 근무로 제한된 시차출퇴근형을 제외하면 조 대리에게 적절한 것은 근무시간선택형임을 알 수 있다.

28 물적자원관리능력 물품출납 및 운용카드 이해하기

| 정답 | ④

| 해설 | 물품출납 및 운용카드는 보유하고 있는 물품의 보관 및 출납을 기록함을 통해 물품의 보유량과 위치를 바로 파악할 수 있도록 하여 물품 분실을 방지하고 보유 중인 물품의 현황을 근거로 물품 활용 계획을 수립할 수 있다. 물품출납 및 운용카드는 물품의 출납에 관한 변동사항이 발생한 사실을 기록하는 것이므로 물품의 상황을 지속적으로 확인하고 작성하는 문서라는 설명은 적절하지 않다.

29 예산관리능력 수익체계 계산하기

| 정답 | ⑤

| 해설 | '갑' 국이 '을' 국과 '병' 국으로부터 수입하는 볼펜에 20%의 관세를 부과하면 '갑' 국에서 '을' 국 볼펜 가격은 90×(1+0.2)=108(원), '병' 국 볼펜 가격은 80×(1+0.2)=96(원)이 된다. '갑' 국 볼펜 가격은 100원이므로, '갑' 국 소비자들은 가격이 낮은 '병' 국 볼펜을 구입한다. 이때 소비자들이 지불하는 96원 중 16원은 '갑' 국 정부의 관세수입이 되며, 나머지 80원만 '병' 국에게 지불하는 금액이 된다.

30 예산관리능력 수익체계 계산하기

| 정답 | ⑤

| 해설 | (나)와 같이 '갑' 국이 '을' 국과만 자유무역협정을 체결하면, '갑' 국에서 '을' 국 볼펜의 가격은 90원, '병' 국

볼펜의 가격은 80×(1+0.2)=96(원)이 된다. 따라서 소비자들은 '을' 국 볼펜을 구입하게 된다. 이때 '갑' 국 정부의 관세수입은 없다. (다)의 경우에도 관세수입이 없지만, 국내 소비자 가격이 80원('병' 국 가격)이 되므로 (다)가 (나)보다 '갑' 국 소비자에게 유리한 조건임을 알 수 있다.

31 대인관계능력 대인불안의 특징 이해하기

| 정답 | ①

| 해설 | 제시된 글에서 알 수 있듯이 대인관계의 문제는 정서적 컨트롤을 제대로 하지 못하는 데에서 비롯된다고 할 수 있다. 대인불안은 타인들의 주목을 받는 사회적 상황에서 발생하며 강렬한 정서 반응을 유발하고 타인들의 평가를 지나치게 염려하는 등의 인지적 특성을 지니며 일상적인 사회적 반응의 붕괴와 같은 행동적 징후를 나타내는 특징을 갖는다. 자신이 무가치하고 열등하다는 생각에 사로잡히게 되는 것은 대인불안이라기보다 소외감, 고독감, 외로움 등에 대한 특징이라고 볼 수 있다.

32 리더십능력 변혁적 리더십 이해하기

| 정답 | ③

| 해설 | 변혁적 리더십은 개인, 집단, 조직에 있어서 획기적인 변화가 요구될 때 이상적인 리더의 유형이다. 변혁적 리더십의 요인으로는 비전과 사명을 심어주는 이상적 영향력, 직원에게 높은 기대를 표시해 의욕을 고무시키는 동기부여, 자신과 조직의 신념, 가치를 바꾸는 지적 자극, 직원의 개인적 욕구에 관심을 기울이고 성장을 돕는 개별적 배려가 있다.

| 오답풀이 |

①, ④ 민주주의 근접 유형은 혁신적인 부하직원을 거느리고 있고 그러한 방향을 계속적으로 지향할 때 가장 효과적이다. 이러한 유형에서는 리더가 최종 결정권을 쥐고 팀원에게 경쟁과 토론의 가치를 인식시켜 참여시키기 때문에 토론 문화가 활성화된다.

② 파트너십 유형은 풍부한 경험과 재능을 가진 구성원으로 조직된 소규모 팀에게 적합하다.

⑤ 독재자 유형은 통제 없이 방만한 상태, 가시적인 성과물이 보지 않는 상태에서 효과적이다.

33 갈등관리능력 갈등 발생 원인 파악하기

| 정답 | ②

| 해설 | (가)와 (라)는 사람의 특성과 같은 외부 요인이 갈등의 원인이며 서로 체질이 다른 사람들 간에 생기는 다름의 충돌이고, (나)는 외부적이고 업무적인 충돌인 구조의 충돌이다. (다)는 같은 사람, 같은 행동에 대해서 다른 해석을 하는 해석의 충돌이다. 따라서 (가)와 (라)의 갈등 발생 원인이 동일하다.

〈대표적 갈등 발생 원인〉

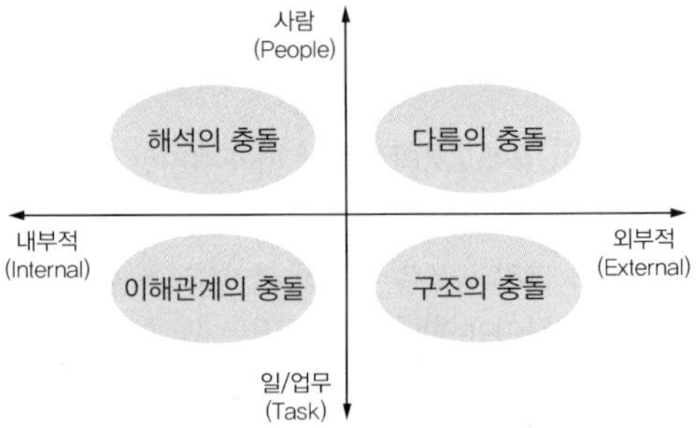

34 대인관계능력 관계에 영향을 미치는 요인 알기

| 정답 | ④

| 해설 | 제시된 글을 통해 직장인들이 가장 선호하는 동료는 예의가 바른 사람임을 알 수 있다. 따라서 항상 존댓말을 사용하며 상대방을 배려하는 최 대리가 그 사례로 적절하다.

35 팀워크능력 팀워크 촉진방법 이해하기

| 정답 | ⑤

| 해설 | 팀원들이 팀워크 생성을 위해 갖추어야할 요소로는 공동의 목표의식과 팀원 상호간의 신뢰와 존중, 서로 협력하며 각자의 역할과 책임을 다하는 태도, 솔직한 대화로 서로를 이해하는 태도 등이 있다. 팀원 A ~ D 모두 팀워크를 향상시키는 방안을 행동 원칙으로 제시했으므로 전원의 의견을 행동 원칙으로 삼는 것이 적절하다.

36 리더십능력 임파워먼트 이해하기

| 정답 | ③

| 해설 | 임파워먼트는 리더가 조직 구성원들에게 업무 재량을 위임하여 구성원의 책임범위를 확대하고 구성원이 자신이 담당하는 일에 대한 의사결정권을 가지게 되면서 사명감이 높아지고 그들의 능력 및 창의력을 최대한 발휘하도록 하는 방법이다. 제시된 설명은 기업들이 각 업무의 담당자에게 업무 재량권을 부여해 고객에게 최상의 서비스를 제공하도록 하는 임파워먼트 사례를 보여주고 있다.

| 오답풀이 |

① 변혁적 리더십을 갖춘 리더는 카리스마로 조직에 명확한 비전을 제시하고 구성원에게 칭찬을 아끼지 않으며 끊임없이 자극을 준다.

② 독재자형 리더십은 집단의 규칙하에서 지배자로 군림하며 다른 구성원들이 주어진 업무만 수행하도록 요구한다.

⑤ 코칭이란 직원에게 질문하고 그 대답에 경청하며 직원을 지원하여 생산성과 기술 수준을 발전시키며 자기 향상을 돕고 업무에 대한 만족감을 높이는 과정이다.

37 갈등관리능력 직장 내 대화 환경 이해하기

| 정답 | ③

| 해설 | 제시된 글에서는 '스스로 해결할 수 있어야 해서', '상사가 신경을 쓰지 않아서', '상사가 너무 바빠서'를 직장 상사와 관계를 개선하기 위한 대화를 하지 않는 이유로 들었다. ③은 언급된 이유 중 해당하는 항목이 없으므로 적절하지 않다.

| 오답풀이 |

① '스스로 해결할 수 있어야 해서' 항목에 해당하는 사례이다.

②, ⑤ '상사가 신경을 쓰지 않아서' 항목에 해당하는 사례이다.

④ '상사가 너무 바빠서' 항목에 해당하는 사례이다.

38 갈등관리능력 업무능력 향상 이해하기

| 정답 | ②

| 해설 | 자릭 카너드 박사는 불안정한 상황이 직장인들에게 부정적인 영향을 미치기 때문에 회사 차원에서 직원들이 필요로 하는 자원을 제공해줄 수 있어야 한다고 했다. 따라서 주택 자금을 지원하는 정책을 개선한 B 기관이 이를 구현했다고 볼 수 있다.

그 외의 기관은 직원들의 주변 상황을 고려한 것이 아니라 각각 사내 규정, 회사의 재무 여건, 회사의 미래 비전 설정, 구조조정을 통한 해결책을 제시하였으므로 답이 될 수 없다.

39 대인관계능력 조하리의 창 이론 이해하기

| 정답 | ①

| 해설 | '조하리의 창'이란 자신과 다른 사람의 두 가지 관점을 통해 대인관계에 있어 어떤 성향을 가지고 있는지 파악할 수 있도록 하는 이론이다. 이 이론에서 '보이지 않는 창'이란 상대방은 알고 있으나 정작 자신은 바르게 인지하지 못하는 영역을 의미한다. 타잔이 인간임을 타인은 알고 있지만 타잔 본인은 인지하지 못한 채 스스로 원숭이라고 생각하고 있으므로 이는 보이지 않는 창 영역에 해당한다.

| 오답풀이 |

② 숨겨진 창이란 본인 스스로 공개하기를 꺼리고 비밀에 부치는 영역이다.

③ 미지의 창이란 심층적 무의식에 위치한 세계로 자신은 물론 남들도 알 수 없는 미지의 영역이다.

④ 열린 창이란 따로 노출하지 않아도 사람들이 쉽게 알 수 있는 영역이다.

40 팀워크능력 집단의 편익 이해하기

| 정답 | ③

| 해설 | 해당 '독서 소모임'은 육아와 교육에 관한 최신 정보를 교류하고 공감대를 형성하는 모임이며, 제시된 글을 통해 해당 '소모임'의 주목적은 '정서적 지지, 피드백, 격려'임을 알 수 있다. 이때, ③은 C가 친구와의 만남을 통해 격려와 지지를 얻은 사례이므로 '소모임'을 통해 기대할 수 있는 '정서적 지지, 피드백, 격려'를 반영한 가장 적절한 예시이다.

| 오답풀이 |

①, ②, ④, ⑤ 모임을 통해 정보와 지식을 얻은 사례이다.

41 직업윤리 직업윤리의 종류 이해하기

|정답| ④

|해설| [사례 1]의 K 씨는 시민으로서 지켜야할 법과 질서를 무시하는 행위를 하여 준법성이 결여되었으며 [사례 2]의 P 대리는 지시 받은 업무를 불성실하게 이행하고 있으므로 성실성이 결여되었다.

보충 플러스+

직업윤리의 종류
- 성실성 : 정성스럽고 참되며 책임감이 강하고 목표한 바를 이루기 위해 목표지향적 행동을 촉진하며 행동의 지속성을 갖게 하는 성취지향적인 성질을 의미한다.
- 정직성 : 마음에 거짓이나 꾸밈이 없이 바르고 곧음을 뜻하며 업무 수행에 있어서 소신을 가지고 공적인 생각과 절차를 우선하는 태도를 의미한다.
- 준법성 : 시민으로서 자신과 타인의 권리를 보장하여 사회질서를 유지하는 역할을 하는 민주 시민으로서 기본적으로 지켜야 하는 의무이자 생활 자세를 의미한다.
- 봉사성 : 일 경험을 통해 다른 사람과 공동체에 대하여 봉사하는 정신을 갖추고 실천하는 태도를 말한다.

42 공동체윤리 직장 내 성희롱 대처 방안 이해하기

|정답| ③

|해설| 직장 내 성희롱에 대한 개인의 대처 방안은 다음과 같다.

- 직접적으로 거부 의사를 밝히고 중지하라고 항의한다.
- 증거 자료를 수집하고 공식적 처리를 준비한다.
- 상사나 노동조합 등의 내부 기관에 도움을 요청한다.
- 외부 단체 및 성폭력 상담 기관 등에 도움을 요청한다.

따라서 직장 내부의 고충 처리 상담 부서에 도움을 요청하는 것은 직장 내 성희롱의 대처 방안이 될 수 있다.

43 근로윤리 도덕적 해이 이해하기

|정답| ②

|해설| 공공기관에게 나타나는 도덕적 해이의 요인 중 '무사안일'은 공공기관이 안전을 위해 발전을 위한 변화를 회피하고 수동적인 자세만을 가지는 것을 의미한다. 규정 외에는 관심을 두지 않거나, 새로운 업무처리방식을 고민하지 않는 모험회피성향, 힘들고 골치 아픈 일을 해결하려고 나서려고 하지 않는 자세 등이 여기에 해당한다.

|오답풀이|

①, ③ 도덕적 해이의 요인 중 방만경영에 해당한다.

④ 도덕적 해이의 요인 중 국가의존에 해당한다.

⑤ 도덕적 해이의 요인 중 사익추구에 해당한다.

보충 플러스+

공공기관의 도덕적 해이
- 사익추구 : 조직의 목표보다 개인과 소속 부서의 이익을 우선한다. 개인의 성과에 도움이 되지 않는 협업에 관심을 두지 않고, 개인의 승진, 보수인상, 부서의 예산 확보 등을 우선한다.
- 방만경영 : 조직의 경영과 효율성 증진에 관심을 두지 않고 편익만을 중시한다. 사적 업무나 향응만에 관심을 가지고, 예산 절감보다는 지출 완료에 역점을 둔다.
- 국가의존 : 공공기관은 정부의 지원에 지나치게 의존하여 개선의 의지를 가지지 않는다. 공공기관은 정부 지침대로만 운영하는 곳이며, 그에 따른 적자는 중앙정부가 보전하므로 기관이 자체적인 노력을 기울여서 성과를 내려는 의지를 나타내지 않는다.
- 무사안일 : 공공기관이 개선을 위한 변화를 회피하고 안전만을 추구한다. 새로운 업무처리방식을 고민하지 않으며, 힘들고 어려운 일, 잘못 나섰다간 욕 먹는 일이라는 이유로 해결하려 나서지 않으려고 한다.

44 근로윤리 도덕적 해이 이해하기

|정답| ②

|해설| 공공기관의 도덕적 해이는 공적 영역에서 도덕적 의무를 다하지 않는 행위를 의미하는 것으로, 공무와 관련을 가지지 않는 사적 영역에서 도덕적 의무를 다하지 않는 도덕적 일탈행위는 공공기관의 도덕적 해이에 포함되지 않는다.

|오답풀이|

① 도덕적 해이는 직무에 대한 태도의 문제이며 법률을 위반하는 행위가 아니므로 불법행위에 비해 적발과 입증이 어렵다.

45 직업윤리 직업인의 자세 이해하기

| 정답 | ②

| 해설 | 직업이란 계속성, 경제성, 윤리성, 사회성, 자발성의 총 다섯 가지 속성을 가지고 있다.

- 계속성 : 주기적으로 일을 하거나, 명확한 주기가 없어도 계속 행해지며 계속할 의지와 가능성을 의미한다.
- 경제성 : 직업이 경제적 거래 관계가 성립되는 활동이어야 한다.
- 윤리성 : 비윤리적 행위나 반사회적인 활동을 통한 경제적 이윤추구가 아니다.
- 사회성 : 모든 직업 활동이 사회공동체적 맥락에서 의미있는 활동이다.
- 자발성 : 경제성이나 계속성의 여부와 상관없이 속박된 상태에서의 제반 활동이 아니어야 한다.

이 때 강 씨의 원예 활동은 취미 활동으로 경제성이 결여되어 있고, 정 씨는 퇴직을 고민하면서 일을 계속 행할 의지가 결여되어 있다. 따라서 다섯 가지 속성을 모두 갖추고 있는 '직업인'은 윤 씨와 한 씨이다.

46 직업윤리 직업윤리의 덕목 이해하기

| 정답 | ⑤

| 해설 | 자신의 일이 아무나 할 수 있는 것이 아니라 믿으며 해당 분야의 지식과 교육을 밑바탕으로 성실히 수행해야만 가능한 것이라는 생각으로 일을 수행하는 직업윤리의 태도를 전문가의식이라고 한다.

| 오답풀이 |

① 직업에 대한 사회적 역할과 책무를 충실히 수행하고 책임을 다하는 태도이다.

② 자신이 하고 있는 일이 사회나 기업을 위해 중요한 역할을 한다고 믿으며 자신의 일을 수행하는 태도이다.

③ 자신이 맡은 일은 하늘에 의해서 맡겨진 일이라고 생각하는 태도이다.

④ 자신의 일이 자신의 능력과 적성에 꼭 맞는다고 여기고 그 일에 열성과 성실성을 가지고 임하는 태도이다.

47 직업윤리 콜버그의 도덕성 발달이론 이해하기

| 정답 | ③

| 해설 | 콜버그는 피아제의 도덕성 발달이론을 심화 발전시켜 도덕적 사고의 수준을 크게 세 가지로 제시했다. 그 중 첫 번째 수준인 인습 이전 수준에서 인간은 외부적 보상이나 처벌과 같은 외부 요인에 근거하여 도덕적 판단을 내린다. 이 수준을 지나 인습 수준에서는 타인, 관습 등의 외부 요인에 의해 정해진 도덕관을 내면화하기 시작하고, 인습 이후 수준에 이르러야 도덕적 가치를 완전히 내면화하고 내면의 기준에 따라 도덕적 판단과 행동을 할 수 있게 된다.

48 직업윤리 콜버그의 도덕성 발달이론 이해하기

| 정답 | ③

| 해설 | 상대적 쾌락주의 단계에서는 형평의 법칙에 따라 행동하여 자신의 이익을 극대화하는 것을 목적으로 도덕적 사고를 한다. 즉, 자신이 타인에게 어떠한 행동을 함으로써 그 행동이 자신에게도 돌아오기 바라며 도덕적 행동을 하는 것이다.

| 오답풀이 |

① 인습 이후 수준의 보편적 원리 지향 단계에 해당한다.

② 인습 수준의 착한 어린이 지향 단계에 해당한다.

④ 인습 이후 수준의 민주적 법률의 수용 단계에 해당한다.

⑤ 인습 이전 수준의 복종과 처벌 지향 단계에 해당한다.

49 공동체윤리 비즈니스 예절 이해하기

| 정답 | ⑤

| 해설 | 상대방에게 받은 명함은 바로 지갑이나 호주머니에 넣지 않고 명함에 관해 한두 마디 대화를 건네고 책상 위에 놓아두어야 한다.

| 오답풀이 |

① 비즈니스에서의 약속 시간 준수는 중요하므로 정해진 시간보다 조금 일찍 도착하는 것이 좋다.

② 비즈니스 상대와 인사를 할 때는 개인의 사정이나 기분과 상관없이 상대의 눈을 부드럽게 바라보며 밝은 표정을 지어 편안한 분위기를 형성할 수 있어야 한다.

③ 악수를 할 때는 오른손을 사용하며 너무 꽉 잡아서는 안 된다.

④ 명함은 하위에 있는 사람이 먼저 꺼내 건네야 한다.

50 공동체윤리 갑질 행위 이해하기

| 정답 | ①

| 해설 | ㉠ 해당 사업자의 낙찰에 유리하도록 내부 규정을 부당하게 변경한 사례로 법령 등 위반의 갑질 유형에 해당한다.

㉡ B가 임원이라는 직위를 이용하여 복리후생을 주어진 것보다 더 사용하며 사익을 추구하였으므로 사적 이익 요구의 갑질 유형에 해당한다.

㉣ 부장 E가 사원 F에게 과도한 양의 업무를 지시하여 정당한 이유 없이 정해진 근무 시간 외에도 일을 하게 하였으므로 업무 불이익의 갑질 유형에 해당한다.

| 오답풀이 |

㉢ 단순히 모든 직원들이 있는 곳에서 업무상 실수에 대한 개선 사항을 이야기 한 것은 갑질 행위의 사례라고 볼 수 없다. 비인격적 대우의 갑질 유형은 인격적으로 상대를 비하하거나 욕설, 폭언, 폭행, 불필요한 신체접촉 등에 따라 모욕적 언행을 하는 것이다.

㉤ 사내 자전거 모임에 참석하겠다고 한 직원에게 계속 참여할 것인지 여러 번 확인 한 것을 갑질 행위로 판단하기에는 부족하다. 기타 갑질 행위로는 따돌림 등의 차별, 모임 참여 강요, 신고 방해 등이 해당한다.

5회 기출예상문제

문제 176쪽

01	⑤	02	①	03	②	04	④	05	②
06	⑤	07	②	08	①	09	⑤	10	③
11	①	12	③	13	④	14	③	15	③
16	①	17	④	18	②	19	②	20	①
21	②	22	④	23	①	24	④	25	④
26	③	27	②	28	③	29	②	30	③
31	③	32	①	33	③	34	④	35	④
36	③	37	②	38	③	39	③	40	③

01 문서이해능력 세부 내용 이해하기

| 정답 | ⑤

| 해설 | 두 번째 문단에서 보행자의 시인성을 확보하기 위해 시설을 개선하는 것이 필요하다고 나와 있다. 따라서 시설물을 제거한다는 설명은 틀린 전략이다.

| 오답풀이 |

① 두 번째 문단에서 보행활성화를 유도하면 운전자는 서행 운전하게 되며, 이 경우 주변을 볼 수 있는 시야가 넓어져 돌발 상황에 쉽게 대처할 수 있게 된다고 하였다.

② 첫 번째 문단에서 자동차의 주행경로 등에 보행자가 노출되면 보행사고로 발생할 가능성이 높아지므로 직접적인 노출을 감소시켜야 한다고 하였다.

③ 마지막 문단에서 운전자의 보행자에 대한 배려나 보호의식, 안전의식 등을 교육홍보를 통해 개선해 나가는 것이 중요하다고 하였으며, 보행자는 안전한 보행습관을 몸에 익힐 수 있도록 범국민 문화캠페인을 전개하는 것이 필요하다고 하였다.

④ 세 번째 문단에서 주택가, 이면도로 등 일상생활과 밀접한 생활도로에서의 차량 주행 속도를 낮추는 방법을 고려해야 한다고 하였다.

02 문서작성능력 올바른 외래어 표기법 알기

| 정답 | ①

| 해설 | 타깃(target), 레모네이드(lemonade), 로브스터 또는

랍스터(lobster), 스트로(straw), 플루트(flute)로 적는 것이 알맞다.

03 문서작성능력 제목 파악하기

|정답| ②

|해설| 제시된 글은 중요 교통수단 중 하나인 도시철도의 경우 사고 발생 시 파급효과가 어느 교통수단보다도 크기 때문에 사전에 미리 예측·판단하여 안전을 기반으로 한 도시철도 차량시스템 제작을 할 필요가 있다고 주장하며, 이에 대해 사전위험분석을 실시한 내용을 서술하고 있다. 따라서 모든 내용을 포괄하는 제목으로 '도시철도 차량시스템의 사전위험분석에 관한 연구'가 가장 적절하다.

|오답풀이|

⑤ 글의 마지막 부분에 사전위험분석의 결과가 제시되어 있으나, 글의 전체 내용을 포괄하는 제목으로는 적절하지 않다.

04 문서이해능력 세부 내용 이해하기

|정답| ④

|해설| 사전위험분석 연구의 한계에 대한 내용은 찾아볼 수 없다.

|오답풀이|

① 세 번째, 네 번째 문단에서 연구의 방법에 대해 나열하고 있으며, 다섯 번째 문단에서 사전위험분석의 결과를 도출하고 있다.

② 첫 번째, 두 번째 문단에서 도시철도 사고의 파급효과가 어느 교통수단보다도 크기 때문에 철도 차량 제작 시 안전에 대한 내용을 사전에 관리해야 한다면서 연구를 진행하게 된 배경과 필요성을 제기하고 있다.

③ 세 번째 문단에서 연구의 궁극적 목적은 안전 기반 도시철도 차량 시스템의 설계 및 제작임을 알 수 있으며, 연구를 위한 단계별 분석 절차도 확인할 수 있다.

⑤ 마지막 문단에서 연구 활동에 대한 결론과 저자의 의견을 언급하고 있다.

05 기초연산능력 멱급수 계산하기

|정답| ②

|해설| 멱급수는 등차수열과 등비수열의 곱으로 이루어지는 수열의 합으로, 다음과 같이 구할 수 있다.

$$S_n = 1\cdot 2 + 3\cdot 2^2 + 5\cdot 2^3 + \cdots + 17\cdot 2^9 + 19\cdot 2^{10} \quad \cdots\cdots ㉠$$

$$2S_n = 1\cdot 2^2 + 3\cdot 2^3 + 5\cdot 2^4 + \cdots + 17\cdot 2^{10} + 19\cdot 2^{11} \quad \cdots\cdots ㉡$$

㉠－㉡을 하면 다음과 같다.

$$-S_n = 1\cdot 2 + 2\cdot 2^2 + 2\cdot 2^3 + \cdots + 2\cdot 2^{10} - 19\cdot 2^{11}$$

$$S_n = 19\cdot 2^{11} - 2 - (2^3 + 2^4 + \cdots + 2^{11})$$

$$= 19\cdot 2^{11} - 2 - \frac{2^3(2^9-1)}{2-1}$$

$$= 19\cdot 2^{11} - 2 - 2^{12} + 2^3$$

$$= 19\cdot 2^{11} - 2\cdot 2^{11} - 2 + 8$$

$$= 17\cdot 2^{11} + 6$$

06 도표분석능력 자료의 수치 계산하기

|정답| ⑤

|해설| 14단계의 교통카드 기준 운임이 1,600원보다 크므로 '종류별 교통카드 기준 운임×44(회)×(1－0.15)'의 식으로 정기권 운임을 구한다.

이는 2,900×44×0.85＝108,460(원)이므로 14단계의 정기권 운임은 10원 단위에서 반올림하여 108,500원이다.

07 도표분석능력 자료의 수치 계산하기

|정답| ②

|해설| 2 ~ 18단계의 정기권 운임과 이전 단계와의 운임 차이를 구하면 다음과 같다.

(단위 : 원)

종류별	정기권 운임	이전 단계와의 운임 차이
2단계	63,600	2,000
3단계	67,300	3,700
4단계	71,100	3,800
5단계	74,800	3,700
6단계	78,500	3,700
7단계	82,300	3,800

8단계	86,000	3,700
9단계	89,800	3,800
10단계	93,500	3,700
11단계	97,200	3,700
12단계	101,000	3,800
13단계	104,700	3,700
14단계	108,500	3,800
15단계	112,200	3,700
16단계	115,900	3,700
17단계	119,700	3,800
18단계	123,400	3,700

따라서 2 ~ 18단계 중 이전 단계와의 정기권 운임 차이가 3,800원인 단계는 모두 6개이다.

08 기초연산능력 방정식 활용하기

| 정답 | ①

| 해설 | 십자, 별, 삼각형, 사각형, 원이 의미하는 값을 순서대로 각각 a, b, c, d, e라 하면 퍼즐로부터 다음과 같은 식을 얻을 수 있다.

- 첫 번째 가로줄 : $2b+c+d+e=20$ ·········· ㉠
- 두 번째 가로줄 : $a+c+d+2e=33$ ·········· ㉡
- 세 번째 가로줄 : $a+b+c+d+e=26$ ······ ㉢
- 다섯 번째 세로줄 : $a+2c+d+e=27$ ······ ㉣

위 식을 바탕으로 b에 관한 식으로 정리하면,

- ㉢－㉠ : $a-b=6$ $a=b+6$ ················ ⓐ
- ㉢－㉡ : $b-e=-7$ $e=b+7$ ················ ⓑ
- ㉢－㉣ : $b-c=-1$ $c=b+1$ ················ ⓒ

ⓑ, ⓒ를 ㉠에 대입하면,

$2b+b+1+d+b+7=20$

$4b+d+8=20$

$d=12-4b$ ·· ⓓ

ⓒ, ⓓ를 두 번째 세로줄에 대입하면,

$a+2c+2d=a+2b+2+24-8b=22$

$a-6b=-4$ ·· ⓔ

ⓐ를 ⓔ에 대입하여 정리하면,

$b+6-6b=-4$

$5b=10$ $b=2$

따라서 $a=8$, $b=2$, $c=3$, $d=4$, $e=9$가 되어 십자와 별 값의 합은 8+2=10이다.

09 사고력 조건을 바탕으로 추론하기

| 정답 | ⑤

| 해설 | 〈면접위원별 면접 결과〉를 정리하면 다음과 같다.

구분	다은	지현	선호
사장			
회장	상	사장보다 낮은 점수	사장과 같은 점수
이사	회장보다 낮은 점수	회장보다 낮은 점수	회장보다 낮은 점수
인사팀장		회장과 같은 점수	

지현에게 회장은 사장보다 낮은 점수를 주었고 이사는 회장보다 낮은 점수를 주었다고 했으므로, 사장은 '상', 회장은 '중', 이사는 '하'를 주었음을 알 수 있다.

선호에게 이사는 회장보다 낮은 점수를 주었고 회장은 사장과 같은 점수를 주었으므로 사장은 '상', '중' 중에 하나를 주었는데, 사장은 세 사람에게 모두 다른 점수를 주었으므로 선호에게 '중', 다은에게 '하'를 주었다. 따라서 선호에게 회장은 '중', 이사는 '하'를 주었다. 이를 정리하면 다음과 같다.

구분	다은	지현	선호
사장	하	상	중
회장	상	중	중
이사	중 or 하	하	하
인사팀장		중	

따라서 이사와 인사팀장이 다은에게 준 점수가 같다면, 선호가 인사팀장에게 '상'을 받게 되어 세 사람은 상을 각각 하나씩 받게 된다.

| 오답풀이 |

① 다은이 이사와 인사팀장에게 '하'를 받는다면 자동탈락 될 수도 있다.

② 사장은 다은에게 가장 낮은 점수를 주었다.

③ 지현에게 가장 낮은 점수를 면접위원은 이사다.

④ 회장이 선호에게 인사팀장보다 낮은 점수를 주었다면 인사팀장은 선호에게 '상'을 준 것이 되고 다은에게 '중'이나 '하'를 주게 된다. 따라서 다은은 자동합격이 될 수 없다.

10 사고력 진위 추론하기

| 정답 | ③

| 해설 | 도윤과 민찬의 의견이 나누어지므로 둘 중 한 사람의 진술을 진실로 보고 진위를 파악한다.

1) 단우가 범인인 경우
   도윤의 진술은 거짓, 민찬의 진술은 진실이므로 지안의 진술은 거짓이 된다. '나와 라온은 금연구역에서 흡연하지 않았다'는 지안의 진술이 거짓이므로 지안이나 라온이가 금연구역에서 흡연했다는 것을 알 수 있다. 그런데 범인은 한 명이므로 단우가 범인이라는 가정에 모순이 생긴다.
2) 단우가 범인이 아닐 경우
   도윤의 진술은 진실, 민찬의 진술은 거짓이므로 지안의 진술은 진실이 된다. 따라서 지안과 라온도 범인이 아님을 알 수 있다.

구분	라온	도윤	민찬	단우	지안
참 · 거짓		○	×		○
범인	×			×	×

'금연구역에서 흡연하는 사람을 아무도 보지 못했다'는 지안의 진술이 진실이므로, '금연구역에서 흡연하는 것은 나와 지안만 보았다'는 라온의 진술은 거짓이다. 또한, 세 명은 진실만 말한다는 조건에 따라 단우는 진실을 말했음을 알 수 있다.

구분	라온	도윤	민찬	단우	지안
참 · 거짓	×	○	×	○	○
범인	×			×	×

따라서 '민찬은 금연구역에서 흡연하지 않았다'는 단우의 진술이 진실이 되어, 범인은 도윤임을 알 수 있다.

11 문제처리능력 자료 분석을 통해 문제해결하기

| 정답 | ①

| 해설 | 우선 중대한 오류 건수가 일반적인 오류와 중대한 오류 건수를 합한 값의 20%가 넘는 직원을 구한다. 직원별 두 건수 합의 20%는 다음과 같다.

- 유 부장 : (30+8)×0.2=7.6(건)
- 한 과장 : (40+5)×0.2=9(건)
- 박 대리 : (26+15)×0.2=8.2(건)
- 황 사원 : (30+12)×0.2=8.4(건)

한 과장을 제외한 나머지 직원들은 징계를 받게 되므로 그들의 우수직원 수상내역을 고려한 벌점의 총합을 구하여 징계 내용을 파악한다.

- 유 부장 : (30×20)+(8×30)=840(점)
- 박 대리 : (26×20)+(15×30)−100=870(점)
- 황 사원 : (30×20)+(12×30)−100=860(점)

따라서 유 부장은 견책, 박 대리와 황 사원은 10% 감봉을 받게 된다.

12 문제처리능력 적절한 비밀번호 만들기

| 정답 | ③

| 해설 | 모든 유의사항에 부합하므로 적절하다.

| 오답풀이 |

① jklm은 알파벳상 연속되는 문자이므로 부적합하다.

13 경영이해능력 SWOT 분석 이해하기

| 정답 | ④

| 해설 | SWOT 분석은 조직의 내적 요소와 외적 요소에 의해 나누어진다. (ㄱ)은 코로나19라는 외적 요소에 의해 불리해지고 있기 때문에 위협, (ㄴ)은 사물인터넷기술이라는 외적 요소를 유리하게 사용할 수 있기 때문에 기회에 해당한다.

보충 플러스+

SWOT 분석은 문제해결방안을 개발하는 방법으로 내부 요인과 외부 요인 2개의 축으로 구성된다. 내부 요인은 자사 내부 환경을 강점과 약점으로, 외부 요인은 외부의 환경을 기회와 위협으로 구분하여 분석한다. 이후 SO, WO, ST, WT에 해당하는 최종 분석을 실시하게 된다.

		내부 환경 요인	
		강점 (Strength)	약점 (Weakness)
외부 환경 요인	기회 (Oppor-tunity)	SO 내부 강점과 외부 기회를 극대화	WO 외부 기회를 이용하여 내부 약점을 강점으로 전환
	위협 (Threat)	ST 외부 위협을 최소화하기 위해 내부 강점을 극대화	WT 내부 약점과 외부 위협을 최소화

14 조직이해능력 조직변화의 요소 분류하기

| 정답 | ③

| 해설 | 조직변화의 요소를 하드웨어적 요소와 소프트웨어적 요소로 구분하면 다음과 같다.

• 하드웨어적 요소
  – 조직의 구조, 기술, 조직의 정책 등의 요소에 변화를 주는 것이다.
  – 조직의 정책 변화는 직무특성, 조직의 인사, 급여정책, 복지정책 등 조직 내부의 정책 변화와 외부 집단과의 외교, 정치적 정책의 변화를 모두 포함한다.
  – 가시적으로 파악하기 쉬운 요소의 변화이다.
• 소프트웨어적 요소
  – 조직을 구성하는 구성원의 내면의 변화, 조직문화의 변화와 조직윤리의 변화를 의미한다.
  – 비가시적이고, 직접적으로 파악하기 어려운 요소의 변화이다.

15 조직이해능력 조직변화의 요소 분류하기

| 정답 | ③

| 해설 | 정부의 법규 변화나 경쟁의 변화는 계획되지 않은 외부적 변화인 ㉣의 예이다.

16 경영이해능력 품질관리 및 혁신 이해하기

| 정답 | ①

| 해설 | 전사적 품질관리(TQM)는 관리적 차원에 해당한다.

17 물적자원관리능력 물적자원관리의 중요성 알기

| 정답 | ④

| 해설 | 물적자원의 소장 가치 제고를 우선시하는 것은 자원관리의 바람직한 모습이라고 볼 수 없다.

긴급 상황이나 재난 상황에서 물적자원의 관리 소홀이나 부족 등은 더욱 큰 손실을 야기할 수 있으며, 꼭 필요한 상황에서 확보를 위한 시간 낭비로 필요한 활동을 하지 못하는 상황이 벌어질 수도 있다. 따라서 개인 및 조직에 필요한 물적자원을 확보하고 적절히 관리하는 것은 매우 중요하다.

18 인적자원관리능력 가중치를 적용하여 순위 매기기

| 정답 | ②

| 해설 | 가중치를 적용한 각 환산점수는 다음과 같다.

(단위 : 점)

구분	직무능력 평가	컴퓨터 활용능력	영어 회화	면접	계
전지현	83×1.45 =120.35	75×1.25 =93.75	79×1.2 =94.8	87×1.1 =95.7	404.6
김종인	81×1.45 =117.45	77×1.25 =96.25	86×1.2 =103.2	81×1.1 =89.1	406
박종필	85×1.45 =123.25	71×1.25 =88.75	82×1.2 =98.4	85×1.1 =93.5	403.9
조해영	79×1.45 =114.55	87×1.25 =108.75	92×1.2 =110.4	90×1.1 =99	432.7

따라서 환산점수 총합 1위인 조해영이 영업팀, 2위인 김종인이 관리팀으로 배치된다.

19 예산관리능력 우선순위에 따라 업체와 품목 선정하기

| 정답 | ②

| 해설 | 직원 선호도 순위와 단체복 주문 시 제품별 업체별 총금액은 다음과 같다.

품목	직원 선호도 순위	A 업체 (원)	B 업체 (원, 10% 할인)
라운드넥 티셔츠	3	600,000	585,000
칼라넥 티셔츠	2	700,000	787,500

집업 점퍼	1	1,100,000	900,000
플리스 점퍼	4	1,250,000	990,000

직원 선호도 순위를 최우선으로 고려하여 선정해야 하나, 다음 순위 품목의 구매금액 총합이 우선 품목 대비 20% 이상 저렴한 경우에는 다음 순위 품목을 선정한다는 조건에 따라 직원 선호도가 두 번째인 칼라넥 티셔츠의 가격을 살펴본다. A 업체의 칼라넥 티셔츠는 집업 점퍼 대비 $\frac{700,000}{1,100,000} \times 100 ≒ 63.6(\%)$로 약 36%가 저렴하고, B 업체의 칼라넥 티셔츠는 집업 점퍼 대비 $\frac{787,500}{900,000} \times 100 = 87.5(\%)$로 약 13%가 저렴하다. 따라서 최 사원은 A 업체의 칼라넥 티셔츠를 최종 선정한다.

20 예산관리능력 원가회계 그래프 파악하기

| 정답 | ①

| 해설 | 곡선 A에 표시된 지점이 다른 곡선과의 교점과 이어져 최적의 원가를 결정하고 있는 것으로 볼 수 있다. 따라서 곡선 A는 '총원가'이다. 곡선 B는 원가가 높아질수록 정보시스템의 정확성 또한 높아지므로 '정보시스템의 설계 · 수법 · 유지 원가'로 볼 수 있다. 곡선 C는 원가가 높을수록 정보시스템의 정확성이 떨어지므로 '부적절한 경로시스템으로 인한 의사결정 손실'을 의미한다고 볼 수 있다.

21 기술적용능력 4차 산업혁명의 기술 이해하기

| 정답 | ②

| 해설 | ㉠ 물류를 직접 이동시키는 이동 수단에 관한 첨단 기술로는 무선 조종으로 날아가는 무인 항공기인 드론이 여기에 해당한다.

㉡ IoT는 사물에 센서와 통신 기능을 내장하여 인터넷에 연결하는 기술로, IoT를 통해 화물을 인터넷으로 연결하여 물류정보를 관리할 수 있다.

㉢ 물류의 수요 예측에 관한 기술은 빅데이터 기술에 대한 설명이다. 빅데이터 기술은 실시간으로 빠르게 생산되는 대용량의 데이터를 처리하고 분석하는 기술을 의미한다.

22 기술능력 지속가능한 기술의 선정 및 적용 이해하기

| 정답 | ④

| 해설 | A ~ D에서 언급한 토지 관리를 위한 기술 적용 시 고려할 사항은 다음과 같다.

A. 물리적 수용능력

B. 토지 관리의 지속성

C. 토지 관리의 생태성

D. 토지 관리의 효율성

23 기술선택능력 매뉴얼 작성 요령 이해하기

| 정답 | ①

| 해설 | 매뉴얼은 사용자가 한 번 보고 외울 수 있을 만큼 간결하고 이해하기 쉽게 작성되어야 한다.

24 기술이해능력 6시그마 적용하기

| 정답 | ④

| 해설 | 다품종 소량생산 혹은 변종변량 생산체계의 시대에 잘 팔리는 제품만 만드는 '철저한 낭비 제거'를 통해 기업의 이윤을 확보하고자 하는 방식은 6시그마가 아닌 도요타 생산방식이다. 도요타 생산방식은 무재고 생산시스템을 실현하고자 '고객이 필요로 하는 제품을 필요로 하는 때에 필요로 하는 양만큼만 만드는 Just in Time(JIT) 사상'과 '기계 · 설비에 인간의 지혜를 짜 넣어 이상이 있을 때 기계 · 설비가 스스로 정지하고 사람에게 알리게 하여 100% 양품 생산이 가능하도록 하는 지혜 있는 자동화'의 양축으로 구성되어 있다.

25 정보능력 지식 피라미드 이해하기

| 정답 | ④

| 해설 | 지식 피라미드는 엘렌 켄트로가 자료, 정보, 지식의 관계에 지혜를 포함시켜 정리한 것이다. 이때 자료(Data)는 가공하기 전 순수한 상태의 수치를, 정보(Information)는 유의미하게 가공한 2차 자료를 의미한다. 지식(Knowledge)은 정보 간의 관계를 통해 얻은 가치 있는 정보, 지혜(Wisdom)는 지식을 활용하는 창의적 아이디어를 뜻

한다. 제시된 글에서 설명하는 DIKIW 모델은 지식 피라미드의 지식과 지혜 사이에 지능을 넣어 설명하고자 하는 이론이다. 따라서 빈칸에 들어갈 단어는 각각 '지식'과 '지혜'이다.

26 정보처리능력 출력값 구하기

| 정답 | ③

| 해설 | (max) 를 거쳐 [A]에 입력된 데이터 집단에서 최댓값을 반환하고, ◇ 안의 'mod([입력값],3)=1'을 거쳐 반환된 최댓값을 3으로 나눴을 때 나머지가 1인지를 판단하여 경로를 선택한 후, 다시 [A]에 동일한 데이터 집단을 입력하여 이후에 제시되는 조건에 따라 결과를 도출한다.

③의 경우 최댓값 28을 반환하여 3으로 나누면 그 나머지가 1이므로 'Yes' 경로로 이동한다. 다시 처음의 데이터 집단을 입력하고 [↑]에 따라 오름차순으로 정렬하면 [17, 19, 23, 25, 28]이다. 이후 [〈4〉]에 따라 4번째에 위치한 '25'를 추출하여 출력한다.

| 오답풀이 |

① 최댓값 25를 반환하여 3으로 나누면 그 나머지가 1이므로 'Yes' 경로로 이동한다. 다시 처음의 데이터 집단을 입력하고 [↑]에 따라 오름차순으로 정렬하면 [8, 20, 21, 23, 25]이다. 이후 [〈4〉]에 따라 4번째에 위치한 '23'을 추출하여 출력한다.

② 최댓값 23을 반환하여 3으로 나누면 그 나머지가 2이므로 'No' 경로로 이동한다. 다시 처음의 데이터 집단을 입력하고 [〈2〉]에 따라 2번째에 위치한 '23'을 추출하여 출력한다.

④ 최댓값 25를 반환하여 3으로 나누면 그 나머지가 1이므로 'Yes' 경로로 이동한다. 다시 처음의 데이터 집단을 입력하고 [↑]에 따라 오름차순으로 정렬하면 [10, 19, 22, 24, 25]이다. 이후 [〈4〉]에 따라 4번째에 위치한 '24'를 추출하여 출력한다.

⑤ 최댓값 27을 반환하여 3으로 나누면 그 나머지가 0이므로 'No' 경로로 이동한다. 다시 처음의 데이터 집단을 입력하고 [〈2〉]에 따라 2번째에 위치한 '20'을 추출하여 출력한다.

27 정보처리능력 출력값 구하기

| 정답 | ②

| 해설 | [A]에 [9, 11, 34, 22, 15]를 입력할 때, 먼저 최댓값인 34를 3으로 나누면 그 나머지가 1이므로 'Yes' 경로로 이동한다. 이후 다시 [A]에 [9, 11, 34, 22, 15]를 입력하고 [↑]를 내림차순으로 정렬하는 프로세스로 변경한다고 하였으므로, [34, 22, 15, 11, 9]가 반환된다. 그리고 [〈4〉]에 따라 4번째에 위치한 '11'이 출력된다.

28 정보처리능력 정보분석 절차 이해하기

| 정답 | ③

| 해설 | 정보분석은 여러 정보를 상호 관련지어 새로운 정보를 생성해 내는 활동이다. 보통 1차 정보를 압축, 가공하여 2차 정보를 작성하게 된다. 이때 1차 정보가 포함하는 주요 개념을 대표하는 용어를 추출하며, 이를 간결하게 서열화한 후 구조화하는 과정을 거친다.

29 대인관계능력 인간관계의 심리 이해하기

| 정답 | ②

| 해설 | A. 대인기술은 인간관계를 이끌어 나가기 위한 사교적 능력으로, 언어적 혹은 비언어적 수단을 통해 다른 사람에게 자신의 의도를 효과적으로 전달하면서 동시에 상대방의 의도를 파악하고 이해하는 능력을 의미한다.

B. 대인동기는 사람이 인간관계를 지향하게 하고 사회적 행동을 하도록 하는 내면의 원동력을 의미한다. 또한 인간관계를 형성하도록 하는 행동을 하고, 이를 유지하고, 이를 종결하게 하는 동기를 의미한다.

C. 대인신념은 인간관계에 대해 경험과 학습을 통해 개개인별로 설정하고 있는 이해와 믿음을 의미한다. 인간은 과거의 경험을 통해 미래를 예측하고 그에 따라 행동하며, 새로운 인간관계를 마주하는 것 역시 과거의 인간관계에 관한 경험을 근거로 판단하고 행동하게 되는데, 이러한 사고의 근거가 되는 것이 대인신념이다.

30 리더십능력 리더십 유형 이해하기

| 정답 | ③

| 해설 | 변혁적 유형의 리더는 구성원에게 명확한 비전을 제시하고 목표달성을 위한 자극과 도움을 주며 구성원이 목표를 수행했을 때 칭찬을 아끼지 않는다. 또한 변혁적 리더는 자기 확신을 갖추며 구성원으로 하여금 개개인의 중요성을 깨닫게 하고 존경심과 충성심을 갖도록 한다.

31 협상능력 협상의 유형 이해하기

| 정답 | ③

| 해설 | 분배적 협상은 고정된 파이를 가능한 많이 차지하는 것을 목적으로 진행되는 협상으로, 정보를 감추고 상대방보다 우위에 위치하려는 경쟁전략을 이용한다. 토론의 형식 역시 양측이 각자의 입장을 제시하는 입장 토론의 방식으로 진행된다. 한편 통합적 협상은 당사자들이 협상을 통해 문제를 해결하고 파이 자체를 증대시키는 것을 목적으로 하는 협력관계에서의 협상으로, 이를 위해 서로가 공개한 정보를 적극적으로 활용하여 '모두가 승리하는' 방법을 모색하는 문제해결전략을 이용한다.

32 갈등관리능력 갈등과 조직성과의 관계 이해하기

| 정답 | ①

| 해설 | 갈등수준이 전혀 없거나 낮을 때에는 조직 내부는 의욕이 상실되고, 환경변화에 대한 적응력이 떨어져 조직성과가 낮아지게 된다.

33 경력개발능력 경력개발 방법 이해하기

| 정답 | ③

| 해설 | 승진에 실패했다고 해서 다른 사람들이 하는 대로 똑같이 따라 하는 것은 적절하지 않은 경력개발 방법이다. 실패를 기회를 발판 삼아 부족한 부분을 보완하고 긍정적인 마음으로 구체적인 목표를 세워 보는 것이 중요하다.

34 자기관리능력 직무 스트레스 이해하기

| 정답 | ④

| 해설 | 직무 스트레스의 원인 중 '업무구조'에 관한 내용으로는 낮은 직무재량권, 높은 심리적 업무 요구, 업무조직의 변화나 부서이동으로 인한 불안정성 등이 해당된다.

| 오답풀이 |

① 직무 스트레스 원인 중 '조직 외부'의 문제에 대한 설명이다.

② 직무 스트레스 원인 중 '물리적 환경'에 대한 설명이다.

③ 직무 스트레스 원인 중 '조직 내부의 갈등'에 대한 설명이다.

⑤ 직무 스트레스 원인 중 '직무요구'에 대한 설명이다.

35 자아인식능력 경력 닻 유형 이해하기

| 정답 | ④

| 해설 | [지문 B]의 '일과 삶의 균형이 맞춰지는 일자리'는 경력 닻 유형의 '생활방식형(Life-style integration)'과 관련이 있다. 생활방식형은 경력이 자신의 생활스타일과 혼합되어야 하며, 개인사와 경력을 통합하는 방법을 찾는 것을 중요시하는 유형을 의미한다.

36 경력개발능력 경력개발 단계 알기

| 정답 | ③

| 해설 | 경력개발의 단계는 다음과 같다.

1. 직업 선택(출생 ~ 25세)
   자신의 장단점, 흥미, 가치관 등에 대한 탐색과 함께 희망하는 직업에서의 요구되는 능력, 환경, 가능성, 보상 등에 대한 정보를 탐색하고 자신에게 적합한 직업을 선택한다.
2. 조직 입사(18 ~ 25세)
   학교를 졸업하고 직무를 선택한다. 직무를 선택할 때 자신과 주변 환경을 고려해야 하며, 조직의 특성을 사전에 알아보아야 한다.
3. 경력 초기(25 ~ 40세, 성인 초기)
   조직 입사 후 조직의 규칙, 분위기, 직무 등을 배우며

조직에 적응하고 조직 내 자신의 입지를 다지며 업무 성과를 내거나 승진하는 데 관심을 둔다.

4. 경력 중기(40 ~ 55세, 성인 중기)
   자신의 업무 성과를 재평가하고 생산성을 유지한다.
5. 경력 말기(50대 중반 ~ 은퇴, 성인 말기)
   조직에서 생산적인 기여자로 남고 자신의 가치를 지속적으로 유지하기 위해 노력하며, 동시에 퇴직을 고려한다.

따라서 직원 갑은 경력 초기 단계에 속해 있다.

37 직업윤리 직업윤리 덕목 이해하기

| 정답 | ②

| 해설 | H 씨는 제시된 인터뷰의 마지막 답변에서 자신의 일이 사회의 발전에 좋은 영향을 미치고 중요한 일이라고 생각했다고 하였다. 이는 자신이 하고 있는 일이 사회나 기업, 타인을 위해 중요한 역할을 하고 있다고 믿으며 자신의 활동을 수행해 나가는 태도인 직분의식과 관련된다.

보충 플러스+

일반적인 직업윤리
- 소명의식 : 자신이 맡은 일은 하늘에 의해 맡겨진 일이라고 생각하는 태도
- 천직의식 : 자신의 일이 자신의 능력과 적성에 꼭 맞는다 여기고 그 일에 열성을 가지고 성실히 임하는 태도
- 직분의식 : 자신이 하고 있는 일이 사회나 기업을 위해 중요한 역할을 하고 있다고 믿고 자신의 활동을 수행하는 태도
- 책임의식 : 직업에 대한 사회적 역할과 책무를 충실히 수행하고 책임을 다하는 태도
- 전문가의식 : 자신의 일이 누구나 할 수 있는 것이 아니라 해당 분야의 지식과 교육을 밑바탕으로 성실히 수행해야만 가능한 것이라 믿고 수행하는 태도
- 봉사의식 : 직업 활동을 통해 다른 사람과 공동체에 대하여 봉사하는 정신을 갖추고 실천하는 태도

38 공동체윤리 봉사 태도 이해하기

| 정답 | ③

| 해설 | 봉사란 '국가나 사회 또는 남을 위하여 자신을 돌보지 아니하고 힘을 바쳐 애씀'이라는 의미를 가지며, 직업인에게 봉사란 일 경험을 통해 조직과 사회에 대해 봉사하는 정신을 갖추고 실천하는 태도를 말한다.

39 직업윤리 성희롱 판단 기준 이해하기

| 정답 | ③

| 해설 | 성희롱은 가해자의 의도성이 아니라, 피해자가 성적 수치심이나 굴욕감을 느꼈는지를 중요한 기준으로 삼아 피해자의 관점을 기초로 판단하여야 한다.

40 공동체윤리 기업의 사회적 책임 이해하기

| 정답 | ③

| 해설 | ㉠ ISO 26000의 핵심 주제 중 공정운영관행은 기업의 거래관계에서의 윤리적 행동을 의미한다.

㉡ ISO 26000의 핵심 주제 중 환경은 조직이 지구 환경에 미치는 악영향을 줄이기 위한 기업의 결정과 그 활동을 의미한다.

㉢ ISO 26000의 핵심 주제 중 소비자 이슈는 소비자교육, 공정하고 투명한 마케팅, 지속 가능한 소비 촉진 등 소비자의 권리 보호에 관한 기업의 활동을 의미한다.

㉣ ISO 26000의 핵심 주제 중 인권은 기업의 영향권에 있는 근로자 및 그 관계자의 인권 존중과 보호활동을 의미한다.

㉤ ISO 26000의 핵심 주제 중 노동관행은 기업과 그 협력업체에서의 근로환경과 이에 영향을 미치는 정책 및 관행을 의미한다.

고시넷
공기업

휴스테이션 한국사회능력개발원 NCS

출제유형모의고사